Reconocimientos al trabajo del Dr. Ishikawa

"En 1981, la Ford Motor Company emprendió un esfuerzo muy intenso por mejorar la calidad de sus productos hasta alcanzar los niveles de "el mejor en su clase" en todos los mercados de automotores del mundo. Sabíamos que los resultados no serían inmediatos, ya que un cambio de tal magnitud requiere planeación a largo plazo así como disciplinas operacionales radicalmente distintas y capacitación continua de todos los empleados de la compañía.

Sabíamos también que el mejoramiento de la calidad debía ser continuo, independientemente de los objetivos y metas a corto plazo.

Nuestra relación con la Unión Japonesa de Científicos e Ingenieros (UJCI) comenzó en marzo de 1982 cuando la Ford envió una misión de estudios estadísticos al Japón. Así comenzó una larga y fructífera relación con el Dr. Ishikawa, la cual persiste hoy. En 1983 el Dr. Ishikawa tuvo a bien visitar las instalaciones de la Ford varias veces para dictar seminarios de capacitación a los altos ejecutivos que ocupaban diversos puestos, entre ellos la gerencia general, ingeniería de productos, manufactura y mercadeo.

Nuestras experiencias con el Dr. Ishikawa nos han ayudado a desarrollar todo un nuevo concepto de control de calidad, el cual se encuentra reflejado tanto en la filosofía como en los aspectos operacionales del "control de calidad en toda la empresa" (CCTE). La Ford Motor Company agradece profundamente al Dr. Ishikawa por sus contribuciones a nuestro esfuerzo. Esperamos que nuestra asociación con la Unión Japonesa de Científicos e Ingenieros sea duradera, en nuestro empeño por alcanzar la meta de producir los automóviles y camiones de mejor calidad en el mundo".

> H. A. Poling, Presidente
> Funcionario Jefe de Operaciones
> Ford Motor Company

"En 1962, cuando la Bridgestone se disponía a instituir un programa de CTC, buscó la asesoría del Dr. Kaoru Ishikawa. Fue una de las mejores decisiones que hayamos tomado. Al desarrollar nuestro plan de introducción del CTC tuvimos la gran satisfacción de contar con la guía del individuo que lo había desarrollado en el Japón.

Dos años más tarde, siendo presidente de la Bridgestone, anuncié la introducción del CTC. Estudié los libros del Dr. Ishikawa, leyéndolos una y otra vez. Recuerdo con cariño cómo el Dr. Ishikawa nos enseñó a organizar y manejar nuestros círculos de control de calidad (CC) sabiendo, como lo sabíamos, que con nosotros se encontraba el fundador del movimiento del CTC.

La práctica del CTC ya no se limita a las empresas japonesas sino que se está convirtiendo en un movimiento mundial. El libro *¿Qué es el control total de calidad? La modalidad japonesa* reúne los conocimientos adquiridos por el Dr. Ishikawa en sus 30 años y más de experiencia como asesor de innumerables programas de CTC. La traducción de este libro y su publicación son muy significativos.

Espero fervientemente que el libro se utilice no solamente en los Estados Unidos sino en el resto del mundo''.

Kanichiro Ishibashi
Presidente
Bridgestone Co., Ltd.

''El CTC se introdujo en la Komatsu en 1961 a fin de prepararnos para los cambios drásticos que se avecinaban en el medio de los negocios, ocasionados por las nuevas olas de liberalización del capital y el comercio. Desde entonces el Dr. Ishikawa ha sido nuestro mentor. Nos ha enseñado muchísimo. Mis empleados y yo le guardamos una profunda gratitud.

La Komatsu ha conquistado un lugar de preeminencia debido en gran parte a su aplicación del CTC. El Dr. Ishikawa ha dedicado sus energías a difundir el CTC desde su introducción en el Japón. No es extraño, pues, que muchas empresas extranjeras, además de las japonesas, sigan buscando su orientación.

El libro del Dr. Ishikawa es un tesoro de conocimientos sobre el CTC. En él se resume y explica la esencia del CTC de una manera fácil y comprensible. Se le enseña al lector a instituirlo y promoverlo paso a paso. He practicado el CTC desde hace muchos años y lo conozco bien. Aun así, veo con asombro que el libro me sigue enseñando cosas nuevas''.

Ryoichi Kawai
Presidente
Komatsu Manufacturing, Ltd.

''La traducción de David Lu será tenida, sin duda, como una contribución perdurable al mundo industrializado y a aquellas naciones que buscan un futuro industrial. Esta obra sobre el control total de calidad al estilo japonés brinda una orientación acertada a los gerentes que deseen alcanzar los más altos niveles de calidad en toda la empresa''.

Takeo Shiina
Presidente
IBM Japan, Ltd.

"En la Cummins hemos tratado de comprender las maneras como se practican y se aplican los programas de garantía de calidad total dentro de la industria japonesa. Hemos explorado los orígenes de los conceptos de calidad preventiva en las obras de W. E. Deming, V. Feigenbaum y J. M. Juran, y hemos tratado de aprender más sobre su aplicación promoviendo nuestros contactos con firmas japonesas que han tenido éxito en la práctica con el control total de calidad. Más aún, hemos aprovechado las capacidades y conocimientos de quienes hoy practican y enseñan los conceptos integrados de calidad.

El Dr. Ishikawa ha sido una de las principales figuras que han contribuido a desarrollar nuestra habilidad en los programas de garantía de calidad. Como asesor, demuestra una comprensión amplia y profunda del control total de calidad tanto en la teoría como en la práctica. Además, es un destacado maestro, defensor y comunicador.

Tengo muchos deseos de leer la traducción de *¿Qué es el control total de calidad? La modalidad japonesa*. No hay duda de que será un aporte importante a la bibliografía sobre la garantía de calidad y como tal será de beneficio para las empresas fabriles tanto en los Estados Unidos como en el resto del mundo, que se esfuerzan por llevar su calidad a los más altos niveles competitivos".

James A. Henderson
Presidente y Funcionario Jefe de Operaciones
Cummins Engine Company, Inc.

"El Dr. Ishikawa tiene la facilidad de tomar un tema complejo, descomponerlo en sus elementos y presentarlo de una manera ágil y comprensible. Este talento, unido a su conocimiento profundo de las industrias de producción y servicio, hacen de este libro una obra valiosa para la biblioteca de todo gerente o profesional de la calidad. La Sociedad Norteamericana para el Control de Calidad agradece su obra así como la estrecha relación personal y profesional que ha tenido con el Dr. Ishikawa".

John L. Hansel
Presidente
American Society for Quality Control

¿QUE ES
EL CONTROL TOTAL
DE CALIDAD?

¿QUE ES EL CONTROL TOTAL DE CALIDAD?

LA MODALIDAD JAPONESA

KAORU ISHIKAWA

Traducción del japonés al inglés
por David J. Lu

Traducción
Margarita Cárdenas

Revisión técnica
Hugo Salazar Marciales
Director del Departamento Técnico
Carvajal S.A.

Barcelona, Bogotá, Caracas, México, Miami,
Panamá, Quito, San Juan, Santiago.

Edición en inglés:
What is Total Quality Control? The Japanese Way,
publicada por Prentice-Hall, Inc. y traducida del
japonés por David J. Lu.

Primera reimpresión 1987
Segunda reimpresión 1987
Tercera reimpresión 1988
Cuarta reimpresión 1988
Quinta reimpresión 1988
Sexta reimpresión 1989
Séptima reimpresión 1989
Octava reimpresión 1990
Novena reimpresión 1991
Directora editorial, María del Mar Ravassa G.
Editor, Hugo Alberto Coronado P.
Correctores, Nancy de Ujfalussy y Florentino Rojas
Diseñador de cubierta, Carlos Cock C.

ISBN: 958-04-0199-3

CARVAJAL S.A.
Impreso en Colombia
Printed in Colombia

Introducción del traductor [del japonés al inglés]

Hace algunos años, encontrándome sentado frente a un ejecutivo de la CBS/Sony en una charla sobre el estado de la economía japonesa, el ejecutivo dijo casi descuidadamente: "Ultimamente hemos tenido muchos visitantes de los Estados Unidos y Europa que desean observar nuestra tecnología de fabricación de discos fonográficos. Saben que nuestros discos suenan mejor, pero cuando visitan la planta descubren que empleamos la misma tecnología, la misma prensa y las mismas materias primas. Algunos insisten que tenemos soluciones secretas y piden que les dejemos inspeccionar los residuos. Naturalmente, no encuentran nada distinto de lo que hay en sus propios residuos. Ponen expresión de desconcierto cuando les digo que la diferencia en la calidad del sonido no proviene de nuestras máquinas sino de nuestra gente".

Al decir lo anterior, el ejecutivo de esta empresa norteamericana-japonesa dio una de las mejores explicaciones de la fuerza de la economía japonesa. No podemos, claro está, obviar la cuantiosa inversión hecha por el Japón en plantas y equipos y que le ha dado su fuerza relativa en los últimos años. Pero las máquinas se pueden imitar en otras partes. En cambio, si quitáramos la dedicación de los empleados en su lugar de trabajo, no hay duda de que la industria japonesa perdería mucho de su brillo.

Hay muchas maneras de explicar los milagros económicos japoneses de la posguerra. Pero al final de cuentas, se destacan los factores humanos. La gerencia japonesa ha encontrado la manera de canalizar la energía de su pueblo con más eficiencia que nadie. Esto se ha logrado en gran parte mediante lo que se llama control de calidad (CC).

Realmente causa admiración observar la sala de control de la planta de Nippon Kokan K. K. en Ohgishima, representativa de lo último en la tecnología del acero. Pero la admiración crece al ver a los obreros de la planta reunidos en pequeños círculos de calidad. Allí comparten sus conocimientos, hablan de los problemas que han surgido y se ayudan unos a otros en la búsqueda de soluciones.

El ambiente es sereno y la discusión ordenada, pero la intención es seria. En estas reuniones los obreros se comunican abiertamente con sus supervisores e ingenieros. A veces las sugerencias hechas por un obrero de línea son aceptadas por encima de las de algún ingeniero. Hay un sentimiento de confraternidad y el lugar se convierte en foro para el desarrollo mutuo. La sala de control funciona bien precisamente porque los empleados son educados, capacitados y tienen el apoyo de los círculos de calidad. Esta práctica se aplica en todas partes, desde los gigantes como la Toyota hasta algunas compañías pequeñas de capital de riesgo. También se ha adoptado en empresas norteamericanas como la IBM Japan. Una de las señales de una empresa sobresaliente en el Japón es que tenga un buen programa de control total de calidad (CTC).

El presente volumen es la traducción completa de un libro básico sobre el control de calidad escrito por el Dr. Kaoru Ishikawa, principal autoridad japonesa en este campo. Luego de su publicación en 1981, el libro se contó entre los de mayor venta en el campo de los negocios y ha sido adoptado como manual fundamental para la aplicación y funcionamiento de los programas de control total de calidad. "Mediante el control total de calidad con la participación de todos los empleados, incluyendo el presidente, cualquier empresa puede crear mejores productos (o servicios) a menor costo, al tiempo que aumenta sus ventas, mejora las utilidades y convierte la empresa en una organización superior", dice el Dr. Ishikawa. Los ejecutivos japoneses han tomado este mensaje en serio, y en la práctica han incrementado sus utilidades y mejorado las actitudes en sus empresas.

¿Es posible importar el método Ishikawa a los Estados Unidos para que las empresas norteamericanas alcancen los mismos resultados? La respuesta es afirmativa. El control de calidad fue invento norteamericano y ahora tiene aplicación universal.

Pero el CC ha tenido los mejores resultados en su manifestación japonesa. Esto obedece a varias razones. Los japoneses han insistido en la participación de todos, desde el presidente de la empresa hasta los obreros, mientras que en los Estados Unidos el CC suele delegarse a los especialistas y asesores en este ramo. En el Japón el compromiso es total y "para siempre". Según el Dr. Ishikawa, el CTC deberá prolongarse por toda la existencia de la empresa. No se puede encender y apagar a voluntad. Una vez comenzado, el movimiento tiene que promoverse y renovarse continuamente. "La paciencia es una virtud", dice un proverbio oriental. Conviene meditar sobre el significado de este dicho al emprender actividades en materia de CC.

Las ventajas del control de calidad son muchas.

- Da una verdadera garantía de calidad. Es posible desarrollar calidad en todos los pasos de todos los procesos y lograr una producción 100 por ciento libre de defectos. Esto se hace mediante el control de procesos. No basta encontrar los defectos y fallas y corregirlos. Lo que hay que hacer es encontrar las causas de los defectos y fallas. El CTC y el control de procesos ayudan a los empleados a identificar y eliminar estas causas.

- El CTC abre canales de comunicación dentro de la empresa, dejando entrar un soplo de aire fresco. El CTC permite que las empresas descubran una falla antes de que ésta se convierta en desastre, porque todos se acostumbran a dirigirse a los demás de manera franca, veraz y útil.
- El CTC permite que las divisiones de diseño y manufactura del producto se ajusten de manera eficiente y precisa a los cambios en los gustos y actitudes de los consumidores, de manera que se puedan fabricar productos siempre acordes con la preferencia de los clientes.
- El CTC apoya las mentes propensas a escudriñar y capaces de detectar datos falsos. Ayuda a evitar el peligro de las cifras erradas sobre ventas y producción. "El conocimiento es poder" y esto lo brinda el CTC.

Estas y otras ventajas descritas por el Dr. Ishikawa se han observado en más de tres decenios de práctica. El Dr. Ishikawa no gusta mucho de la Teoría X, Y o Z. Prefiere remplazarlas con consejos prácticos, v.g.: "El siguiente proceso será nuestro cliente". Se valió de este lema por allá en los años 50 para disipar la hostilidad aguda que reinaba entre los obreros de distintos procesos fabriles en una acería. Hoy lo sigue usando en su esfuerzo incesante por romper las barreras del seccionalismo en las organizaciones comerciales.

Nacido en 1915 en la familia de un destacado industrial (su padre llegaría a ser el primer presidente de la poderosa Keidanren o Federación de Asociaciones Económicas), el Dr. Ishikawa se graduó de la Universidad de Tokio en 1939 en química aplicada. Como profesor de ingeniería en la misma universidad, comprendió la importancia de los métodos estadísticos. En 1949 participó estrechamente en la promoción del control de calidad y desde entonces ha ayudado a muchas firmas japonesas a alcanzar lugares destacados mediante la aplicación del CC. La vida del Dr. Ishikawa y la historia del CC en el Japón son inseparables. El mismo describe en el capítulo 1 cómo se inició en el CC. El Dr. Ishikawa, actual presidente del Instituto de Tecnología Musashi, es el asesor de CC más solicitado del Japón. También ha respondido al llamado de varias empresas norteamericanas, entre ellas recientemente la Ford Motor Company.

El capítulo 2 contiene un ensayo sobre las diferencias entre el CC tal como se practica en el Japón y en el Occidente, especialmente en los Estados Unidos. Como el CC tuvo sus comienzos en los Estados Unidos pero se ha arraigado más en el Japón, el Dr. Ishikawa ha buscado algunas explicaciones sociológicas y culturales de este fenómeno. Sugiere que en el Japón el empleo de la escritura *kanji* (caracteres chinos) puede haber promovido el CC, ya que la dificultad para aprender el *kanji* estimula el hábito del trabajo diligente tan indispensable para el éxito del control de calidad. Luego afirma que las naciones que emplean la escritura *kanji*, como Taiwán, Corea del Sur y la República Popular de China, tienen buenas aptitudes para desarrollar programas de CC. Este concepto se presta a discusiones, desde luego. El profesor John K. Fairbank, conocido estudioso de la China, respondería que la tiranía de la escritura en la China tradicional fue uno de los factores que estancaron su desarrollo. Yo criticaría la afirmación del Dr. Ishikawa por considerar que al hacer hincapié en la cultura *kanji* ha pasado por alto otras explicaciones más plausibles.

Otro elemento de la obra del Dr. Ishikawa que se presta para controversias es el debate clásico sobre si el hombre es bueno o malo por naturaleza. El control de calidad funciona mejor allí donde hay confianza mutua. Si el hombre es bueno por naturaleza, es posible cultivar esa confianza. El Dr. Ishikawa piensa que la civilización oriental siempre ha acogido la idea de que el hombre es bueno por naturaleza. Especula que el CC no ha tenido éxito en el Occidente porque, según el concepto cristiano, el hombre es malo por naturaleza.

El comentario del Dr. Ishikawa sobre la civilización occidental en este caso está errado. El concepto del hombre según el Antiguo Testamento es que fue creado a la imagen de Dios y que es bueno. El pecado entró en el mundo a raíz de la desobediencia, pero de allí no se colige que el hombre permanezca en un estado depravado. El acto de redención por medio de Cristo le permite al hombre regenerarse y convertirse en un "hombre nuevo". Si nos ceñimos al razonamiento del Dr. Ishikawa esbozado en el capítulo 2, las naciones cristianas tienen, en cuanto a actividades de CC, un potencial de desarrollo igual al de las naciones orientales. Los intentos del Dr. Ishikawa por identificar la cultura *kanji* y la filosofía de la bondad intrínseca del hombre como razones del éxito del CC, me recuerdan los intentos de Max Weber por identificar la ética protestante con el surgimiento del capitalismo en el Occidente. La difusión del capitalismo al Japón y otras naciones no calvinistas ha demostrado el error de Max Weber. La práctica del CC más allá de las fronteras japonesas y sus naciones vecinas sobre el Pacífico también ha de demostrar el error del Dr. Ishikawa en relación con estas suposiciones específicas.

Sin embargo, debemos tomar muy en serio sus críticas contra nuestro modo de seguir dependiendo del taylorismo. Los gerentes e ingenieros fijan normas de trabajo de acuerdo con el taylorismo y los obreros se limitan a obedecerlas. ¿Acaso no estamos tratando a nuestros obreros como objetos desechables e intercambiables? Esto los deshumaniza a ellos y a sus superiores, y crea descontento y conflictos laborales. En su remplazo, el Dr. Ishikawa habla del respeto por la humanidad y de tratar a cada empleado como una persona integral.

El autor quisiera que la gerencia tuviera más autocrítica. Dice, con el Dr. W. Edwards Deming, quien dio su nombre al más importante de los premios del CC en el Japón, que "cuando ocurren errores, del 65 al 80 por ciento de la responsabilidad recae sobre la gerencia". Este concepto ponderado crea una sensación de confianza y un cambio significativo de actitud entre los obreros. Asegura un nuevo comienzo para el establecimiento de una verdadera "democracia industrial".

Como dice el Dr. Ishikawa tan acertadamente, el control de calidad es una revolución del pensamiento en la gerencia. Algunos autores japoneses especulan que su impacto puede ser tan grande como el causado por las máquinas de motor al remplazar el trabajo manual en la primera revolución industrial. Los capítulos 3 a 11 presentan la manera práctica de introducir y administrar programas de control de calidad. Deseo llamar la atención especialmente sobre el capítulo 9, que trata de las relaciones entre la empresa y sus proveedores y subcontratistas. Allí se advierte contra la adopción precipitada del sistema gerencial japonés. Por ejemplo, el sistema de la Toyota, de suministrar partes "justo a tiempo", es considerado uno de los sistemas de control más eficaces y dignos de imitarse. Sin embargo, es bien sabido que algunos fabricantes norteamericanos de automóviles que recortaron sus suministros han tenido que reducir la producción en períodos de gran demanda. ¿Por qué? Porque no estaban bien preparados para ejecutar el sistema "justo a tiempo". Un control amplio de calidad, no solo dentro de la empresa sino entre sus proveedores, elimina problemas como éste.

Este libro se puede usar como guía de verificación para que el lector analice en qué medida su empresa está preparada para realizar el control de calidad y demás responsabilidades afines. Aconsejamos leer un solo capítulo a la vez y reflexionar cuidadosamente sobre las condiciones de la propia empresa. Se les debe pedir a los colegas que hagan otro tanto. El mensaje es sencillo y práctico. Pero no obstante su sencillez, contiene muchas recomendaciones y advertencias para las empresas. Una de las mejores recomendaciones acerca de este libro proviene de un ejecutivo de la IBM Japan quien ha estado participando en el CC desde hace más de dos años. Me dijo: "¿Sabe usted? Cada vez que leo este libro adquiero más información y capacidad para manejar nuestras actividades de CC". Es un buen libro de consulta.

"Con este libro, espero que las actividades de control de calidad en los Estados Unidos se desarrollen aun más". El Dr. Ishikawa desea que yo transmita este mensaje a sus lectores norteamericanos. Recuerdo haberle dicho: "Bueno, Dr. Ishikawa, tal vez le ganemos a usted con sus propias armas". La competencia será amistosa, desde luego. En vez de pensar en aumentar cuotas, en ampliar las restricciones voluntarias o en promulgar leyes sobre el contenido nacional de los productos, ¡qué bueno sería que compitiéramos mejorando nuestra productividad mediante el control de calidad! ¿Y si aplicáramos los principios de control de calidad a nuestras escuelas, gobiernos y demás sectores de servicios? ¡Imagínese cómo mejoraría el nivel educativo y la eficiencia del gobierno! Quizá llegaríamos a recortar el déficit presupuestal y a eliminar el despilfarro del gobierno tal como lo recomienda el informe de la Comisión Grace. Con este pensamiento feliz, unámonos al círculo del Dr. Ishikawa.

David J. Lu
Milton, Pennsylvania

AGRADECIMIENTOS DEL TRADUCTOR

Expreso mi profundo reconocimiento al autor, Dr. Ishikawa, y a los miembros del grupo de promoción del CTC en la IBM Japan por su lectura y sus amplios comentarios sobre mi versión traducida. El grupo conocido como División de Promoción del Programa para la Satisfacción del Cliente está encabezado por Shintaro Morita. Además del Sr. Morita, estoy especialmente agradecido con Toshio Minemura y Koichi Chikugo por sus valiosas sugerencias. Agradezco también a Takeo Shiina y Makio Naruse, presidente y director administrativo respectivamente de la IBM Japan; a Haruko Mitsuaki y K. Arai de la Unión de Científicos e Ingenieros Japoneses (UCIJ); a Bette Schwartzberg y Judy Dorn de Prentice-Hall; y por último, aunque no menos, a mi esposa Annabelle.

D.L.

Contenido

XVIII

terfuncionales; control de calidad en toda la empresa y mejora de
la tecnología

dísticos; control estadístico; métodos estadísticos y progreso tecnológico

Mi encuentro
con el control de calidad

El control total de calidad al estilo japonés es una revolución conceptual en la gerencia.

El CTC instituido en toda la empresa puede contribuir a mejorar la salud y el carácter de la misma.

El control de calidad cobra mayor importancia a medida que progresa la industria y se eleva el nivel de la civilización.

Mi deseo es que la economía japonesa quede firmemente establecida mediante el CC y el CTC y mediante la capacidad japonesa para exportar productos buenos y de bajo costo a todo el mundo. Entonces la economía japonesa se colocará sobre una base más firme. La tecnología industrial japonesa quedará bien establecida y el Japón estará en capacidad de exportar tecnología de manera continua. En cuanto a las empresas, espero que puedan compartir sus utilidades con los consumidores, empleados, accionistas y la sociedad en general. Espero que estas empresas se conviertan en instrumentos para mejorar la calidad de vida no solamente de los japoneses sino de todos los pueblos y que contribuyan de esta manera a traer paz al mundo.

I. MI INICIACION EN EL CONTROL DE CALIDAD

Aunque pueda ser algo presuntuoso comenzar por escribir sobre mí mismo, me parece que para aclarar el propósito de este libro sería apropiado explicar cómo me inicié en las actividades de control de calidad (CC).

Al obtener mi grado de química aplicada en la Universidad de Tokio en marzo de 1939, me vinculé a una empresa dedicada a la licuefacción del carbón, que era una de las prioridades nacionales por aquella época, y adquirí experiencia en los campos de diseño, construcción, operaciones e investigación. Entre mayo de 1939 y mayo de 1941 estuve comisionado como oficial técnico naval con responsabilidades en el área de la pólvora. La Armada fue un gran campo de entrenamiento para un joven oficial. De los 24 meses de servicio, pasé 10 en capacitación y entrenamiento. Terminado esto, me pusieron a cargo de 600 trabajadores con órdenes de empezar a construir una fábrica en un lote de 100 hectáreas. Esto fue apenas a los dos años de haberme graduado. Los ocho años que pasé en la industria y en la Armada me prepararon para dedicarme más tarde a las actividades de CC.

En 1947 regresé a la Universidad de Tokio. Pero cada vez que hacía experimentos en mi laboratorio tenía el problema de la dispersión de los datos, que hacía imposible alcanzar conclusiones correctas. Por esta razón, empecé a estudiar métodos estadísticos en 1948.

En 1949 me enteré de que la Unión de Científicos e Ingenieros Japoneses (UCIJ) tenía material sobre métodos estadísticos y fui a verlos. Allí un señor de nombre Kenichi Koyanagi, director administrativo de la UCIJ, insistió en que no podría permitirme el acceso a sus materiales si no me unía al grupo de investigación en CC y me convertía en uno de sus instructores. Mi respuesta fue sencilla: "¿Cómo puede ser instructor un principiante?" Pero el Sr. Koyanagi fue muy persuasivo: "No se preocupe; apenas estamos comenzando". De esta manera me vi obligado a vincularme a las actividades de CC. Pero una vez que empecé a estudiar los métodos estadísticos y el CC, me sentí fascinado. No había duda de que contribuirían a la recuperación económica del Japón. Con esta idea en mente me convertí en estudioso serio del CC.

Los pasos que seguí y las razones que me guiaron fueron las siguientes:

1. Los ingenieros que juzgan con base en sus datos experimentales tienen que conocer los métodos estadísticos de memoria. Creé un curso titula-

do "Cómo utilizar datos experimentales" y lo hice obligatorio para el primer semestre del último año en la facultad de ingeniería de la Universidad de Tokio.

2. El Japón no tiene abundancia de recursos naturales sino que debe importarlos, junto con los alimentos, del exterior. Por lo tanto, es necesario ampliar las exportaciones. La época de los productos baratos y de mala calidad para la exportación se ha acabado. El Japón tiene que esforzarse por manufacturar productos de alta calidad y bajo costo. Por esta razón, el control de calidad y el control de calidad estadístico requieren un máximo de cuidado.

3. Los ocho años que pasé en el mundo no académico, después de graduarme, me enseñaron que la industria y la sociedad japonesas se comportaban de manera muy irracional. Empecé a creer que estudiando el control de calidad y aplicándolo correctamente, se podría corregir este comportamiento irracional de la industria y de la sociedad. En otras palabras, me pareció que la aplicación del CC podría lograr la revitalización de la industria y efectuar una revolución conceptual en la gerencia.

Así fue como me inicié en el CC. He estado dedicado a este campo por más de 30 años, con resultados más que satisfactorios.

II. LA CONFERENCIA ANUAL DE CONTROL DE CALIDAD

El primer premio Deming se otorgó en septiembre de 1951 en Osaka. En esa ocasión se celebró una conferencia sobre control de calidad y esta reunión vino a ser la primera Conferencia Anual de CC reconocida en el Japón.

En 1952 fui director de la Sociedad Química del Japón. Como las actividades de CC tenían que ver con las actividades de varias asociaciones académicas, hice un llamado a aquellas asociaciones con el propósito de que establecieran un comité ejecutivo para conferencias de CC y conjuntamente auspiciaran las conferencias anuales de CC. Se le pidió a la Unión de Científicos e Ingenieros Japoneses que se encargara de los aspectos prácticos. En noviembre de cada año, simultáneamente con el otorgamiento de los premios Deming, se realiza una conferencia para escuchar los informes de las industrias. Esto evolucionó hasta convertirse en la actual Conferencia Anual de CC para Gerentes y Estado Mayor.

En 1962 se inauguró la Conferencia Anual de CC para Supervisores y la Conferencia Anual de CC para el Consumidor. Al año siguiente comenzó la Conferencia Anual de CC para Altos Gerentes. Ningún país del mundo tiene tantas conferencias diversas sobre el tema de CC como el Japón. El Japón también tiene el honor de contar con el mayor número de informes sobre ejemplos de aplicación del CC. Creo que las deliberaciones y el desarrollo mutuo originados en estas conferencias han sido factores clave para el progreso de las actividades de CC en el Japón.

III. EL MES DE LA CALIDAD Y LA MARCA C (BANDERA C)

Para celebrar el décimo aniversario de la revista *Control de Calidad Estadístico*, se inició el movimiento llamado "el mes de la calidad". En un principio se habló de llamarlo "el mes del control de calidad" pero luego se eliminó el término "control". Para asegurar el éxito, el movimiento tendría que incluir a los consumidores, y parecía que éstos se sentirían más dispuestos a participar cuanto menos se hablara de "control".

Al mismo tiempo, se tomó la decisión de diseñar un símbolo y una bandera para el control de calidad. La Sra. Haruko Mitsuaki (actualmente directora administrativa de la Nikka Giken Publishing Company) se encargó del proyecto. El profesor Yoji Yamawaki, de la Universidad Nacional de Bellas Artes y Música de Tokio, organizó un concurso entre sus alumnos y se escogieron varios diseños. El que fue aprobado fue el mismo diseño de la Marca C actual pero su color era el azul de la bandera de las Naciones Unidas. Había una sola dificultad: la tintura azul desteñía. Era inaceptable que una bandera símbolo de la calidad se destiñera y mostrara señales de vejez. Estudiamos el problema y propusimos la solución: utilizar el color rojo de la bandera nacional japonesa. La industria de tinturas garantizaba la durabilidad del colorante utilizado en la bandera nacional y con esto asegurábamos la calidad de la Bandera C.

El Movimiento del Mes de la Calidad realiza muchas actividades, sugeridas por el Comité del Mes de la Calidad. El comité se encarga de escoger el tema y el lema para el mes, publica folletos y organiza conferencias en diversos lugares. El aspecto práctico corresponde a la Unión de Científicos e Ingenieros Japoneses y la Asociación Japonesa de Normas. Son muchas las empresas que participan en el movimiento. Izan la bandera de la calidad en el mes de noviembre y realizan diversas actividades importantes.

La idea del Mes de la Calidad tuvo su inspiración en la "Semana de la Seguridad" que se ha celebrado por mucho tiempo en el Japón. El movimiento del Mes de la Calidad se basa en la iniciativa privada, y el Japón probablemente es el único país que ha mantenido un esfuerzo tan constante, como que se efectúa cada año en el mes de noviembre. La República Popular de China designó el mes de septiembre como su mes de la calidad, en 1978. Es el único otro país que conozco que ha adoptado este concepto.

IV. DOS PUBLICACIONES: SQC Y FQC

Un grupo de personas iniciamos algunas actividades sobre control de calidad en 1949. Al año siguiente, la Unión de Científicos e Ingenieros Japoneses (UCIJ) publicó la revista *Hinshitsu Kanri (Statistical Quality Control* o SQC). La publicación difundió información sobre el CC y el CTC (control total de calidad) y promovió la idea de que empresas y trabajadores unieran sus esfuerzos y se ayudaran mutuamente. A partir de 1962, se publicó otra revista que llevó por título *Gemba-to-QC (Quality Control for the Foreman* o FQC), auspiciada también por la UCIJ y dirigida principalmente a los obreros y sus supervisores. De allí surgieron diversas actividades de círculos de CC. La revista FQC motivaba a los obreros a leer, intercambiar información y procurar el desarrollo mutuo. Habiendo sido colaborador en ambas revistas desde hace mucho tiempo, puedo señalar con satisfacción el hecho de que sin ellas el Japón no habría alcanzado el éxito en el CC ni en el CTC.

V. ACTIVIDADES DE LOS CIRCULOS DE CC

A comienzos de los años 50 nuestros programas de capacitación para supervisores se llamaban "talleres de estudio de CC". La junta editorial de la revista FQC prefirió llamarlos actividades de "círculos de CC". Esto fue en abril de 1962. Desde entonces, estas actividades se han difundido muy rápidamente, no solo a las industrias secundarias sino también a las terciarias.

Los observadores extranjeros suelen cometer el error de pensar que la industria japonesa debe su gran éxito a las actividades de CC. Estas no son *la* razón sino *una* de las razones del éxito. En todo caso, del exterior han llegado grupos de gerentes, estudiosos, dirigentes laborales y funcionarios públicos para estudiar las actividades de CC en el Japón. Actualmente casi 50 países realizan actividades del tipo "círculo de CC". Nunca lo creímos posible. El auge del CC se debe a los esfuerzos de muchas personas, entre ellas los directores de las dos revistas mencionadas, los presidentes regionales de los círculos de CC, los secretarios ejecutivos y los secretarios regionales cuyo número pasa de 1 000, así como las personas encargadas de CC en la Unión de Científicos e Ingenieros Japoneses.

En una época pensé que las actividades de los círculos de CC eran posibles solamente en aquellos países que venían utilizando la escritura con caracteres chinos y que contaban con la influencia del budismo y el confucianismo. Pero hoy se habla del éxito obtenido en muchos países, y esto me está llevando a modificar mi concepto. Actualmente, mi opinión es la siguiente:

"Las actividades de círculos de CC, si son acordes con la naturaleza humana, serán aplicables en cualquier parte del mundo, pues el hombre es hombre y hay un vínculo común de humanidad".

Espero que estas actividades contribuyan a fomentar la paz y la prosperidad en el mundo por mucho tiempo.

VI. LOS PREMIOS DEMING

En 1950 el Dr. W. Edwards Deming vino de los Estados Unidos y dictó una serie de excelentes conferencias sobre el control de calidad. Las regalías del libro basado en estas conferencias se entregaron a la Unión de Científicos e Ingenieros Japoneses, que las utilizó para establecer los premios Deming. Estos incluyeron el premio Deming (para un individuo) y el premio Deming de Aplicación. El primero se otorga en principio a un individuo o individuos que hayan contribuido a la difusión y desarrollo de teorías relacionadas con el control de calidad estadístico. El premio de aplicación tiene varias categorías, pero es esencialmente un premio otorgado a una empresa que se haya desempeñado excepcionalmente en el campo de control de calidad estadístico en ese ejercicio. Cada año, al subir el nivel del CCE y el CTC en el Japón, los beneficiarios del premio deben cumplir requisitos más altos.

Los premios citados son los más importantes que se otorgan en el Japón en el campo del CCE y el CTC. Al insistir en el desempeño máximo, los premios de aplicación han dado origen a cambios radicales en la organización de industrias que practican el CCE y el CTC. Insto a las compañías que hacen CCE y CTC a que se inscriban ante el comité de premios y se sometan a su examen a los cuatro o cinco años de haber comenzado estas actividades. Al hacerse examinar, sus actividades de CCE y CTC progresarán aun más. No todos los inscritos ganarán el premio, pero la auditoría de CC que se efectúa dentro del proceso será de gran beneficio y contribuirá al mejoramiento de la estructura organizacional de la empresa.

Cuando la organización de una empresa se hace más eficiente gracias al CCE y al CTC, y todo el mundo está satisfecho, el premio parece caer de modo natural en las manos de la empresa. He tenido que ver con estos premios desde su comienzo y la experiencia ha sido invaluable.

VII. EL CC EN DIVERSAS INDUSTRIAS

He tenido que ver con actividades de CC en diversas industrias. En la universidad me gradué en química y he sido profesor de disciplinas afines a la química. Pero mi experiencia con el CC ha sido mucho más amplia, pues incluye además de la industria química, otras como minería, metalurgia, máquinas, industria eléctrica y electrónica, textiles, astilleros, alimentos y construcción. Algunas de estas se dedican a la producción masiva de pocos artículos mientras que otras producen muchos artículos en pequeña cantidad. Más recientemente, he participado en actividades de CC en los campos de las finanzas, distribución, transporte y servicios. Me parece obvio que las actividades de CC y CTC son básicamente las mismas y que sus principios son aplicables a distintas industrias.

Escucho con frecuencia el siguiente comentario: "Mi empresa se dedica a otro tipo de negocios, por lo cual es difícil emprender el CC o el CTC. No podemos hacerlo". Mi respuesta sigue siendo la misma: "En vez de pensar en las razones que le impiden hacer algo, ¿por qué no tratar de descubrir lo que sí puede hacer?"

"El CTC significa simplemente que hacemos lo que debemos hacer".

VIII. GRUPOS DE ESTUDIO SOBRE MUESTREO

La base del CC son los datos. Tan pronto como empecé a trabajar en este campo descubrí que muchos datos carecían de confiabilidad, especialmente en las industrias química y metalúrgica donde los métodos de muestreo, de división y de medición y análisis eran inadecuados. No me pareció suficiente escribir un libro sobre el buen muestreo estadístico sino que en 1952 fundé un Grupo de Estudio Sobre Muestreo para la Industria Minera, con la ayuda de la UCIJ. El grupo se dividió en subgrupos según las siguientes categorías: mineral de hierro, metales no ferrosos, carbón, coque, mineral de sulfuro, metales industriales e instrumentos de muestreo. Los hallazgos de los subgrupos señalaron el camino hacia la racionalización de los métodos de muestreo, división, y medición y análisis. Sobre esta base establecimos Normas Industriales Japonesas (NIJ) para muchas industrias. Esta serie de normas vino a ser la base de las normas desarrolladas para la Organización Internacional de Normas (ISO), que contribuyeron a racionalizar el comercio internacional (ver siguiente sección).

Cuando la contaminación industrial se volvió problema de actualidad, se estableció dentro de la UCIJ un Grupo de Estudio de Muestreo para la Protección del Medio Ambiente, en 1971. Este aprovechó la experiencia de otros grupos de estudio sobre muestreo. Hoy tiene subgrupos sobre aire, agua y suelos, y continúa estudiando estos temas con miras a elaborar métodos racionales y científicos para el muestreo, el análisis y la medición.

El CC suele llamarse "gerencia por hechos y datos". Tenemos que abordarlo de manera científica. Debemos conocer la magnitud de los errores inevitables y aprovechar el conocimiento así adquirido. Basado en la experiencia de estos grupos de estudio, propongo otro principio:

"Si alguien nos muestra datos obtenidos mediante el empleo de instrumentos de medición y análisis químico, hay que desconfiar de ellos". (Nota: Aquí, como en otras partes, el autor suele encerrar entre comillas las frases que desea destacar.)

IX. MI VINCULACION CON LAS NIJ Y CON LA ISO

Me vinculé con las NIJ y con la ISO en tres áreas:

Primero, incorporé en las NIJ los hallazgos del Grupo de Estudio sobre Muestreo para la Industria Minera, uno por uno, y siempre con miras a racionalizar los métodos de muestreo, división y análisis.

Segundo, cooperé con diversos comités especiales de NIJ en asuntos relacionados con el control de calidad.

Tercero, al aplicar el control de calidad en diversas industrias me pareció obvio que las Normas Industriales Japonesas de ese momento eran inadecuadas e imprecisas. En 1956 quienes nos interesamos en este problema fundamos un Comité para Racionalización de las Normas dentro de la Asociación Japonesa de Normas. Este se dedicó a estudiar las normas NIJ para cada producto e incorporó sus hallazgos en una recomendación titulada "Sobre las Normas Industriales Japonesas", que sometió a Ichiro Ishikawa, a la sazón (1961) presidente del Comité de Normas Industriales Japonesas. Una de las conclusiones a que se llegó en ese momento fue que "ni una sola de las normas NIJ era satisfactoria". Como el análisis de calidad era inadecuado, las normas no indicaban las características de calidad ni trataban correctamente las características de sustitución. Además, solían fijar niveles de calidad demasiado bajos para satisfacer los requisitos de los consumidores. Desde entonces he defendido la posición de que "el control de calidad no se puede poner en práctica simplemente aplicando normas nacionales o internacionales. Estas normas pueden tomarse en cuenta, pero más allá de las mismas el control de calidad debe tener metas superiores: satisfacer los requisitos de los consumidores y crear una calidad que los satisfaga".

De esta manera me vinculé estrechamente con las actividades que se realizaban en materia de NIJ. El Japón había sido país miembro de la ISO desde 1952 pero yo no me vinculé sino en 1960. Hasta entonces, el Japón no había contribuido a las labores de los comités técnicos de la ISO y esta falla había sido motivo de críticas. Nos pareció que había que hacer algo, y como aporte al esfuerzo cooperativo del Japón con la ISO (International Standard Organization) escogimos nuestra labor en el grupo de estudio sobre muestreo mencionado antes. El Comité Técnico Número 102 de la ISO, establecido en 1961, se ocupó de los problemas del mineral de hierro. El primer subcomité se ocupaba de muestreo. El Japón llegó a convertirse en secretaría de estos comités y cumplió las tareas que se le encomendaron. Fue muy satisfactorio el reconocimiento internacional dado a la labor de estos comités. La supervivencia del Japón depende del comercio internacional, y el país es uno de los más avanzados del mundo. Espero que el Japón esté más dispuesto a convertirse en secretaría de la ISO o de la Comisión Electrotécnica Internacional y que se tome nota de esto en los círculos académicos e industrias afines.

En 1969 me afilié al capítulo japonés de la ISO y he sido su presidente desde 1977. A partir de 1976 he asistido sin interrupción a la Asamblea General y a las reuniones del consejo de la ISO. En 1981 formé parte del comité ejecutivo de la ISO y ahora me valgo de mi deficiente inglés para luchar por la cooperación internacional en el campo de la normalización.

También he participado en el Congreso de Normas del Area del Pacífico (CNAP). Puedo decir que he estado vinculado con la normalización industrial internacional por muchos años.

X. CONTACTO CON PERSONAS EN EL EXTERIOR

Mi contacto con personas del exterior en la época de la posguerra comenzó con la visita del Dr. Deming en 1950, seguida de una visita del Dr. Juran en 1954. Mi primer viaje fuera del país fue a los Estados Unidos en 1958, donde fui subdirigente de un grupo de estudio sobre control de calidad auspiciado por el Centro de Productividad del Japón. (El director del grupo fue el Sr. Noboru Yamaguchi, entonces director de manufactura de la Toshiba.) Estuvimos en los Estados Unidos desde enero hasta abril. Desde entonces he visitado más de 30 países, casi siempre cumpliendo actividades relacionadas con el CC y la normalización industrial, y generalmente en relación con mis labores con la ISO.

En términos de CC, mi propósito al viajar al exterior fue doble: primero, observar los puntos fuertes de la industria en países extranjeros y adaptarlos para su aplicación en el Japón y, segundo, hacer conocer de los extranjeros los puntos fuertes de las actividades japonesas en materia de CC. Durante mi visita a los Estados Unidos en 1958 con el Sr. Hajime Karatsu (ahora director administrativo de la Matsushita Communications Industry) pude ayudar a varias industrias norteamericanas menos avanzadas. Desde 1956 me he dedicado activamente a promover los métodos japoneses de CC en países extranjeros, mientras dirijo las actividades de CC en mi país. Después de estas experiencias he podido decir a las personas en el exterior que pueden comprar los productos japoneses con confianza. Pienso que de esta manera he contribuido indirectamente al esfuerzo exportador de mi país.

En los años 70 recibí muchas solicitudes de diversos países, de los cuatro puntos cardinales, para que dictara seminarios sobre los métodos japoneses de CC. A pesar de mis dificultades con el idioma, dicté conferencias y seminarios. En mayo de 1980, la NBC desarrolló un programa titulado "Si el Japón puede, ¿por qué nosotros no?" que le explicaba al público norteamericano las ventajas del CC japonés. Después de esto, los medios de comunicación japoneses empezaron a escribir mucho sobre el CC japonés. Este es un triste comentario sobre los medios de comunicación japoneses, pues demuestra cuán atrasados están. Las personas enteradas en el mundo empezaron a reconocer las ventajas de las actividades de círculos de CC y CTC en el Japón hacia fines de la década del 60. Hoy recibimos en promedio una visita semanal de grupos extranjeros que vienen a observar las actividades de CC japonesas. Hay un auge enorme de los círculos de CC y del control de calidad en todo el país. He hecho amistad con muchas de las personas que nos visitan y también he aprendido de ellas.

Como dije antes, fui miembro de la secretaría del subcomité de muestreo del mineral de hierro de la ISO. Como el comité era internacional, me pareció conveniente que sus reuniones se realizaran en distintos países. Además del Japón, se ha reunido en la India, la URSS, países de Europa Occidental, los Estados Unidos, el Canadá, el Brasil, Australia y la Unión Surafricana. De esta manera el subcomité ha ayudado a promover el entendimiento internacional.

A partir de 1970 se han realizado muchos seminarios sobre control de calidad en el Japón. He dirigido muchos seminarios de este tipo para beneficio de los países en desarrollo. He visitado la República Popular de China con frecuencia desde 1973 y ahora soy asesor de la Asociación China para Control de Calidad. También soy miembro honorario de entidades semejantes en Gran Bretaña, Filipinas y Argentina.

Para quienes nos dedicábamos al control de calidad hace ya muchos años, la creación de una organización internacional dedicada al CC fue una meta muy deseable. En 1966 fui miembro de un comité preparatorio para esa organización internacional. En 1969 se realizó la primera Conferencia Internacional sobre Control de Calidad en Tokio y se fundó la Academia Internacional para la Calidad. He sido funcionario de esta organización y he desempeñado varios cargos en ella. La AIC se reúne cada tres años y la sede de sus conferencias va alternando entre el Japón, los Estados Unidos y Europa, en ese orden.

Repasando mi vida dedicada al CC, expreso la siguiente esperanza y ruego: "Que el CC y las actividades de círculos de CC se difundan por todo el mundo, que la calidad en todo el mundo mejore, que se reduzcan los costos, que aumente la productividad, que se ahorren materias primas y energía, que los pueblos de todo el mundo sean felices y que el mundo tenga prosperidad y paz".

Después de la segunda guerra mundial se importaron al Japón muchas de las llamadas técnicas gerenciales. De éstas, solamente el control de calidad se naturalizó plenamente hasta convertirse en el gran éxito propio del Japón, y se transformó en un "producto nuevo" que había de exportarse ampliamente a las naciones del mundo.

Agradezco al lector por su paciencia al leer esta larga introducción sobre mi experiencia con el CC. Todo lo que diga en adelante se basará en esa experiencia. Este es el motivo de esta introducción, en la cual relacioné mi propia trayectoria.

Características del control de calidad japonés

Control de calidad es hacer lo que se debe hacer en todas las industrias.

El control de calidad que no muestra resultados no es control de calidad. Hagamos un CC que traiga tantas ganancias a la empresa ¡que no sepamos qué hacer con ellas!

El CC empieza con educación y termina con educación.

Para aplicar el CC tenemos que ofrecer educación continuada para todos, desde el presidente hasta los obreros.

El CC aprovecha lo mejor de cada persona.

Cuando se aplica el CC, la falsedad desaparece de la empresa.

I. BREVE HISTORIA DEL CONTROL
DE CALIDAD TOTAL

El control de calidad moderno, o control de calidad estadístico (CCE) como lo llamamos hoy, comenzó en los años 30 con la aplicación industrial del cuadro de control ideado por el Dr. W. A. Shewhart, de Bell Laboratories.

La segunda guerra mundial fue el catalizador que permitió aplicar el cuadro de control a diversas industrias en los Estados Unidos, cuando la simple reorganización de los sistemas productivos resultó inadecuada para cumplir las exigencias del estado de guerra y semiguerra. Pero al utilizar el control de calidad, los Estados Unidos pudieron producir artículos militares de bajo costo y en gran cantidad. Las normas para tiempos de guerra que se publicaron entonces se denominaron Normas Z-1.

Inglaterra también desarrolló el control de calidad muy pronto. Había sido hogar de la estadística moderna, cuya aplicación se hizo evidente en la adopción de las Normas Británicas 600 en 1935 basadas en el trabajo estadístico de E. S. Pearson. Más tarde se adoptó la totalidad de las normas Z-1 norteamericanas como Normas Británicas 1008. Durante los años de la guerra, Inglaterra también formuló y aplicó otras normas.

La producción norteamericana durante la guerra fue muy satisfactoria en términos cuantitativos, cualitativos y económicos, debido en parte a la introducción del control de calidad estadístico, que también estimuló los avances tecnológicos. Podría llegar a especularse que la segunda guerra mundial la ganaron el control de calidad y la utilización de la estadística moderna. Ciertos métodos estadísticos investigados y empleados por las potencias aliadas resultaron tan eficaces que estuvieron clasificados como secretos militares hasta la derrota de la Alemania nazi.

El Japón se había enterado de las primeras Normas Británicas 600 en la preguerra y las había traducido al japonés durante la misma. Algunos académicos japoneses se dedicaron seriamente al estudio de la estadística moderna pero su trabajo se expresaba en un lenguaje matemático difícil de entender y la estadística no logró una acogida popular.

En el campo de la administración el Japón también iba a la zaga, pues utilizaba el llamado método Taylor en ciertas áreas. (El método Taylor exigía que los obreros siguieran especificaciones fijadas por los especialistas y en esa época ese enfoque se consideraba muy moderno.) El control de calidad dependía enteramente de la inspección, pero ésta no era cabal para todos los productos. En aquellos días el Japón seguía compitiendo en costos y precios pero no en calidad. Seguía siendo la época de los productos "baratos y malos".

La introducción del control de calidad estadístico

Derrotado en la segunda guerra mundial, el Japón quedó en ruinas. Se habían destruido prácticamente todas sus industrias y el país carecía de alimentos, vestuario y vivienda. El pueblo se asomaba a la inanición.

Cuando las fuerzas de ocupación norteamericanas desembarcaron en el Japón, tuvieron que afrontar de inmediato un obstáculo grande: las fallas frecuentes en el servicio telefónico. El teléfono japonés no era un medio de comunicación confiable. El problema no se debía únicamente a la guerra que acababa de terminar, sino que la calidad del equipo era desigual y deficiente. Viendo estos defectos, las fuerzas norteamericanas ordenaron a la industria japonesa de comunicaciones que empezara a aplicar el control de calidad moderno. Además, tomaron medidas para educar a la industria. Este fue el comienzo del control de calidad estadístico en el Japón: mayo de 1946.

Dichas fuerzas de ocupación impartieron sus enseñanzas a la industria japonesa transfiriendo el método norteamericano sin ninguna modificación apropiada para el Japón. Esto creó algunos problemas, pero los resultados fueron bastante prometedores y el método norteamericano prontamente se difundió más allá de la industria de las telecomunicaciones.

La marca NIJ

Durante ese período se estableció el sistema de normas nacionales. En 1945 se creó la Asociación Japonesa de Normas, seguida del Comité de Normas Industriales Japonesas en 1946. La Ley de Normalización Industrial se promulgó en 1949 y la Ley de Normas Agrícolas Japonesas (NAJ) en 1950. Al mismo tiempo, se instituyó el sistema de la marca NIJ con base en la Ley de Normalización Industrial.

El sistema de la marca NIJ dispone que ciertas mercancías pueden llevar la marca NIJ si son producidas por fábricas que se ciñen a las normas NIJ de control de calidad estadístico y garantía de calidad.

El sistema contribuyó a introducir y difundir el control de calidad estadístico en las industrias japonesas. Fue un sistema singular en que la participación era estrictamente voluntaria y no por orden del gobierno. Cualquier empresa podía pedir que se inspeccionaran sus productos, o bien optar por no hacerlos inspeccionar. Cuando pasaba la inspección, era libre de colocar o no la marca NIJ. En los países extranjeros el empleo de marcas aprobadas suele ser obligatorio. En el Japón, afortunadamente, no es así. Estoy firmemente convencido de que la intervención oficial debe reducirse a un mínimo excepto en las áreas que impliquen una amenaza directa a la vida y a la seguridad.

El Grupo de Investigación en Control de Calidad

La Unión de Científicos e Ingenieros Japoneses (UCIJ) es una entidad privada constituida por ingenieros y estudiosos, que se formó en 1946. En 1949 la UCIJ estableció su Grupo de Investigación en Control de Calidad (GICC) con miembros procedentes de las universidades, las industrias y el gobierno. Su objetivo era efectuar investigaciones y difundir información sobre el control de calidad. Los miembros buscaron una manera de racionalizar las industrias japonesas a fin de exportar a ultramar productos de calidad y elevar los niveles de vida del pueblo japonés. Para lograrlo, se propusieron aplicar el control de calidad a las industrias japonesas.

El Grupo de Investigación en Control de Calidad realizó su primer Curso Básico de CC en septiembre de 1949. Se reunió tres días al mes durante un año, para un total de 36 días, con ingenieros de las industrias como oyentes principales. (Cuando se dictó el segundo Curso Básico de CC la duración se modificó a seis días mensuales durante un período de seis meses. Hoy el curso básico sigue siendo de seis meses pero las reuniones mensuales duran cinco días.) Cuando dictamos el primer curso básico, utilizamos como textos las normas norteamericanas y británicas que mencionamos antes, traducidas al japonés.

Después del primer curso comprendimos que la química, la física y las matemáticas son universales y aplicables en cualquier parte del mundo. Pero en el caso del control de calidad, como en todo lo relacionado con "control", entran en juego factores humanos y sociales. Por buenos que sean los métodos norteamericanos y británicos, no pueden importarse al Japón sin primero modificarlos. Era preciso, pues, crear un método japonés. A partir del segundo curso, los miembros del GICC elaboraron sus propios textos y evitaron las obras traducidas.

El seminario del Dr. Deming

En 1950 la UCIJ realizó un seminario cuyo conferencista fue el Dr. W. Edwards Deming de los Estados Unidos. Fue un seminario sobre el control de calidad estadístico para gerentes e ingenieros y su duración fue de ocho días. Los temas del seminario fueron:

1. Cómo mejorar la calidad mediante el ciclo de Planear, Hacer, Verificar, Actuar (PHVA, o ciclo Deming, relacionado con diseño, producción, ventas, encuestas y rediseño.)

2. La importancia de captar la dispersión en las estadísticas.
3. Control de procesos mediante el empleo de cuadros de control y cómo aplicarlos.

Las conferencias fueron claras y directas, y beneficiaron no solo a los auspiciadores sino a todos los oyentes. Hubo un seminario especial de un día para presidentes y altos gerentes de empresas en Hakone, con el propósito de hacerles comprender la importancia del control de calidad en sus empresas.

El Dr. Deming, experto reconocido en el campo del muestreo, es la persona que introdujo el control de calidad en el Japón. También es un buen amigo del Japón y conocedor del país. Después de su primera visita volvió en 1951 y 1952. Desde entonces ha visitado al Japón con frecuencia y ha seguido educando al público y a la industria en materia de control de calidad.

Demasiado énfasis en el control de calidad estadístico

En los años 50 se puso de moda en las fábricas japonesas el control de calidad moderno o control de calidad estadístico, con una amplia difusión de los métodos estadísticos, v.g. cuadros de control e inspección por muestreo. Mas en la práctica esto dio origen a varios problemas.

1. Los empleados experimentados, que siempre habían confiado en su experiencia y su sentido común, se quejaban de que no podían emplear los métodos estadísticos. Sostenían, frecuentemente con emoción, que tales métodos eran inútiles.
2. Para manejar una planta la empresa tenía que fijar normas en cuanto a niveles de tecnología, trabajo e inspección. Estas no existían. Aunque alguien intentara fijar normas, los demás se quejaban de que "hay demasiados factores por considerar y es sencillamente imposible ponerlos todos sobre papel como normas técnicas", o bien: "podemos administrar la fábrica sin esas normas".
3. Para su aplicación, el control de calidad requería datos, pero éstos eran muy escasos.
4. Los métodos de muestreo y división no se empleaban correctamente en la recopilación de datos. Por tanto, aunque hubiera datos éstos rara vez eran útiles.
5. A veces se instalaban dispositivos de medición y registradoras automáticas para recopilar datos. En algunos casos los obreros pensaban que los dispositivos estaban allí para controlar su trabajo, y los destruían.

Estos problemas eran los mismos que las fábricas japonesas ya habían tenido antes de la segunda guerra mundial. Pero la falla también estaba de parte de quienes queríamos promover el control de calidad moderno. Esta experiencia nos enseñó lo siguiente:

1. Es cierto que los métodos estadísticos son eficaces, pero habíamos exagerado su importancia. Como resultado, las personas temían el control de calidad o lo rechazaban como algo demasiado difícil. Habíamos exagerado el aspecto de educación dándole a la gente métodos complejos donde, en esa etapa, habrían bastado otros más sencillos.

2. La normalización progresó en cuanto a normas sobre productos y materias primas, normas técnicas y normas laborales, pero seguía siendo pro forma. Creamos especificaciones y reglas pero rara vez las aplicábamos. Muchos opinaban que la normalización consistía en valerse de reglamentos para atar a la gente.

3. El control de calidad seguía siendo un movimiento de los ingenieros y obreros en las plantas. La gerencia alta y media no mostraba mayor interés. Muchos pensaban, erróneamente, que los movimientos de control de calidad resultarían costosos para las empresas. En aquella época decíamos: "¿Quién le pondrá traílla al gato gordo (la alta gerencia)?" Quienes pertenecíamos al Grupo de Investigación en Control de Calidad tratamos de convencer a los altos gerentes de que se unieran a nosotros, pero estos esfuerzos tuvieron escaso éxito visible, quizá debido a nuestra relativa juventud.

La visita del Dr. J. M. Juran

Era obvio que necesitábamos ayuda. Afortunadamente, el Dr. J. M. Juran respondió a la invitación de la UCIJ y vino al Japón por primera vez en 1954. Dictó seminarios para gerentes altos y medios, explicándoles las funciones que les correspondían en la promoción del CC.

Los gerentes japoneses habían demostrado escasa comprensión e interés cuando los jóvenes miembros del Grupo de Investigación en Control de Calidad les habían explicado el CC. Pero el Dr. Juran, con su fama mundial, fue más convincente.

La visita del Dr. Juran marcó una transición en las actividades de control de calidad en el Japón: Si antes se habían ocupado principalmente de la tecnología en la planta, ahora se convirtieron en una inquietud global de toda la gerencia. El control de calidad estadístico impulsado principalmente por ingenieros tiene un límite. La visita del Dr. Juran creó un ambiente en que se reconoció el CC como un instrumento de la gerencia. Así se abrieron las puertas para el establecimiento del control total de calidad tal como lo conocemos hoy.

Importancia de la garantía de calidad en productos nuevos

Durante las etapas de desarrollo de productos nuevos, es preciso ceñirse estrictamente a la garantía de calidad. El momento en que comprendimos esto marcó un cambio importante y sugirió nuevas orientaciones para nuestra acción hacia finales de los años 50.

El control de calidad o garantía de calidad se inició con la idea de hacer hincapié en la inspección. Para no despachar productos defectuosos, la inspección tiene que ser bien hecha (ésta sigue siendo la práctica predominante en los Estados Unidos y Europa Occidental). Mas poco después de introducir el control de calidad al Japón en la posguerra, abandonamos este enfoque. Si se producen artículos defectuosos en diversas etapas del proceso fabril, no bastará la inspección estricta para eliminarlos. Si en vez de acudir a la inspección dejamos de producir artículos defectuosos desde el comienzo, en otras palabras, si controlamos los factores del proceso que ocasionan productos defectuosos, ahorraremos mucho dinero que de otra manera se gastaría en inspección. ¿Es sabio comprar gran cantidad de remedios para la gripe cuando se es propenso a ese mal? La prevención más acertada es fortalecer el cuerpo para que sea menos susceptible.

Habiendo comprendido que éste era el enfoque correcto, abogamos, en los años de la posguerra, por una garantía de calidad que hiciera hincapié en el control del proceso de fabricación. Este siguió siendo nuestro concepto esencial, pero últimamente nos ha parecido que es inadecuado, ya que las normas de calidad se elevan constantemente de acuerdo con las expectativas crecientes del consumidor.

Por mucho que se esfuerce la división de manufactura, será imposible resolver los problemas de confiabilidad, seguridad y economía del producto si el diseño es defectuoso o los materiales son mediocres. Para resolver estos problemas es indispensable controlar todos los procesos relacionados con el desarrollo, planificación y diseño de nuevos productos. Se necesita, pues, un programa de control de calidad cuya aplicación sea más amplia que en el pasado. Este tema se tratará en detalle en el capítulo 4.

Necesidad de la participación total

Para aplicar desde el comienzo la garantía de calidad en la etapa de desarrollo de un producto nuevo, será preciso que todas las divisiones de la empresa y todos sus empleados participen en el control de calidad.

Cuando el control de calidad solo hace hincapié en la inspección, únicamente interviene una división, bien sea la división de inspección o la división de control de calidad, y ésta se limita a verificar en la puerta de salida para impedir que salgan productos defectuosos. Sin embargo, si el programa de control de calidad hace hincapié en el proceso de fabricación, la participación se hace extensiva a las líneas de ensamblaje, a los subcontratistas y a las divisiones de compras, ingeniería de productos y mercadeo. En una aplicación más avanzada del control de calidad, que viene a ser la tercera fase, todo lo anterior se torna insuficiente. La participación ya tiene que ser a escala de toda la empresa. Esto significa que quienes intervienen en planificación, diseño e investigación de nuevos productos, así como quienes están en la división de fabricación y en las divisiones de contabilidad, personal y relaciones laborales, tienen que participar, sin excepción.

En esta tercera fase, la división de mercadeo cumple un papel significativo porque es la "ventana" a través de la cual se escuchan las opiniones de los consumidores. Estas opiniones deben incorporarse desde el comienzo, en las etapas de planificación del producto, para que éste responda a las verdaderas necesidades de los consumidores. De esto hablaremos en más detalle después.

La garantía de calidad tiene que llegar a esta tercera fase de desarrollo, que es la aplicación de la garantía de calidad desde las primeras etapas del desarrollo de un producto. Al mismo tiempo, el control de calidad ha acogido el concepto de la participación total por parte de todas las divisiones y sus empleados. La convergencia de estas dos tendencias ha dado origen al control de calidad en toda la empresa, la característica más importante del CC japonés hoy.

Nacimiento del círculo de CC

En la fabricación de productos de alta calidad con garantía plena de calidad, no hay que olvidar el papel de los trabajadores. Los trabajadores son los que producen, y si ellos y sus supervisores no lo hacen bien, el CC no podrá progresar.

En este sentido, la educación de los trabajadores en materia de CC es sumamente importante, si bien en los años 50 esa educación se consideraba prácticamente imposible.

No era difícil educar a los ingenieros y empleados directivos mediante seminarios y conferencias, pero resultaba imposible manejar al gran número de supervisores y dirigentes de grupo. Además, éstos estaban dispersos por todo el país. No era fácil empezar a educarlos.

Resolvimos el problema utilizando los medios de comunicación masiva; en 1956 empezamos un curso de CC por correspondencia para supervisores, valiéndonos de la Radiodifusora Japonesa de Onda Corta. En 1957 la Radiodifusora Japonesa NHK empezó a difundir nuestros programas dentro de su programación educativa. El programa fue bien recibido por el público y se vendieron 110 000 ejemplares del texto, mucho más de lo previsto por la NHK. Después de este éxito, en 1960 la UCIJ publicó una monografía titulada *A Text on Quality Control for the Foreman (A y B)*, que sigue vendiéndose muy bien.

Dentro de la celebración de su décimo aniversario, la revista *Statistical Quality Control* publicó tres ediciones especiales en marzo de 1960: una para supervisores, una para consumidores y una para maestros de secundaria, la primera de las cuales tuvo especial acogida.

En noviembre de 1961 la revista *Statistical Quality Control* publicó un suplemento especial para supervisores en el lugar de trabajo y pidió una sesión de deliberaciones abiertas (*zadankai*) con participación de los supervisores de varias industrias. En una de estas reuniones, recomendaron unánimemente que publicáramos una nueva revista para responder a sus necesidades. Así nació una titulada *Gemba-to-CC* (*Quality Control for the Foreman* o *FQC*), cuya primera edición salió a la luz en abril de 1962.

Al publicar esta revista sostuvimos que las actividades de control de calidad debían efectuarse bajo el nombre del círculo de CC, por dos motivos.

Primero, la mayoría de los supervisores no estaban acostumbrados a estudiar. Aunque creáramos una revista para ellos, no teníamos ninguna garantía de que la leyeran. Si pudiéramos lograr que estudiaran por su propia cuenta, al menos estarían motivados para ayudarse y estimularse mutuamente. La solución era formar grupos que leyeran la revista de manera rotatoria, asegurando la continuidad. (Quienes no conocen las actividades de CC piensan que estos grupos son organizados principalmente para mejorar las condiciones de trabajo. Esto es un error. Los grupos se organizan con el fin de estudiar; y estudian para no repetir errores.)

Segundo, la lectura sola no le haría mucho bien al CC. Todo lo estudiado debía ponerse en práctica en el lugar de trabajo de cada persona. Los métodos estadísticos que las personas aprenderían estudiando la revista tendrían que aplicarse en la situación laboral. Había que estimular a las personas para que resolvieran los problemas surgidos en el lugar de trabajo, tanto por su cuenta como con ayuda de otros. Por esta razón, eran mucho más aconsejables las actividades de grupo.

En aquella época hicimos hincapié en lo siguiente:

1. El voluntarismo. Los círculos han de crearse voluntariamente, no por órdenes superiores. Comenzar las actividades de los círculos con aquellas personas que deseen participar.
2. Autodesarrollo. Los miembros del círculo deben estar dispuestos a estudiar.
3. Desarrollo mutuo. Los miembros del círculo deben aspirar a ampliar sus horizontes y a cooperar con otros círculos.
4. A la larga, participación total. Los círculos deben fijar como meta final la participación plena de todos los empleados del lugar.

A fin de abrir nuevas oportunidades para el desarrollo mutuo, se organizó en 1962 la Conferencia Anual de CC para Supervisores, y al año siguiente se formó la Conferencia de Círculos de CC.

El comienzo no fue fácil. Las actividades de CC no tenían gran acogida.

En abril de 1965, tres años después del impulso inicial, solamente se habían registrado con nosotros 3 700 grupos que practicaban actividades de CC. La insistencia en cuanto al carácter voluntario del esfuerzo, obviamente había sido un obstáculo en este sentido.

Retrospectivamente, sin embargo, el progreso logrado de esta manera fue conveniente. Para que el movimiento perdure es necesario evitar la obligatoriedad y hacer hincapié en el voluntarismo. A la larga, es preferible el progreso gradual que los fracasos resultantes cuando el movimiento obedece a órdenes superiores. A veces la ruta más lenta es la que lleva al éxito. En mi propia experiencia, la demora inicial fue seguida por un torrente de aceptación. Cuando algunos círculos de CC mostraron señales de gran éxito, las empresas que no los tenían se apresuraron a imitarlos. He observado el mismo fenómeno en los Estados Unidos y Europa Occidental donde he ayudado a varias empresas a establecer círculos de CC.

II. LA EXPERIENCIA JAPONESA VS. LA EXPERIENCIA OCCIDENTAL

Hay muchas diferencias entre las actividades de CC en el Japón y las realizadas en los Estados Unidos y Europa Occidental. Esto se debe en parte a las características socioculturales de cada nación. Las actividades de CC no pueden desarrollarse dentro de un vacío sociocultural, sino que se realizan dentro del marco de diversas sociedades y culturas.

Quisiera consignar algunas reflexiones sobre tales diferencias. Son catorce puntos en total, que espero sean útiles para una mejor comprensión de las actividades de CC en el Japón.

1. Profesionalismo

En los Estados Unidos y Europa Occidental se hace mucho hincapié en el profesionalismo y la especialización. Por tanto, los asuntos de CC llegan a convertirse en campo exclusivo de los especialistas. Cuando surgen dudas acerca del CC, las personas que pertenecen a otras divisiones no reaccionan. Se limitan a remitir estos asuntos a los especialistas en CC.

En los países occidentales, cuando un especialista en CC se vincula a una empresa, pasa directamente a la división de CC. Con el tiempo se convierte en jefe de una subsección, de una sección y luego de la división de CC. Este sistema es bueno para producir especialistas, pero desde el punto de vista de la empresa en general es más probable que forme personas de visión limitada.

Para bien o para mal, el Japón hace escaso hincapié en el profesionalismo. Cuando un ingeniero se vincula a la empresa, empieza a rotar entre las distintas divisiones, como diseño, manufacturas y CC. A veces algunos ingenieros pasan a la división de mercadeo. El sistema no crea profesionales de la más alta competencia, pero me parece que el profesionalismo es un legado del antiguo sistema de los gremios, que ha pasado a mejor vida. La gente tiene capacidades muy grandes y el profesionalismo no suele reconocerlas.

Las asociaciones académicas y otras también tienen una organización diferente en el Japón. Por ejemplo, la Sociedad Norteamericana para el Control de Calidad es una entidad que protege los intereses de los especialistas y profesionales del CC. En el Japón las asociaciones académicas existen principalmente con fines académicos.

2. El Japón es una sociedad vertical

Se ha dicho que el Japón es una sociedad vertical con una fortísima relación entre los de arriba y los de abajo. Empero, proporcionalmente con esta fuerza existe una debilidad en la relación horizontal. En las organizaciones comerciales japonesas, las divisiones que participan directamente en las actividades comerciales, v.g. manufactura, diseño, mercadeo y compras, suelen ser fuertes, pero las divisiones administrativas como la de CC son relativamente débiles. Los empleados acostumbrados a escuchar a sus jefes de división y sección pueden poner oídos sordos a las sugerencias hechas por el estado mayor.

En el Japón, si una división de mercadeo desea emprender sus propias actividades de CC, la manera de hacerlo no consiste en mandarle especialistas. Las actividades solamente tendrán éxito si el jefe de la división está dispuesto a estudiar el CC y ponerlo en práctica personalmente.

3. Los sindicatos laborales

En los Estados Unidos y Europa los sindicatos laborales tienen una organización funcional. Por ejemplo, un astillero en Inglaterra tiene 45 sindicatos, v.g. el sindicato de soldadores y el de plomeros. Si el sindicato de soldadores hace huelga, puede detener la operación de todo el astillero aunque los 44 sindicatos restantes no estén en huelga. En un caso extremo, una huelga no autorizada por el sindicato puede obligar al astillero a cerrar. A mi modo de ver, este sistema también es un legado del antiguo sistema gremial, y es sencillamente arcaico.

En el Japón, la mayoría de los sindicatos abarcan toda la empresa. En las industrias japonesas los trabajadores hábiles reciben capacitación en diversas especialidades y se forman empleados multifuncionales. Esto es imposible en los Estados Unidos y Europa, donde los sindicatos funcionales son demasiado fuertes.

4. El método Taylor y el ausentismo

Frederick W. Taylor es considerado como el padre de la administración científica y su método sigue empleándose en los Estados Unidos, Europa Occidental y la Unión Soviética. El método Taylor es el de la administración por especialistas. Sugiere que los especialistas e ingenieros formulen normas técnicas y laborales y que los trabajadores se limiten a seguir las órdenes y las normas que se les han fijado.

El método probablemente fue viable hace 50 años pero ciertamente no es aplicable al Japón de la actualidad. Hace 50 años los ingenieros eran escasos y la mayoría de los trabajadores habían terminado apenas sus estudios primarios o bien eran analfabetas sin educación primaria. En tales circunstancias, el método Taylor probablemente sería eficaz. En el mundo de hoy, con trabajadores educados y conscientes, no se puede imponer este método. El método Taylor no reconoce las capacidades ocultas de los empleados. Hace caso omiso del factor humano y trata a los empleados como máquinas. No es extraño que esto cause resentimientos y que los empleados demuestren escaso interés por su trabajo.

En los Estados Unidos y Europa Occidental, muchas personas trabajan para vivir. Trabajan por obligación, y el ausentismo es desenfrenado. En algunas fábricas puede ser hasta del 15 o 20 por ciento. Los trabajadores tienen dos días libres a la semana pero en algunos casos el ausentismo de los lunes y viernes alcanza el 25 o 40 por ciento. Esto significa que casi la mitad de los trabajadores laboran solamente cuatro días a la semana. "¿Por qué trabaja usted solamente cuatro días?" le pregunté a algún empleado. Su respuesta fue: "Bueno, porque si solo trabajo tres días el dinero no alcanza".

Si a las personas se les trata como máquinas, el trabajo pierde todo interés y deja de ser una fuente de satisfacciones. En tales condiciones, no es posible esperar productos de buena calidad y confiabilidad. El índice de ausentismo y la rotación de personal son medidas que sirven para determinar las fuerzas y debilidades del estilo gerencial y el ánimo de los empleados en cualquier empresa.

5. Elitismo y diferencias de clases

En Europa, especialmente en Inglaterra y Francia, hay cierta diferencia de clase notoria en los graduados de determinadas universidades y que constituye casi una discriminación contra los menos afortunados. En una fábrica francesa pregunté: "¿Qué porcentaje de sus supervisores llegan a ser jefes de división o de sección?" Los jefes de división y sección vacilaron y no respondieron. El gerente me respondió en una palabra: "Ninguno". En Francia los jefes de sección y división constituyen una raza diferente de los supervisores.

Esta actitud ha tenido un efecto inconveniente sobre las antiguas posesiones coloniales europeas. Estando en Indonesia, antigua colonia de Holanda, me reuní con los presidentes de empresas japonesas que habían tenido éxito allí. Dijeron que no contrataban a los graduados de la Universidad de Yakarta. Los ingenieros de aquella universidad pretendían, sin ninguna experiencia, convertirse en gerentes inmediatamente y no les gustaba ensuciarse las manos. El elitismo hacía de ellos malos empleados. Las empresas japonesas preferían contratar a los egresados de escuelas técnicas y capacitarlos, y éstos solían convertirse en mejores técnicos e ingenieros.

En el Japón de la posguerra el número de graduados ha aumentado tanto que el elitismo parece estar desapareciendo. Las únicas excepciones pueden ser los graduados de la facultad de derecho de la Universidad de Tokio. En términos generales, la tendencia es conveniente; el elitismo es algo parecido al método Taylor.

6. El sistema de pagos

En los Estados Unidos y Europa Occidental el sistema de pagos se basa en los méritos. Es un sistema que paga más a quienes son más eficientes, sin tener en cuenta la edad. Ultimamente, el Japón ha estado introduciendo el elemento del mérito en su sistema de pagos, pero la antigüedad y la jerarquía siguen predominando. Pienso que el régimen de pagos según los méritos se justifica con el argumento de que el dinero hace que la gente trabaje.

Si vamos a motivar a la gente con dinero únicamente, ¿qué sucederá con quienes no deriven satisfacción de su trabajo? Como demostré antes, si les subimos el sueldo tal vez acudan a trabajar solo tres o cuatro días a la semana. Este fenómeno es discernible no solamente en los Estados Unidos y Europa Occidental, donde la base salarial es alta, sino también en los países en desarrollo. Me han dicho que en la India, si los sueldos suben un poquito, el ausentismo aumenta. Casi todas las naciones del mundo están interesadas en el cambio de actitudes hacia el trabajo, y por esto prestan mucha atención al Japón.

El sistema de antigüedad y jerarquía tiene sus problemas, naturalmente. Al prolongarse la duración de la vida, cobra importancia el problema de los empleados de edad avanzada y no se puede resolver simplemente prolongando la edad de jubilación porque esto crea más problemas. Sea como fuere, me parece un error pensar que el único estímulo para el trabajo es el dinero.

La alegría, el deseo y el placer tienen diversas dimensiones, y si pretendemos cambiar las actitudes de la gente hacia el trabajo debemos entender estos impulsos humanos básicos. No soy especialista en el tema, y dejaré las soluciones en manos de los especialistas. Pero sí deseo hacer un breve análisis al respecto.

A. Los deseos monetarios y la felicidad que los acompaña satisfacen las siguientes necesidades básicas:

- las condiciones mínimas para sobrevivir,
- la búsqueda perenne de riqueza, y
- la satisfacción material (por ejemplo el deseo de comprar un automóvil.)

Estas son condiciones básicas y aun necesarias para la vida en sociedad, pero no satisfacen del todo. En cierto sentido, representan deseos bajos de la más ínfima descripción, que no pueden dar plena satisfacción y felicidad. La situación actual del mundo pone claramente de manifiesto su insuficiencia. Pero hay alternativas:

B. La satisfacción de un trabajo bien hecho. Esto incluye lo siguiente:

- el gozo de completar un proyecto o alcanzar una meta,
- el gozo de escalar una montaña simplemente porque está allí.

C. La felicidad que viene de cooperar con otros y recibir su reconocimiento.

El hombre no puede vivir solo. El individuo vive como un ser social, como miembro de un grupo, de una familia, de un círculo de CC, de una empresa, de una ciudad y de una nación. Así resulta importantísimo que el individuo reciba reconocimiento por parte de la sociedad. En términos más concretos significa:

- que los demás lo reconozcan,
- que se pueda trabajar con otros en grupo (v.g. en un círculo de CC) e interactuar con otros con amistad y amor,
- ser miembro respetado de una buena nación, una buena industria, un buen lugar de trabajo, etc.

D. El gozo de la superación personal, que incluye:

- sentir la satisfacción de poder emplear las propias capacidades al máximo y de crecer como persona,
- tener confianza en sí mismo y realizarse a sí mismo,
- utilizar la propia mente, trabajar por voluntad propia y contribuir de esta manera a la sociedad.

De los mencionados factores, me parece que B, C y D representan fielmente los deseos del hombre y sus requisitos para ser feliz. Nuestra tarea es aprovecharlos y tratar a la gente como tal. Si nos dejamos imponer la idea de que las necesidades económicas son las más importantes, estaremos perjudicando al individuo, a la sociedad, a la nación y al mundo entero.

7. El índice de rotación de empleados, los despidos y el empleo vitalicio

En los Estados Unidos y Europa Occidental el índice de cambio o rotación de empleados es muy alto. Hace algunos años visité Australia y encontré que en cierta acería el índice de cambio en la sección de altos hornos era del 100 por ciento. Cuando hablamos de un cambio del 100 por ciento, no significa que los 100 trabajadores de una sección se *remplacen* todos en un año. Hay algunos que renunciarán dentro de un mes o dos. Un índice del 100 por ciento significa que en el lapso de un año 100 personas serán contratadas y dejarán sus puestos. Si el índice es tan grande en secciones como la de altos hornos, que requiere experiencia, ¿cómo será en otras áreas? En una situación laboral así resulta imposible que haya eficiencia y calidad.

La modalidad de contratación en el Japón es familiar y en muchos casos vitalicia. Si la fábrica es bien manejada, los empleados rara vez se van a otra. (En ventas y en empresas de tamaño pequeño y mediano, el índice de cambio es bastante alto, lo cual crea problemas.) Las empresas japonesas hacen hincapié en la educación y la capacitación, especialmente educación en CC. Si los empleados son bien educados y capacitados, esto beneficia inmensamente tanto al individuo como a la empresa. Según entiendo, en los Estados Unidos y Europa Occidental es muy difícil realizar la educación y capacitación que ofrecen las empresas japonesas.

A comienzos del decenio de 1960 algunos gerentes occidentales con visión moderna empezaron a estudiar el sistema de contratación vitalicia con miras a introducir algunas de sus características en sus propias empresas para estabilizar la fuerza laboral. Recuerdo una conversación que tuve con el presidente de una empresa norteamericana hace unos diez años. "Tenemos cierto número de personas, que representan el x por ciento de los empleados y que han estado con nosotros más de 30 años; además, hay un buen número de empleados que han estado más de 20 años y otro buen número que ha estado más de 10 años". Se mostraba orgulloso de que sus empleados se sintieran a gusto en la empresa y de que se quedaran allí largo tiempo gracias a la buena administración de la misma.

El empleo vitalicio es un buen sistema siempre y cuando no produzca empleados que digan: "No tengo más alternativas; por eso me aguanto esta empresa". A veces sería conveniente que algunos cambiaran de empleo diciendo: "No puedo quedarme en esta empresa con la presidencia y la administración que tenemos. Me preocupa el futuro de la compañía. Ella no nos permite hacer lo mejor que podemos". Me gusta ver personas con valor, convicciones e independencia. No podemos permitir que el sistema de empleo vitalicio se convierta en un sistema fomentador del conformismo y la adulación.

Bien manejado, un verdadero sistema de empleo vitalicio puede ser conveniente desde el punto de vista del humanismo, la democracia y la gerencia.

8. Diferencias de escritura: el *kanji*

Los caracteres chinos empleados en la escritura japonesa y llamados *kanji* constituyen el sistema de escritura más difícil del mundo. El *kanji* es jeroglífico e ideográfico. Es muy difícil memorizar todos los caracteres. Basta ver a los extranjeros estudiando japonés para comprender la dificultad del *kanji*. Las naciones que emplean la escritura *kanji* tienen que esforzarse más, y los pueblos del Japón, Taiwán, Corea del Sur y la China, así como los chinos en el exterior, demuestran un gran interés por la educación. Los idiomas japonés y coreano emplean símbolos fonéticos junto con los *kanji*, lo cual produce unos sistemas de escritura muy singulares y (a mi modo de ver) los mejores. El lenguaje chino hace uso exclusivo del *kanji*, lo cual resulta inconveniente a veces.

Cuando se iniciaron en el Japón las actividades de los círculos de CC, yo pensaba que se limitarían a este país. Si se extendían a países extranjeros, yo creía que los únicos sitios donde tendrían éxito serían los que emplean la escritura *kanji*. Tal era mi opinión porque me interesaba la relación entre la educación y la diligencia de los trabajadores, factor que tiene influencia directa sobre el éxito de los círculos de CC. Pero últimamente he llegado a la conclusión de que el éxito en este campo no se limita a las naciones que emplean escritura *kanji*.

9. Naciones homogéneas, naciones multirraciales y trabajadores extranjeros

El Japón es una nación que tiene una sola raza y un idioma. No hay ningún país del mundo que tenga una sola raza en una población superior a los 100 millones. Por ejemplo, los Estados Unidos están compuestos por muchos grupos étnicos, incluso personas que no hablan inglés. En Europa la mayoría de las naciones están formadas por una sola raza pero tienen muchos trabajadores extranjeros en sus fábricas. Alguna vez visité una planta alemana de maquinaria eléctrica y en la cartelera de anuncios vi representados ocho idiomas. La fábrica contrataba obreros de por lo menos siete países extranjeros. Al fijar las normas de trabajo, resultaba necesario emplear un sistema de comunicación que no se basaba en la palabra hablada. Era una situación difícil.

Siendo una nación de una sola raza y con una población de más de 100 millones, el Japón puede tener un buen mercado nacional. En su producción industrial cuenta con diversas ventajas sobre otras naciones. (Taiwán también tiene una sola raza pero su población es de apenas 17 millones y su mercado nacional es demasiado pequeño.)

10. La educación

El pueblo japonés tiene mucho interés por la educación y esto se puede deber en parte al empleo de la escritura *kanji*. A finales del período Tokugawa (1603-1867) se enseñaban las tres materias básicas (escritura, lectura y aritmética) en las escuelas de los templos dispersas por todo el país. El amor por la educación manifestado así había de convertirse en la base del sistema educativo moderno introducido después de la Restauración Meiji (1868). En la posguerra, los padres japoneses apoyaron fuertemente los esfuerzos académicos de sus hijos. Los exámenes de admisión a las universidades solían llamarse "guerras de examen", lo cual demuestra la seriedad del propósito que los animaba.

Ultimamente, los países en desarrollo están manifestando interés por la educación. Muchos países tienen entre seis y nueve años de educación obligatoria. Empero, mis observaciones personales me indican que la educación obligatoria no es sinónimo de un alto índice de escolaridad. En algunos países, aun con educación obligatoria, la escolaridad alcanza apenas entre el 30 y el 70 por ciento, pues un buen porcentaje de los niños no terminan sus estudios. Y esta escolaridad no aumentará mientras los padres y la sociedad no entiendan claramente la importancia de la educación.

En el caso del Japón, la educación es obligatoria hasta el noveno grado, pero el número de niños que pasan del nivel de escuela media a escuela secundaria y de la escuela secundaria a la universidad, es muy alto. Por tanto, las personas que ingresan en el mercado laboral saben leer y escribir y tienen buenas aptitudes matemáticas. En el Japón esto se da por sentado, pero no es una situación común en el mundo. Por esta razón, ha sido mucho más fácil para nuestro país capacitar a los empleados en los métodos estadísticos y el CC.

La educación en CC dentro de las industrias empieza a extenderse a los países occidentales, pero habrá dificultades mientras esos países no mejoren su nivel educativo general.

11. La religión

La religión tiene mucho que ver con la aplicación del CC. El cristianismo sigue siendo la religión principal de las naciones occidentales mientras que en los países en desarrollo predominan las religiones islámica e hindú. En el Japón las enseñanzas del confucianismo y del budismo todavía ejercen una fuerte influencia. El confucianismo se divide en dos ramas, una representada por Mencius, quien afirmaba que el hombre es bueno por naturaleza, y la otra representada por Hsuntzu, quien afirmaba que el hombre es malo por naturaleza. He estudiado el confucianismo desde varios ángulos y pienso que cualquier persona, con educación, puede ser buena según la mejor tradición de Mencius.

Las enseñanzas básicas del cristianismo parecen decir que el hombre es malo por naturaleza. (*N. T.* El traductor está en desacuerdo con esta afirmación. Ver Introducción del Traductor.) Esta enseñanza ha arrojado una sombra sobre la filosofía gerencial de las naciones occidentales. Sugiere que no se puede confiar en la gente, por ejemplo en los empleados de la división de manufactura. Por tanto, las divisiones de inspección y control de calidad deben estar dotadas de mayor independencia y poder. Sin este poder para observar e inspeccionar, no puede haber garantía de calidad. Esta actitud es una clara manifestación de que el hombre es malo por naturaleza. En algunas fábricas norteamericanas el número de inspectores equivale al 15 por ciento del número de obreros. En el Japón esta cifra alcanza apenas el uno por ciento en aquellas fábricas donde el control de calidad está bien avanzado. La diferencia es enorme.

Básicamente, si todo se produce sin defectos no hay necesidad de inspectores. Los defectos crean la necesidad de una inspección. La inspección en sí no carece de importancia, pero en el Japón la efectuamos de otra manera. Damos la mejor educación en CC a los obreros en la división de manufactura, lo cual les permite controlar el proceso de producción para lograr un 100 por ciento de productos libres de defectos. Este método se basa en la suposición de que el hombre es bueno por naturaleza. La educación en CC para la división de manufactura debe realizarse con cuidado. Los obreros mismos hacen la inspección, y la división de manufactura debe encargarse de su propia garantía de calidad.

Analizaremos este tema en el capítulo sobre garantía de calidad. Los inspectores no son realmente necesarios. El exceso de inspectores en una fábrica reduce la productividad y eleva los costos.

12. Relaciones con los subcontratistas

Hace 24 o 25 años más de la mitad de los subcontratistas japoneses estaban dentro de la categoría de empresas medianas y pequeñas. Su tecnología y operaciones estaban en mal estado. Empero, la compra de materiales por parte de las empresas se acercaba, en promedio, al 70 por ciento de los costos de fabricación. Esta práctica predominaba especialmente dentro de las industrias de ensamblaje.

Si las piezas compradas resultaban defectuosas, la fábrica no podía elaborar buenos productos por mucho que se esforzaran los empleados de ensamblaje. Sabiendo esto, instituimos la educación en CC entre los subcontratistas a finales de los años 50. También quisimos convertir a estos subcontratistas en especialistas en su propio campo. Hoy los automóviles y la electrónica japonesa se consideran los mejores del mundo, y esto se debe en parte a la excelencia de los proveedores de piezas.

En cambio, las empresas de los países occidentales pretenden producir todas sus piezas en la propia fábrica. En los Estados Unidos, las empresas piden a los subcontratistas el 50 por ciento de las piezas que necesitan. Por ejemplo, la Ford Motor Company mantiene su propia acería dotada de alto horno. Su producción de acero es pequeña y no le permite a la empresa mantener buenos ingenieros. El resultado es que su tecnología sufre. La Ford no puede competir con las acerías japonesas que tienen muchos ingenieros y exportan hacia todo el mundo. En términos de calidad y costos, sencillamente no hay competencia. Esto se vio claramente cuando la división de acero de la Ford acudió a las acerías japonesas en busca de cooperación técnica.

Hace años, visité una fábrica china donde el gerente de planta me saludó con el orgulloso anuncio: "Mi empresa es una fábrica totalmente integrada". No entendí el significado de la expresión "fábrica totalmente integrada" y le indagué. Me respondió: "Elaboramos dentro de la fábrica todas las piezas que necesitamos". Me quedé asombrado. En la República Popular de China el control es muy estricto por parte de los gobiernos locales y central. A pesar del control (o tal vez a causa del mismo), la adquisición de materias primas y piezas era difícil. Esta podría ser una razón para querer ser autosuficientes. Quizá estaban pensando en la posibilidad de una guerra. Pero no parecía sensato que una fábrica construyera su propia fundición con capacidad de 30 o 50 toneladas. El volumen de producción era tan pequeño que jamás operaría eficientemente. Tampoco podría reunir buenos técnicos e ingenieros. Una mejor solución habría sido construir fábricas especializadas y planear su crecimiento.

En el verano de 1978 me reuní con miembros de la Comisión de Planificación Central y de la Comisión Económica Nacional de la República Popular de China. Este fue el consejo que les di: "Entiendo que la China es un país muy grande que aún carece de medios adecuados de transporte. También tienen que tener en cuenta un posible ataque enemigo. Por tanto, el plan que voy a recomendar quizá no pueda aplicarse a escala nacional. Pero sugiero que establezcan fabricantes especializados en sus propios campos al menos en cada provincia. De lo contrario, no podremos mejorar la calidad ni aumentar la productividad". Ahora me informan que la China está promoviendo la "especialización y cooperación".

13. Democratización del capital

En los países occidentales persiste un viejo estilo de capitalismo en que un puñado de capitalistas son dueños de cada empresa como sus accionistas mayoritarios. En estos casos, los dueños pueden manejar la empresa directamente. Pero en años recientes, han acostumbrado contratar gerentes de fuera. En el Japón ya no se encuentran gerentes-dueños de las grandes empresas. Después de la guerra se disolvieron los *zaibatsu* (conglomerados), con lo cual se democratizó el capital. (Entre las empresas medianas y pequeñas sigue habiendo gerentes-dueños.)

En Occidente, los dueños contratan al gerente de la empresa y esperan que logre utilidades a corto plazo. Se espera que el presidente obtenga utilidades rápidas y se vigila su desempeño periódicamente. Si éste no está a la altura de lo previsto, el presidente pierde su puesto. Desde el punto de vista del presidente, siempre existe el peligro de verse en la calle si las utilidades decaen un poco. Además, la Comisión de Valores exige publicar el balance general cada tres meses y esto acentúa el afán de lucro a corto plazo. El efecto sobre el gerente es hacerlo demasiado sensible a las utilidades presentes. No está en condiciones de hacer frente a los problemas de largo plazo. La guerra comercial entre el Japón y los Estados Unidos en el campo de los automóviles, así como el decaimiento de las acerías en los Estados Unidos se deben en última instancia a esta incapacidad para resolver problemas de largo plazo.

La economía creció en los años de la posguerra gracias a la democratización del capital. Así, las empresas pudieron adoptar perspectivas de largo plazo y operar sobre el principio de la calidad ante todo. Si no se tiene una perspectiva a largo plazo, las utilidades inmediatas y los costos se convierten en la preocupación número uno. Los gerentes de las grandes industrias japonesas están relativamente libres de esta inquietud y pueden dedicarse a sus responsabilidades sociales, incluyendo las responsabilidades para con sus empleados y sus familias, el consumidor y la nación en general. Mientras tanto, los gerentes capitalistas al estilo antiguo en el Occidente solamente demuestran interés por sí mismos y sus propias familias (aunque en el Japón algunos gerentes, generalmente de firmas pequeñas y medianas, manifiestan una tendencia análoga.)

En este sentido, la disolución de los *zaibatsu* en la posguerra, obra de las fuerzas de ocupación norteamericanas, benefició al Japón creando un nuevo capitalismo democrático y trayéndole al Japón el liberalismo y la distribución equitativa del ingreso (que lo aleja de la curva de Pareto). Así contribuyó al desarrollo económico japonés, que ha perdurado hasta hoy.

Algunos miembros impacientes de la alta gerencia desean remplazar a sus gerentes de fábrica y división al primer indicio de un mal desempeño. Esto es desaconsejable. Los gerentes de planta y de la división de mercadeo no deben evaluarse hasta cumplidos tres años en el cargo. De lo contrario, se convierten en personas miopes interesadas únicamente en las utilidades a corto plazo. ¡Ay de las empresas cuyos gerentes se olvidan de la racionalización de equipos a largo plazo!

14. El papel del gobierno: control no, estímulo sí

Los burócratas del mundo entero viven enamorados del control. La tendencia es peor en los países comunistas donde los altos funcionarios rara vez salen de sus cargos. El Japón no solamente está libre de tales problemas sino que en general los burócratas del Ministerio de Industria y Comercio Internacional han tenido un buen desempeño. Mi propia opinión es que el gobierno debe brindar estímulo al sector privado pero nunca controlarlo. La humanidad no recibe el debido respeto en aquellos países donde la norma es controlar o en los países en desarrollo donde el nacionalismo o el fascismo dominan al pueblo. En esos países la gente tiene que comprar productos inferiores a precios altos, lo cual causa perjuicios.

Desde 1960 el Japón entró en la era de la liberalización comercial. En 1962 se fijó un plan a largo plazo cuya meta era liberalizar el 88 por ciento del comercio. Algunos ejecutivos desaprobaron el plan, pero quienes nos ocupábamos del control de calidad apoyamos decididamente la liberalización. No había que temer la liberalización siempre y cuando el Japón siguiera produciendo artículos de alta calidad y bajo costo. Lo tomamos como un reto. Nos ideamos el lema de "liberalización del comercio mediante el control de calidad" y promocionamos las actividades de CC. Las compañías entraron en una fase de control total de calidad con participación de todos. Competían libre y ardorosamente (y a veces excesivamente) entre ellas; de este modo alcanzaron un nivel de competitividad internacional. En cambio, la agricultura japonesa siguió el camino del proteccionismo y dejó de ser competitiva. Por eso comemos la carne y el arroz más caros del mundo. La industria financiera también escogió la vía del proteccionismo, supuestamente para proteger al pueblo. El resultado ha sido una demora en la racionalización.

Los términos comúnmente aceptados para describir las actividades económicas son: capitalismo, comunismo y socialismo. Yo prefiero citar dos categorías: economía libre y economía controlada.

Dos incidentes

Hasta ahora he hablado de las diferencias entre el Japón y el Occidente. Quiero dar algunos ejemplos de las diferencias de percepción que hay, citando dos casos de mi experiencia personal.

En junio de 1973 participé, junto con un grupo de supervisores, en una conferencia anual en Belgrado, Yugoslavia, auspiciada por la Organización Europea de Control de Calidad. Terminada mi intervención, un francés me interpeló diciendo: "Después de escuchar la conferencia del Dr. Ishikawa, entiendo por qué el Japón tuvo tanto éxito con el CC. El éxito del Japón después de la segunda guerra mundial viene a ser un buen modelo que los países en desarrollo podrían seguir. Le ruego darnos algunos consejos para esos países".

¿Puede haber una mayor falta de información? El Japón no es un país en desarrollo. Es el país que construyó el buque de guerra *Yamato* y los bombarderos Cero durante la segunda guerra mundial. Desafortunadamente, muchos europeos siguen pensando que el Japón es un país en desarrollo habitado por "gente de piel amarilla". Me sentí herido por el tono de la pregunta, pero di la siguiente respuesta:

"En respuesta a la pregunta, quisiera señalar dos realizaciones significativas del pueblo japonés. Son la educación y la libre competencia. Aun antes de la Restauración Meiji (1868) había un sistema amplio de educación para el pueblo impartida en las escuelas de los templos. Esta fue la base sobre la cual el pueblo meiji pudo desarrollar su sistema de educación obligatoria. Terminada la segunda guerra mundial, la educación obligatoria se prolongó a nueve años. Los miembros de la familia brindan mucho apoyo a los niños escolares. Más del 99 por ciento de los niños terminan la escuela media y más del 90 por ciento de los alumnos de la misma edad terminan la escuela secundaria. El pueblo tiene un buen nivel educativo, y esto facilita la tarea de educar a los empleados. Las industrias japonesas han tenido éxito porque han podido brindar educación eficaz y entusiasta en el campo del CC para todos los empleados, incluyendo los altos gerentes y los obreros de línea.

Ahora, en cuanto a la libre competencia, permítame señalar que el Japón ha promovido la liberalización comercial desde 1960. Las industrias japonesas están expuestas a la competencia más ardua que se puedan imaginar, tanto en el país como en el extranjero. Para salir adelante, todos los empleados, desde el presidente hacia abajo, han aprendido a trabajar unidos dando todo lo que tienen. En comparación, muchos países en desarrollo limitan su comercio en aras del nacionalismo. Si persisten en esto, no podrán esperar ni calidad ni costos bajos. Cuando voy a los países en desarrollo a enseñar, les digo a los funcionarios del gobierno que es preciso liberalizar su comercio paso a paso".

Quisiera relatar un caso similar. El año: junio de 1981. El lugar: París, en otra Conferencia Europea sobre Control de Calidad. El Dr. Juran hizo una presentación especial titulada "¿Cuándo alcanzará el Occidente al Japón?"

Esto es lo que dijo el Dr. Juran:

"El Japón ha hecho bien su educación en CC. Pero se necesitaron diez años para que esta educación mostrara sus resultados, para que la calidad mejorara y para que la productividad aumentara. Por mucho que las naciones occidentales procuren hacer educación en CC, es posible que no le den alcance al Japón hasta la década de 1990, puesto que se requieren diez años para que la educación en CC produzca sus efectos".

III. CARACTERISTICAS DEL CONTROL DE CALIDAD JAPONES

Al promover las actividades de CC, nos dimos cuenta de las diferencias ya descritas entre el Japón y los países occidentales. Mediante ese trabajo pude identificar ciertas características del control de calidad japonés que describiré en esta sección.

Después de la guerra se introdujeron al Japón muchos métodos de control, pero ninguno comparable con el control de calidad en cuanto a su capacidad para arraigarse firmemente, para aplicarse en su totalidad y para alcanzar el éxito y luego reexportarse al Occidente. Aprovechando al máximo las características del control de calidad japonés, los productos de ese país alcanzaron la mayor calidad del mundo y se exportaron a todo el globo.

En diciembre de 1967 el séptimo Simposio sobre Control de Calidad determinó que las seis características siguientes eran las que distinguían el control de calidad japonés respecto del occidental:

1. Control de calidad en toda la empresa; participación de todos los miembros de la organización.
2. Educación y capacitación en control de calidad.
3. Actividades de círculos de CC.
4. Auditoría de CC (premio de Aplicación Deming y auditoría presidencial).
5. Utilización de métodos estadísticos.
6. Actividades de promoción del control de calidad a escala nacional.

Estas son las seis características del control de calidad japonés. Tienen ventajas y desventajas, y lo que procuramos es acentuar las primeras y eliminar las últimas.

En otros capítulos trataremos en detalle de los puntos 1, 3, 4 y 5; aquí hablaremos de los otros dos.

Educación y capacitación en control de calidad

He repetido muchas veces que "el control de calidad empieza con educación y termina con educación". Para promover el CC con participación de todos, hay que dar educación en CC a todos los empleados desde el presidente hasta los obreros de línea. "El CC es una revolución conceptual en la gerencia; por tanto, hay que cambiar los procesos de raciocinio de todos los empleados. Para lograrlo, es preciso repetir la educación una y otra vez".

Ningún país ha promovido la educación en CC con tanta diligencia como el Japón. Cierto especialista que vino de Suecia para estudiar el CC japonés en 1967 no pudo ocultar su asombro: "Estoy profundamente impresionado viendo el entusiasmo que reina en la industria por la educación de los empleados. En el Japón ustedes tienen el sistema del empleo vitalicio. Cuanto más capaciten a sus empleados más se benefician ellos y la empresa. En Suecia tenemos un alto índice de rotación de empleados. Los capacitamos y luego se van a otras empresas. Jamás podremos promover la educación como lo hacen los japoneses". Estas palabras siguen grabadas en mi mente.

A. Educación en CC para cada nivel.

En el Japón hay programas educativos muy detallados para cada nivel en la empresa; esto incluye los niveles de presidente y directores, directores administrativos, jefes de división y sección, ingenieros, supervisores, promotores de círculos de CC, dirigentes y miembros de círculos de CC y obreros de línea, además de cursos especiales para las divisiones de mercadeo y compras. Estos programas fueron organizados inicialmente por la Unión de Científicos e Ingenieros Japoneses. En el Occidente, hay educación en CC para ingenieros, pero rara vez para otros empleados, por ejemplo obreros de línea.

B. Educación a largo plazo.

En el Occidente, la educación en CC normalmente dura de cinco a diez días. Esto es insuficiente. El Curso Básico de CC diseñado por la UCIJ y que sirve de modelo para los cursos japoneses, dura seis meses, con reuniones cinco días al mes. Los participantes estudian una semana y luego regresan al sitio de trabajo donde aplican lo aprendido durante tres semanas. Los datos que deben utilizar en su estudio están en el mismo lugar de trabajo. Luego regresan a la siguiente sesión del curso de instrucción, armados con los resultados de sus tres semanas de práctica. En otras palabras, el curso de la UCIJ es una repetición continua de estudio y práctica. Hay un instructor especial asignado para impartir lecciones individualizadas, aunque los participantes sean apenas dos o tres. Esta clase de enseñanza no solo ayuda a los participantes sino al instructor, quien puede comprender lo que está sucediendo en distintas industrias gracias a este contacto. Al fin y al cabo, la mejor manera de aprender es enseñando. El Japón ha continuado este tipo de educación por más de 30 años. Los conocimientos así adquiridos son profundos y sirven para fortalecer continuamente la base de las actividades de CC en el Japón.

C. Educación y capacitación dentro de la empresa.

Las actividades antes descritas son realizadas por organizaciones especializadas y no siempre responden a las necesidades de cada industria o empresa. Una empresa puede escoger, pues, su propio programa. Las hay que desarrollan sus propios textos y programas de educación y capacitación para todos sus empleados.

D. La educación debe continuarse indefinidamente.

La educación en CC se ha impartido en el Japón desde 1949 sin interrupción. Año tras año se agregan cursos al esfuerzo educativo total. Cada persona envejece un año y cada año ingresan nuevos empleados en la organización. Es preciso continuar el esfuerzo educativo para que responda a las necesidades de la organización y sus empleados.

E. La educación formal: menos de la tercera parte del esfuerzo educativo total.

La educación no termina al reunir a los empleados para darles instrucción formal. En el mejor de los casos, tal instrucción representa solo una pequeña porción de su educación total. Es responsabilidad del jefe enseñar a los subalternos en el trabajo mismo. Además, tiene que aprender a delegar autoridad. Lo que le corresponde es dar las pautas generales y luego permitir que los subalternos trabajen voluntariamente. Esta es la manera como la gente se supera.

He utilizado reiteradamente la expresión ''educación y capacitación''. En el Occidente este concepto se denomina ''capacitación industrial'' y deja de lado el aspecto de educación. En el Occidente se hace más hincapié en el elemento de capacitación, que es desarrollar las destrezas de los empleados en aquellas actividades que le convienen a la empresa. Yo pienso que lo que los empleados necesitan es educación. Tenemos que lograr que piensen y luego cambien sus maneras de pensar.

Organizaciones nacionales que promueven el control de calidad

El Grupo de Investigación en CC, el Comité del Mes de la Calidad, el Comité para la Conferencia Nacional sobre Control de Calidad, la Sede de Círculos de CC y los capítulos regionales de círculos de CC son algunas de las entidades privadas que promueven las actividades de control de calidad. Estas y otras entidades similares han sido la fuerza impulsora del desarrollo del CC en el Japón de la posguerra.

El Comité del Mes de la Calidad se organizó en 1960 como una iniciativa privada. Escogió el mes de noviembre como el Mes de la Calidad para cada año. En ese mes se cumplen actividades relacionadas con el CC a escala nacional a fin de promoverlo y de informar al público. Hoy las actividades principales desarrolladas en este mes incluyen la Conferencia Anual de CC para Consumidores, la Conferencia Anual de CC para la Alta Gerencia, la Conferencia Anual de CC para el Gerente y Estado Mayor, la Conferencia Anual de CC para Supervisores y la Conferencia de Círculos de CC para todo el Japón. Al final de la Conferencia Anual de CC para la Alta Gerencia se otorgan los premios Deming, en Tokio. También se dictan conferencias públicas en diferentes locales en las principales ciudades de las diversas regiones.

Las actividades son coordinadas por el Comité del Mes de la Calidad y sus gastos se pagan con lo producido por los textos promocionales (seis a diez publicaciones) preparados cada año por el Comité. Este comité también se encarga de establecer la Marca de Calidad y de elaborar la Bandera de la Calidad.

La China y otros países están adoptando el Mes de la Calidad, pero el Japón sigue siendo el único que tiene tan amplia gama de actividades. Lo más impresionante del esfuerzo japonés es que no requiere ni un centavo de dineros oficiales y que la participación en las actividades del Mes de la Calidad es estrictamente voluntaria. Sobre esta base se han cumplido actividades importantes por más de 20 años. Esto causa admiración entre quienes visitan el Japón.

La Reunión Nacional de Normalización se estableció en 1958. Se celebra cada año alrededor del 14 de octubre, Día Internacional de la Normalización, para difundir y promover el control de calidad y la normalización industrial en el Japón.

En el Japón los meses de octubre y noviembre han sido designados como Meses de la Promoción de la Normalización Industrial; noviembre es el Mes de la Calidad. Combinamos la normalización industrial con el CC y promovemos los dos al mismo tiempo.

Por muchas normas nacionales que se establezcan, si la producción no cumple las normas de calidad, éstas serán inútiles. En los países en desarrollo algunos funcionarios oficiales piensan que para mejorar la calidad de todos los productos basta fijar una serie de normas nacionales. Esto es un error. Sobre el papel, las normas nacionales pueden verse muy buenas pero carecen de significado. Es necesario que los obreros fabriquen productos acordes con las normas de calidad y que lo hagan aplicando actividades de CC, pues de lo contrario las normas nacionales serán imposibles de alcanzar. Las claves del éxito japonés han radicado en el establecimiento simultáneo de la normalización industrial y las normas nacionales junto con el control de calidad, y la promoción simultánea de estas actividades.

En Corea del Sur y la China la situación es diferente. En ambos países, el gobierno es el que promueve el control total de calidad y las actividades de círculos de CC. Hay en el mundo muchas asociaciones de control de calidad privadas, pero tampoco funcionan como en el Japón. Por ejemplo, la Sociedad Norteamericana para el Control de Calidad es una asociación profesional que se ocupa ante todo de promover la posición y los ingresos de los especialistas en CC así como su capacitación. Los asuntos de interés nacional, v.g. la calidad de los productos norteamericanos, no han recibido un tratamiento adecuado en ésta ni en otras entidades. En los Estados Unidos las actividades de CC son promovidas por especialistas con miras a sus propios honorarios por concepto de asesoría. Los Estados Unidos no pueden emular el tipo de servicios prestados por los capítulos regionales y la Sede de Círculos de CC en el Japón, cuyo personal visita a las empresas llevando su propio almuerzo.

Las actividades de CC en el exterior son o bien auspiciadas por los gobiernos, o bien con orientación comercial. No puedo prever el futuro de tales actividades. ¿Durarán? Estas incógnitas están aún por responderse.

La esencia del
control de calidad

El primer paso en el CC es conocer los requisitos de los consumidores.

Otro paso en el CC es saber qué comprarán los consumidores.

No se puede definir la calidad sin saber el costo.

Prever los posibles defectos y reclamos.

Pensar siempre en tomar las medidas apropiadas. El control de calidad sin acción es siempre palabrería.

El control de calidad llega a su estado ideal cuando ya no requiere vigilancia (inspección).

¿QUE ES EL CONTROL DE CALIDAD?

El control de calidad japonés es una revolución en el pensamiento de la gerencia. Representa un nuevo concepto de la gerencia.

Las Normas Industriales Japonesas (NIJ) definen así el control de calidad:

"Un sistema de métodos de producción que económicamente genera bienes o servicios de calidad, acordes con los requisitos de los consumidores. El control de calidad moderno utiliza métodos estadísticos y suele llamarse control de calidad estadístico".

Mi propia definición es la siguiente:

"Practicar el control de calidad es desarrollar, diseñar, manufacturar y mantener un producto de calidad que sea el más económico, el más útil y siempre satisfactorio para el consumidor".

Para alcanzar esta meta, es preciso que en la empresa todos promuevan y participen en el control de calidad, incluyendo en esto a los altos ejecutivos así como a todas las divisiones de la empresa y a todos los empleados.

Al margen de la definición, quisiera esbozar algunos puntos relacionados con el control de calidad:

1. Hacemos control de calidad con el fin de producir artículos que *satisfagan los requisitos de los consumidores*. No se trata solo de cumplir una serie de normas o especificaciones nacionales. Esto sencillamente no basta. Las Normas Industriales Japonesas no son perfectas, como tampoco lo son las normas fijadas por la Organización Internacional para la Normalización (ISO) o por la Comisión Electrotécnica Internacional (CEI). Tienen muchos defectos. Los consumidores no siempre estarán satisfechos con un producto que cumpla las normas NIJ. También debemos recordar que las exigencias de los consumidores varían de un año a otro. Aun cuando se modifiquen las normas industriales, éstas generalmente no se mantienen al día con los requisitos de los consumidores.

2. Debemos hacer hincapié en la *orientación hacia el consumidor*. Hasta ahora los fabricantes han pensado que les hacen un favor a los consumidores vendiéndoles sus productos. Llamémoslo un tipo de operación de "salida de productos". Lo que yo propongo es un sistema de "entrada de mercados" donde los requisitos del consumidor sean de primordial importancia. En términos prácticos, propongo que los fabricantes estudien las opiniones y requisitos de los consumidores y que los tengan

en cuenta al diseñar, manufacturar y vender sus productos. Al desarrollar un nuevo producto, el fabricante debe prever los requisitos y las necesidades de los consumidores. Hay un dicho según el cual "el consumidor es rey". Es él quien tiene el derecho de escoger los productos.

3. Es importante la interpretación que demos a la palabra "calidad". En las definiciones citadas antes se interpreta como "calidad del producto", pero aquí le estoy dando un sentido más amplio.

En su interpretación más estrecha, calidad significa calidad del producto.

En su interpretación más amplia, calidad significa calidad del trabajo, calidad del servicio, calidad de la información, calidad del proceso, calidad de la división, calidad de las personas incluyendo a los trabajadores, ingenieros, gerentes y ejecutivos, calidad del sistema, calidad de la empresa, calidad de los objetivos, etc. Nuestro enfoque básico es controlar la calidad en todas sus manifestaciones.

4. Por muy buena que sea la calidad, el producto no podrá satisfacer al cliente si el precio es excesivo. En otras palabras, no podemos definir la calidad sin tener en cuenta el precio. Esto cobra importancia al planear y diseñar la calidad. No puede haber control de calidad que haga caso omiso del precio, las utilidades y el control de costos. Lo mismo puede decirse del volumen de producción. Si una fábrica no puede dar cifras para la cantidad producida, la cantidad de desechos o el número de defectos o de correcciones necesarias, no podrá determinar su porcentaje defectuoso (fracción defectuosa) ni la tasa de correcciones. Sin estos datos no podrá hacer CC. Una oferta insuficiente de un producto que tiene demanda será perjudicial para los clientes. Una oferta excesiva significa desperdicio de mano de obra, materias primas y energía. El control de costos y el control de calidad son dos caras de la misma medalla. Para hacer un buen control de costos hay que aplicar un buen control de calidad. Cuando el control se ha de extender al volumen de producción, no se puede hacer un buen control de la producción si hay fluctuaciones en el porcentaje defectuoso o si es preciso rechazar un lote. Hay que esforzarse siempre por ofrecer un producto de *calidad justa* a un *precio justo* y en la *cantidad justa*.

Hacer control de calidad significa:

1. Emplear el control de calidad como base.
2. Hacer el control integral de costos, precios y utilidades.
3. Controlar la cantidad (volumen de producción, de ventas y de existencias) así como las fechas de entrega.

Cuando todas las divisiones y todos los empleados de una empresa participan en el control de calidad, deben aplicar este control en su sentido más amplio, que incluye el control de costos y de cantidades. De lo contrario, no se podrá lograr un buen control de calidad, ni siquiera en su sentido más estrecho. Por esta razón el control total de calidad se llama también "control de calidad integrado", "control de calidad con plena participación" y "control de calidad gerencial".

II. LA CALIDAD

Hay que conocer la verdadera calidad que cumple los requisitos de los consumidores

El control de calidad se hace para lograr aquella calidad que cumpla los requisitos de los consumidores. El primer paso es saber el verdadero significado del concepto de calidad.

Antiguamente, muchas industrias japonesas carecían de respuestas para las siguientes preguntas: ¿Qué es un buen automóvil? ¿Qué es un buen receptor de radio? ¿Qué es una buena placa de acero?

Los consumidores pueden saber las respuestas a estas preguntas o ignorarlas. Los ingenieros o encargados de la operación de una fábrica suelen ofrecer respuestas ingeniosas como ésta: "Si tales y tales cifras concuerdan con las normas para el producto, se podrá considerar que el producto es bueno", o bien señalan un cuadro y dicen: "El producto está dentro de los límites de tolerancia del diseño, por tanto es bueno". Estas respuestas pasan por alto el hecho de que las normas para productos y los límites de tolerancia en el diseño son muy poco confiables.

En relación con el CC, suelo hacer las siguientes advertencias:

- Si alguien nos muestra sus normas para productos, hay que mirarlas con escepticismo.
- Si alguien nos muestra sus normas para materias primas, mirarlas con escepticismo.
- Si alguien nos muestra límites de tolerancia en un diseño, mirarlos con escepticismo.
- Si también nos muestra datos obtenidos con instrumentos de medición y análisis químicos, hay que mirarlos con suspicacia.

Cierto es que las normas para productos y los datos analíticos y afines son muy importantes en el control de calidad. Pero la gente no suele tener cuidado al reunir los datos. La primera regla general es mirar todo dato con escepticismo.

Hace más de dos décadas estuve estudiando las Normas Industriales Japonesas para el papel periódico en rollos. Las normas se referían a la resistencia a la tensión, el espesor y el ancho del rollo. Alguien encargado del CC en una fábrica que visité me dijo en confianza: "A veces recibimos quejas de las casas impresoras, aunque el producto haya cumplido todas las normas industriales, y a veces no recibimos quejas cuando no hemos cumplido las normas. Por tanto, resolvimos olvidarnos de las normas NIJ". Le pedí más detalles y me explicó que la queja más frecuente era que el rollo se rompía durante la impresión.

Lo que el consumidor (en este caso la casa impresora) exigía en materia de papel periódico era que éste no se rompiera mientras pasaba por la prensa rotativa. Diremos que ésta es una *característica de calidad real*. En cambio, la resistencia a la tensión y el espesor eran simplemente condiciones necesarias para alcanzar la calidad real. Por tanto, las denominaremos *características de calidad sustitutas*. En esa época no se había aclarado la relación entre unas y otras (ver diagrama III-1).

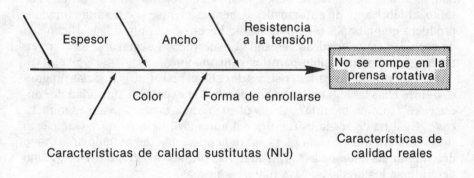

DIAGRAMA III-1

Para rollos de papel periódico, la mejor manera de asegurar la calidad sería pasar cada rollo por una prensa rotativa antes de entregarlo, a fin de ver si se rompe; pero este tipo de inspección es imposible. Un rollo puede romperse o no, pero esto no se puede determinar sin utilizarlo. En el momento del despacho se hace una inspección basada en las características de calidad sustitutas, como el espesor o la resistencia a la tensión, pero ésta tampoco es tarea fácil.

En general, el procedimiento es el siguiente. Primero se han de determinar las características de calidad reales para un producto dado y luego resolver los problemas de cómo medir tales características y cómo fijar las normas de calidad para el producto. Una vez que sean discernibles, se escogerán características de calidad sustitutas que probablemente tengan alguna relación con las reales. Luego viene la tarea de establecer la relación entre las características de calidad reales y sustitutas mediante estadísticas y análisis de calidad. Solo entonces sabremos hasta qué punto podemos valernos de las características sustitutas para cumplir las reales. Para fijar las características de calidad sustitutas hay que probar los productos, y probarlos nuevamente en la práctica. Esto no siempre se hace correctamente antes de fijar las normas industriales nacionales o internacionales (que en su mayoría son características de calidad sustitutas.) Las normas inútiles constituyen el porqué de los rollos de papel periódico defectuosos. Por eso hago hincapié en la importancia de cumplir, no las normas nacionales sino los verdaderos requisitos de los clientes.

Las funciones o capacidades de un producto se cuentan normalmente entre sus características de calidad reales. En el caso de un buen automóvil de turismo, las características de calidad reales o atributos que los consumidores exigen, pueden incluir los siguientes: buen diseño, facilidad de conducción, comodidad, buena aceleración, estabilidad a altas velocidades, durabilidad, menos probabilidad de daños, facilidad de reparación y seguridad. Por tanto, el fabricante de automóviles deberá esforzarse por manufacturar un producto que cumpla estos requisitos. La tarea es muy difícil. Dicho sea de paso, las características de calidad reales deben expresarse siempre en un lenguaje comprensible para los consumidores.

Al determinar las características de calidad reales surgen varias preguntas, entre ellas las siguientes: ¿Qué significa la expresión "facilidad de conducción?" ¿Cómo medirla? ¿Cómo puede remplazarse con valores numéricos? ¿Cuál ha de ser la estructura del automóvil de turismo? ¿Qué efecto tiene la tolerancia de cada pieza sobre la operación del automóvil? ¿Cómo determinar las tolerancias? ¿Qué materias primas deben utilizarse? ¿Cómo determinar los precios de las materias primas?

No es fácil ser fabricante. Hoy los productos japoneses reciben aplausos por su calidad, la mejor del mundo. Esto es posible gracias a la atención constante prestada por los fabricantes a estas preguntas, y a sus esfuerzos en el análisis de calidad.

En resumen, hay tres pasos importantísimos que se deben seguir en la aplicación del CC:

1. Entender las características de calidad reales.
2. Fijar métodos para medirlas y probarlas. Esta tarea es tan difícil que al final de cuentas, posiblemente acabemos por recurrir a los cinco sentidos (prueba sensorial).
3. Descubrir características de calidad sustitutas y entender correctamente la relación entre éstas y las características de calidad reales.

Para estar seguros de que todos los participantes en el CC entiendan estos tres pasos, las empresas deberán utilizar productos reales (acabados) para su estudio. Es mucho lo que se logra investigando los propios productos. Mas la investigación de productos es un proceso muy costoso y a veces la empresa no puede cumplir esta tarea sola. Tal vez sea necesario que el fabricante y los consumidores (usuarios) efectúen una prueba conjunta.

Lo anterior se llama análisis de calidad y para realizarlo se han ideado varios sistemas y métodos estadísticos, pero estos son demasiado especializados para los fines de este volumen.

¿Cómo se expresa la calidad?

Una vez determinadas las características de calidad reales, queda por escogerse el lenguaje que emplearemos para expresarlas. Los requisitos de los consumidores no siempre se pueden expresar en una forma que se preste para su aplicación por parte de la fábrica. Siempre hay distintas interpretaciones, y cuando las interpretaciones difieren los métodos de producción también pueden variar. A continuación damos algunas ideas de cómo expresar la calidad.

1. Determinar la unidad de garantía.

Una bombilla o un receptor de radio se cuentan uno por uno. Por tanto, los llamaremos unidades de un producto. Al mismo tiempo, vienen a ser unidades de garantía por cuanto al consumidor le interesa la calidad de cada unidad utilizable. Hasta ahora vamos bien, pero ¿qué hacer con un producto que no se puede clasificar por unidades? Los ejemplos son muchos, desde el cable eléctrico, el hilo, el papel, los ingredientes o componentes de un producto químico, los minerales y el petróleo, hasta aquellos productos que vienen en polvo o en líquido. En estos ejemplos resulta difícil definir una unidad.

Permítaseme citar de mi propia experiencia el caso de asignar una unidad de garantía a un fertilizante. El sulfato de amonio es un fertilizante que requiere una pureza del 21 por ciento. ¿Qué significa este 21 por ciento? Puede interpretarse como parte de la cantidad producida diariamente. Así, si se producen 1 000 toneladas en un día y si la pureza promedio para esas 1 000 toneladas es más del 21 por ciento, esto basta. O se puede determinar el valor medio de más del 21 por ciento para un saco o para cada cristal. En el primer caso la unidad de garantía son 1 000 toneladas, mientras que en el último la unidad de garantía es un cristal.

Si no se establece claramente la unidad de garantía, será imposible dar la garantía segura aunque se desee hacerlo. En el caso citado, las entidades oficiales se reunieron con los fabricantes de fertilizantes y determinaron que la unidad de garantía sería un saco (es decir 37.5 kilogramos), teniendo en cuenta lo más conveniente para los agricultores (usuarios).

2. *Determinar el método de medición.*

Cuando queremos dar una definición exacta de la calidad, si el método de medición es vago, nada se logrará. Empero, las características de calidad reales son muy difíciles de medir. Hemos hablado de que una característica de calidad real del papel periódico es "no romperse mientras se imprime en una prensa rotativa". ¿Cómo mediremos esta característica? Las prensas rotativas varían de una imprenta a otra, y en el caso de los automóviles ¿cómo medir la característica de la "facilidad de conducción?"

Algunas características se pueden medir con procedimientos físicos o químicos; para otras la prueba tendrá que basarse en las percepciones sensoriales humanas (la prueba sensorial): color, sonido, olor, olfato, gusto y tacto.

En la competencia por alcanzar la mejor calidad, la industria ganadora será aquella que haya aprendido a medir estas características.

3. *Determinar la importancia relativa de las características de calidad.*

Es raro el producto con una sola característica de calidad. La mayoría tienen muchas. Tomemos el ejemplo del rollo de papel periódico. Además de la característica de "no romperse en la prensa rotativa" hay otras, como "no dejar pasar la tinta al otro lado" y "dar una impresión clara".

Hay que distinguir claramente la importancia relativa de las diversas características de calidad que un producto posee. Generalmente cito los defectos y fallas y los clasifico de la siguiente manera:

Un defecto crítico: aquella característica de calidad que se relaciona con la vida y la seguridad, por ejemplo llantas que se sueltan del automóvil o frenos que no funcionan.

Un defecto grande: aquella característica de calidad que afecta seriamente el funcionamiento de un producto, por ejemplo, el motor de un automóvil no funciona.

Un defecto menor: aquella característica de calidad que no afecta el funcionamiento del producto, pero que no gusta a los clientes, por ejemplo, una rayadura en un automóvil.

Para algunos productos, la clasificación tendrá que ser más detallada. En términos generales, los defectos críticos no se permitirán jamás, mientras que sí es aceptable un pequeño número de defectos menores.

La asignación de importancias relativas o, en otras palabras, la creación de una orientación hacia las prioridades, es un concepto importante en la aplicación del CC.

Los defectos y fallas en cuanto a calidad descritos antes, se llaman *calidad retrógrada*. En cambio, la "buena aceleración" y la "facilidad de conducción" son características que pueden convertirse en argumentos de venta, y se denominan *calidad progresista*. Para vender un producto, hay que hacer hincapié en esta calidad progresista con argumentos de venta muy claros.

Muchos consideran que todos los argumentos son igualmente importantes, pero si no se asignan importancias relativas el resultado será un producto mediocre.

4. Llegar a un consenso sobre defectos y fallas.

Las opiniones en cuanto a defectos y fallas varían según las personas. Esto sucede en relación con los fabricantes y consumidores, así como con el personal de la empresa.

Esta tendencia humana suele ser discernible cuando se emplean los cinco sentidos para fines de inspección (prueba sensorial). Algunas personas consideran como falla una rayadura en una superficie pintada, pero otras dicen que si no afecta la operación del automóvil, no puede considerarse como falla. Respecto a la calidad de sonido en un receptor de radio, las diferencias de opinión pueden ser irreconciliables. En estos casos es difícil fijar por escrito límites para los defectos y fallas, y formalizarlos dentro de una serie de normas industriales es tarea laboriosa y difícil. La mejor solución para este tipo de problema es que los fabricantes y consumidores hagan consultas amplias y fijen los límites permisibles para referencia futura.

Citaré un caso extremo. Antes de visitar cierta fábrica de maquinaria le pedí a cada planta que hiciera un histograma sobre su control de calidad. Uno de ellos fue la gráfica de esta página (diagrama III-2).

Señalé los límites de tolerancia en la gráfica, indicados por las líneas punteadas. Según la gráfica, parecía que la mitad de los productos eran

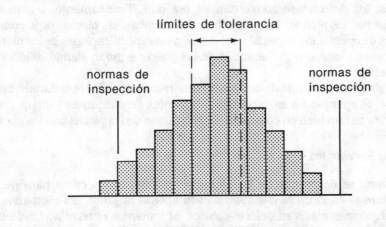

DIAGRAMA III-2

defectuosos. Le pedí a la división de inspección encontrar la tasa de defectos, que resultó ser apenas del 0.3 por ciento. Pregunté si hacían ajustes o si corregían las piezas que quedaban fuera de los límites de tolerancia. La respuesta fue negativa. Me pareció extraño y seguimos analizando el caso. Lo que descubrimos fue que había normas de inspección independientes con unas tolerancias mucho más amplias que los límites indicados. Cierta pieza que se conformaba a estas normas de inspección se había utilizado en el siguiente proceso sin quejas. Más aún, las normas de inspección se adoptaron para reflejar esta práctica.

En aquella fábrica no había consenso entre las distintas divisiones sobre lo que era un defecto. No podían determinar si aquellos productos que estaban fuera de los límites de tolerancia eran defectuosos o si lo eran solamente aquellos que no cumplían las normas de inspección.

En otro caso, una empresa de productos eléctricos afirmaba que la tasa de piezas defectuosas era del 0.3 por ciento, pero cuando visité la planta de ensamblaje los hechos no confirmaron tal afirmación. Resolví hacer la siguiente encuesta: primero, escogí al azar muestras de 100 tipos de piezas y luego comparé cada una de estas piezas con las especificaciones en los planos. Para cada plano encontré en promedio tres discrepancias. Esto significaba que el porcentaje defectuoso habría sido del 300 por ciento. También descubrí que si los productos se ensamblaban con piezas manufacturadas según estos planos, la tarea de armada resultaba muy difícil.

En realidad, había problemas con los planos, pero no se había revisado ninguno y las plantas mantenían la producción cambiando las medidas de cada unidad. La fábrica le pidió a la división de diseño que revisara los planos, pero el orgullo de los inflexibles diseñadores les impedía hacerlo. En términos de fidelidad del producto a los planos, cada pieza resultaba ser defectuosa por definición. Pero si los obreros elaboraban las piezas de acuerdo con los planos, los defectos se convertían en realidad. Teóricamente, tenían que guiarse por los planos, pero en la práctica trataban las piezas como componentes de aceptación especial y así evadían las especificaciones de los planos. No obstante este arreglo, muchas de las piezas seguían siendo difíciles de ensamblar.

Este es otro ejemplo de la falta de consenso en una empresa. Lamentablemente, el ejemplo no es raro. Los fabricantes de máquinas y maquinaria eléctrica harían bien en comparar la fabricación de las piezas con los planos.

5. *Revelar los defectos latentes.*

Como se desprende de los ejemplos anteriores, las cifras para piezas defectuosas en fábricas e industrias son apenas la punta del témpano; sin embargo, se consideran defectos reales. Si tomamos el término ''defectuosos'' en un sentido más amplio, los defectos reales pueden ser 10 o 100 veces más que los descubiertos. Revelar estos defectos ocultos o latentes es una meta básica del CC.

Hay quienes consideran que un producto es defectuoso solamente cuando es inutilizable y hay que descartarlo. Debemos reconsiderar tal concepto. Los artículos corregidos, los de aceptación especial y los ajustados, son todos defectuosos. Artículos corregidos son aquellos que requieren modificación por no cumplir inicialmente las normas. Se requiere entonces trabajo adicional para convertirlos en productos aceptables; por tanto, deben clasificarse como defectuosos. La expresión "productos de aceptación especial" es un eufemismo. Se refiere a aquellos productos para los cuales se rebajan las normas a fin de cumplir una fecha de entrega. Hay que hacer de cuenta que no son inferiores, pero es obvio que también son defectuosos.

En el proceso de ensamblaje, si un artículo como una cámara o un receptor de radio puede ensamblarse y despacharse sin pasar por ajustes ni correcciones, se considera un producto bueno. Si es preciso ajustarlo o corregirlo en el proceso de ensamblaje, aunque el producto final sea bueno, sigue siendo defectuoso. En el ensamblaje se hace un buen producto cuando éste pasa directamente del primer proceso hasta el final sin ajustes ni modificaciones. La tasa de productos buenos elaborados de esta manera se llama *porcentaje de paso directo*. Aquellos productos que no siguen el proceso directamente de principio a fin, tienden a sufrir daños en manos del consumidor. Las empresas deben esforzarse por controlar el diseño y el proceso de tal manera que logren un porcentaje de paso directo entre el 95 y el 100 por ciento.

Si observamos el asunto con atención y sentido crítico, encontraremos muchos defectos latentes y carga de trabajo latente asociados con procesos defectuosos en nuestras industrias. Cuando empezamos a hacer CC debemos establecer de inmediato una definición clara de los defectos, y revelar y eliminar aquellos defectos latentes, así como la carga de trabajo latente que se asocia con los procesos defectuosos.

6. Observar la calidad estadísticamente.

Cuando examinamos los productos y procesos fabriles a nuestro alrededor, descubrimos que no hay dos idénticos. Siempre encontraremos diferencias.

Si analizamos un producto cualquiera, encontraremos que en su manufactura influyen muchos factores, entre ellos las materias primas, los equipos, los métodos de trabajo y los operarios. Es imposible elaborar otro exactamente igual. La calidad del producto siempre varía ampliamente. En otras palabras, si consideramos la calidad de un producto en general, ésta demuestra una distribución estadística.

La calidad para cada unidad también es importante, pero en la práctica consideramos la calidad en grupos de tantas docenas o de tantos centenares de piezas. Pensemos en una bombilla eléctrica; considerada individualmente, la duración de cada unidad puede variar ampliamente entre 100 y 2 000 horas, mientras que en un lote de bombillas la dispersión puede estar dentro del intervalo de 900 a 1 100 horas. Los consumidores preferirán lo último, donde la dispersión es menor y la calidad es más uniforme y estable.

Cuando pensamos en calidad, debemos considerar su distribución estadística dentro de los lotes y luego aplicar un control de proceso e inspección. Para expresar una distribución utilizaremos el valor medio y una desviación estándar. Pero un análisis más detallado de este aspecto deberá ser tema de otro libro.

7. "Calidad del diseño" y "calidad de aceptación".

La calidad del diseño también se llama calidad objetivo. Una industria desea crear un artículo con cierto nivel de calidad: de allí la calidad objetivo. Tomemos el ejemplo de la bombilla eléctrica. El fabricante puede tener por objetivo una bombilla eléctrica con una vida de 900 a 1 100 horas o con una vida de 2 000 a 2 500 horas. En términos generales, al aumento de calidad del diseño corresponde un aumento de costo.

La calidad de aceptación también se llama calidad compatible, pues es una indicación de la medida en que los productos reales se ciñen a la calidad del diseño. Si hay discrepancia entre la calidad del diseño y la calidad de aceptación, esto significa que hay defectos o correcciones. Cuando la calidad de aceptación sube, el costo baja.

Quienes no conocen bien el control de calidad, afirman que al aplicarlo habrá aumento de los costos y descenso de la productividad. Si el CC es sinónimo de inspección, los costos realmente aumentarán, sobre todo si nos ceñimos al viejo estilo de CC que hace hincapié en la inspección. También es cierto que al aumentar la calidad del diseño el costo sube. Empero, cuando mejoramos la calidad de aceptación, disminuirá la frecuencia de defectos, correcciones y ajustes, con lo cual se rebajan los costos y se mejora la productividad. Más aún, si la calidad del diseño está a la altura de los requisitos del consumidor, las ventas aumentarán y esto producirá una economía de escala. Esto lleva a la racionalización, y los costos se reducen aún más. Los productos japoneses son muy competitivos en el mercado mundial, y este éxito se debe al efecto multiplicador de la calidad del diseño y la calidad de aceptación.

Para salir adelante en la competencia internacional, el Japón ha elevado continuamente su calidad del diseño, con un aumento paralelo en los costos. Pero gracias a un buen control de procesos se ha mejorado también la calidad de aceptación. La disminución y aun la eliminación de los defectos y correcciones han traído una baja en los costos. La calidad objetivo del Japón ha recibido la aprobación de los clientes, y sus productos se han vendido muy bien. Como resultado, se han reducido los costos y se han manufacturado artículos de calidad a bajo costo.

Control de las normas de calidad

No hay normas perfectas, sean nacionales, internacionales o de una empresa. Generalmente contienen algunos defectos inherentes. Los requisitos de los clientes también cambian continuamente, y año tras año se exige una calidad mayor. Las normas que eran suficientes en el momento de fijarse, se tornan anticuadas muy pronto.

Hacemos CC para satisfacer los requisitos de los clientes. Recalcamos que "al aplicar el control de calidad no pretendemos solamente cumplir normas nacionales y de la empresa sino que la meta debe ser cumplir los requisitos de calidad de los consumidores".

En la práctica, tenemos que revisar y mejorar nuestras normas de calidad constantemente.

El Dr. Deming, en su seminario de 1950, precisamente hizo hincapié en este punto. Como muestra el diagrama III-3, él habló de un ciclo de diseño, producción, ventas e investigación de mercado, seguido de otro ciclo que empieza con el rediseño basado en la experiencia del ciclo anterior. De esta

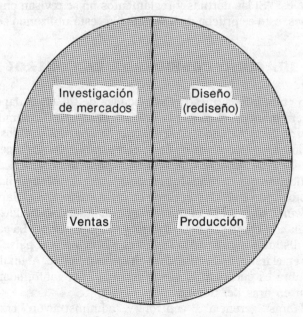

Ciclo de calidad de Deming

DIAGRAMA III-3

manera, el rediseño de calidad ocurre continuamente y la calidad mejora continuamente. Esto sugiere que el fabricante debe estar siempre muy atento a los requisitos de los consumidores y que debe prever sus opiniones al fijar las metas de fabricación. De lo contrario, el CC no cumplirá sus objetivos ni podrá asegurar la calidad para los consumidores.

Nosotros no pensamos en los consumidores simplemente como personas que compran. Cuando examinamos un producto o un proceso laboral, comprendemos que ha sido creado o realizado gracias a la cooperación de muchas personas. El trabajo llega a un individuo, proveniente del individuo o proceso anterior y su tarea es agregar su labor y luego transmitirlo a la persona siguiente. Así es como trabajamos. Aplicamos el dicho de que "el siguiente proceso es nuestro cliente". Sin duda, el siguiente proceso es un consumidor y un cliente.

Un buen control significa revisar las normas de calidad constantemente para que reflejen la voz del consumidor y sus reclamos así como los requisitos del siguiente proceso. Las normas son fijas por naturaleza en el sentido de que buscan asegurar la normalización y la uniformidad. Pero no podemos ser demasiado rígidos. El ceñirse demasiado a las normas conduce a la arrogancia dentro de la industria, a la coerción por parte del estado y al descontento de los consumidores.

Mi lema es: "Si las normas y reglamentos no se revisan en un término de seis meses, esto es prueba de que nadie los está utilizando seriamente".

III. COMO CONSIDERAR EL CONTROL

Cuando empezamos nuestras actividades de CC en el Japón, la tarea más difícil era manejar el concepto de control (*kanri*). Teníamos que idear una manera de hacer entender el significado de "control" a todos los empleados, desde los altos ejecutivos hasta la gerencia media, los ingenieros y los trabajadores, de tal manera que pudieran ponerlo en práctica.

Otra dificultad que tuvimos fue la abundancia de palabras para describir este concepto, tanto en el Japón como en otros países. En el Japón las palabras *keiei*, *kanri*, *kansei* y *tōsei* son todas de significados similares. En castellano hay palabras como gerencia, control y administración. La palabra "control" tiene distintos significados según el individuo y el país. Si tratamos de ahondar en el tema, la discusión resulta interminable. Al final, la elección de una palabra es cuestión de gusto personal; por tanto, suspenderemos la discusión en aras del tiempo.

Las palabras "gerencia", "control" y "administración" encierran diferencias de significado pero también tienen un común denominador. Cada una de estas palabras indica que es preciso fijar una meta u objetivo y encontrar la manera de alcanzarlo eficientemente.

Las materias académicas como la física, la química y las matemáticas son universales y comunes a todas las naciones, sistemas políticos, razas y religiones. Pero cuando se trata de control o gerencia hay que tener en cuenta los factores humanos y éstos no son iguales para todas las naciones.

El CC japonés nació en el Occidente. Si el Japón lo hubiese adoptado sin modificación, no habría tenido éxito. Nosotros hemos sazonado este CC con condimentos japoneses, haciéndolo más agradable al paladar japonés. El CC al estilo japonés ha sido fruto de mucha meditación. En el capítulo 2 hablamos de la transformación del CC, pero dejamos pendientes los temas del control y su aplicación. Ahora trataremos estos dos aspectos.

Problemas de control en el pasado

Los conceptos de control y organización se introdujeron en el Japón mucho antes de la segunda guerra mundial. Las industrias japonesas los adoptaron y practicaron, si bien encerraban muchos problemas.

"No produzcan artículos defectuosos", "reduzcan el costo" y "sean eficientes", eran algunas de las órdenes impartidas por los altos ejecutivos en tiempos pasados. Viéndolo bien, en aquella época los ejecutivos no hacían sino dar órdenes.

Estas órdenes se canalizaban del presidente a los directores, de los directores a los gerentes de fábrica, de los gerentes de fábrica a los jefes de sección, de los jefes de sección a los supervisores y de los supervisores a los obreros de línea. He hablado de "canalizar" pero era más un túnel que un canal. Cuando las órdenes pasaban por el túnel sin obstáculo, cumplían algunas funciones útiles, pero con mucha frecuencia se atascaban en la mitad y se distorsionaban, y a veces ni siquiera llegaban a los obreros a quienes iban dirigidas. El presidente daba la orden: "No despachar productos defectuosos", y el supervisor en el departamento de despachos la traducía así: "Despachemos estos productos defectuosos, pues de lo contrario no cumpliremos el plazo de entrega; no están tan malos".

Los altos ejecutivos de aquella época ordenaban a los subalternos esforzarse al máximo o trabajar más. Este tipo de control podría considerarse como una forma de "espiritualismo" que apelaba al llamado "espíritu japonés" y pedía que se cumplieran las tareas sin ofrecer recompensas. Mientras el hombre sea hombre, la espiritualidad seguirá siendo importante, pero no solo del "espíritu" vive el hombre. Este enfoque no podía dar origen a un control eficaz y duradero.

Cuando una planta produce artículos defectuosos o fracasa en algo, solamente del 20 al 25 por ciento de la culpa puede atribuirse a los operarios de línea. La mayor parte de la culpa corresponde a los ejecutivos, a los gerentes o al estado mayor. El sistema de control "espiritual" simplemente pretende atribuir la culpa a los de abajo.

Hubo otros problemas cuando comenzó el CC en el Japón. Estos fueron:

1. Muchas teorías abstractas y no prácticas del control. No había una metodología científica y racional.
2. No había participación plena cuando se analizaban los medios para alcanzar las metas.
3. Los participantes no conocían las técnicas de análisis y control basadas en métodos estadísticos.
4. No se ofrecía educación en control y calidad a todos los empleados, desde el presidente para abajo.
5. Había pocos especialistas, pero éstos pensaban en términos de su propia especialización y no veían el cuadro global.
6. Los altos ejecutivos y los gerentes de nivel medio fijaban políticas que solían ser impulsivas. También emitían órdenes contradictorias.
7. Prevalecía el seccionalismo. Las divisiones peleaban entre sí y rehusaban asumir sus responsabilidades.

Todo lo anterior será familiar para muchos lectores, pues se trata de problemas que quizá caracterizan el mundo de los negocios hoy, pero dejemos que el lector juzgue.

Cómo proceder con el control

¿Qué pasos se pueden seguir? Si pretendiera describir todo el procedimiento de control, sencillamente no bastarían las páginas de este libro. Por lo tanto, me limitaré a un breve esbozo.

El Dr. Taylor solía describir el control con las palabras "planear, hacer, ver". ¿Qué significa "ver"? Para los alumnos de secundaria japoneses, significa simplemente mirar algo. Esto no transmite el significado que Taylor le quiso dar. Por tanto, nosotros preferimos decir "planear, hacer, verificar, actuar". Esto es lo que llamamos Círculo de Control (diagrama III-4), y tenemos que hacerlo mover en la dirección correcta. Me ha parecido aconsejable redefinir este círculo dividiéndolo en seis categorías. El control debe organizarse con base en estas seis categorías, que han demostrado su eficacia.

Los seis pasos son los siguientes:

1. Determinar metas y objetivos.
2. Determinar métodos para alcanzar las metas. } P
3. Dar educación y capacitación.
4. Realizar el trabajo. } H
5. Verificar los efectos de la realización. V
6. Emprender la acción apropiada A

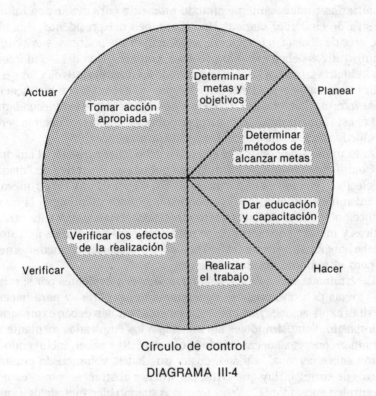

Círculo de control

DIAGRAMA III-4

Ahora explicaré aspectos importantes relacionados con cada uno de estos pasos.

1. Determinar metas y objetivos — Estos pueden determinarse por medio de políticas — ¿Son claras las bases para determinar las políticas? ¿Son claros los datos?

Si no se fijan políticas no se pueden establecer metas. La determinación de estas políticas corresponde a la alta gerencia, aunque ello no significa que los directores de división o los jefes de sección no puedan tener políticas. Todo el que lleve el título de "jefe" o su equivalente debe tener sus propias políticas. Imitar las políticas dadas por un superior y transmitirlas a un subalterno es un método arcaico muy parecido a la emisión de órdenes por un túnel.

Si vamos a emitir una declaración de política, la base para llegar a esa política y los datos que la apoyan deben quedar muy en claro. El presidente de la empresa es quien determina las políticas superiores, pero corresponde a sus subalternos y al estado mayor dar la explicación racional de las políticas, reunir datos de apoyo y analizarlos. El estado mayor debe reunir datos y analizarlos cuidadosamente en todo momento para evitar una influencia excesiva de cualquier comentario espontáneo del presidente. Cuando los directores de división o los jefes de sección fijan sus políticas, sus ayudantes administrativos deben efectuar procesos similares. Una debilidad frecuente en la industria japonesa ha sido que cuando los altos ejecutivos y los gerentes medios formulan sus políticas, suelen hacerlo sin contar con justificaciones, datos e información, y cuando los tienen no suelen analizarlos adecuadamente.

Por esta falta de datos, el control de políticas o metas (es decir la gerencia por objetivos) necesita varios años para arraigarse.

Al formular una política, el ejecutivo debe tener presente el cuadro global. Comprendemos que se formule una política en el sentido de "disminuir los defectos", cuando éstos alcancen el 30 o 40 por ciento. Pero ¿qué sucede si el mismo ejecutivo emite otra política que dice "mantengan la cuota de producción"? Los empleados quedarán desconcertados. Por esta razón, las políticas y metas deben formularse para renglones prioritarios únicamente. No debe haber más de tres de estos renglones prioritarios, o cinco si es necesario, pero el máximo absoluto es cinco.

Determinada una política, las metas se hacen evidentes por sí mismas. Estas metas deben expresarse concretamente en cifras, y para hacerlo se necesitan explicaciones racionales. Las metas también deben expresarse con un propósito, demostrándoles las mismas a los empleados mediante cifras y términos concretos; decirles todo lo que necesitan saber, incluyendo información sobre personal, calidad, costo, utilidades, volumen de producción y plazos de entrega. Hay que evitar las órdenes abstractas como "estudien" o "controlen eficazmente". Estos términos suenan bien metodológicamente, pero no producen buenas prácticas de control.

Al fijar metas, es preciso asignar un plazo muy claro. También hay que determinar los plazos máximo y mínimo para las metas alcanzables. Por ejemplo, habrá algunas metas que tendrán que alcanzarse a toda costa, y otras que se tratarán de alcanzar.

Las metas deben fijarse con base en problemas que la empresa desee resolver. Es mucho mejor hacerlo así que asignar metas independientes para cada división y organización. Hay que formular las metas de tal manera que se asegure la cooperación entre todas las divisiones.

Las políticas y metas deberán cursarse por escrito y distribuirse ampliamente. Cuanto más bajo esté en el organigrama el nivel de los empleados a quienes van dirigidas las políticas y metas, más importante es que sean concretas, explícitas y suficientemente informativas. Al mismo tiempo, todas las declaraciones sobre políticas y metas deben armonizar. (Este proceso se llama despliegue de políticas y de metas.)

Desde el punto de vista de la gerencia, las metas se dividen en prioritarias y rutinarias. En otras palabras, el control también debe dividirse en prioritario y rutinario. Al determinar las políticas para un año fiscal, el plan y las metas para ese año seguirán automáticamente. Las metas prioritarias y rutinarias se fijarán al mismo tiempo.

No me agradan las expresiones *control por políticas* y *control por metas*. Fundamentalmente, no puede haber control sin políticas y metas, y es redundante emplear palabras como "política" y "meta" para calificar la palabra "control"; además, me opongo a estos términos por otra razón: si se hace demasiado hincapié en las políticas y metas, éstas pueden usarse inadecuadamente, a la manera del control tipo "espíritu japonés", con gerentes pretendiendo que los subalternos trabajen más sin darles los medios que necesitan para hacerlo.

Ahora bien, las expresiones "control por políticas" y "control por metas" ya tienen cierta acogida, por lo cual transigiré con ellas, pero ruego que se entiendan claramente los conceptos implícitos en el término "control" tal como lo he descrito. Sin esta idea clara, las actividades de CC no tendrán éxito.

2. Determinar métodos para alcanzar las metas: normalización del trabajo.

Si se fijan metas y objetivos pero no se acompañan con métodos para alcanzarlos, el CC acabará por ser un simple ejercicio mental. Se puede fijar la meta de reducir la tasa de defectos por debajo del 3 por ciento, mas no podemos simplemente decirles a los empleados: "trabajen bastante, trabajen bastante", dándoles golpecitos en la espalda. Esto sería como el militar japonés que en la segunda guerra mundial ordenó derribar todos los bombarderos norteamericanos con lanzas de bambú. Si no fijamos métodos científicos y racionales para alcanzar las metas, nada lograremos.

Ahora bien, hay muchas clases de métodos. Un individuo quizás opte por hacer las cosas a su manera y puede que ese resulte ser el mejor método para él. Pero una entidad no puede confiar en un método derivado de esa manera. Aunque fuera una técnica superior, seguiría siendo la especialidad de un individuo y no podría adoptarse como tecnología de la empresa o del lugar de trabajo.

Diré aquí que la determinación de un método equivale a normalización. Quizá suene extraño, pero lo que quiero decir es esto: si una persona desarrolla un método, deberá normalizarlo, convertirlo en reglamento y luego incorporarlo dentro de la tecnología y propiedad de la empresa. Lo que sugiero es que el método que se establezca tiene que ser útil para todos y libre de dificultades. Por esta razón, tiene que normalizarse.

He dicho que es preciso normalizar y hacer reglamentos. Pero vienen a mi mente algunos peligros que es preciso evitar a toda costa.

A. Las normas y los reglamentos detallados resultan inútiles si son fijados por el estado mayor de la sede e ingenieros especialistas que no conocen o no procuran conocer la planta y que ignoran los deseos de las personas que tienen que seguirlos. No es raro encontrar técnicos y personal de la sede que disfrutan dificultándolo todo en el lugar de trabajo mediante la creación de normas y reglamentos engorrosos. Si encontramos que muchas normas nacionales son insatisfactorias, podemos inferir que se establecieron en condiciones como las descritas.

B. Hay personas en el mundo que nacen para hacer reglas. Gozan haciendo cuantas normas puedan para amarrar a los demás, y creen que esto es administrar. ¿Reglamentos para qué? Es difícil entender. Cuando no armonizan con las metas comunes, esas normalizaciones y esos reglamentos obstaculizan el trabajo, reducen la eficiencia y pasan por alto el factor humano.

Estas dos advertencias señalan el peligro de exagerar en la normalización y la reglamentación. Ahora quisiera resumir mis ideas al respecto.

En el diagrama III-5 el efecto aparece a la derecha. El efecto, y al mismo tiempo la meta del sistema, es alcanzar las características de calidad. Las palabras que aparecen en los extremos de las ramas son causas. En el CC las causas dadas en esta ilustración se llaman factores causales.

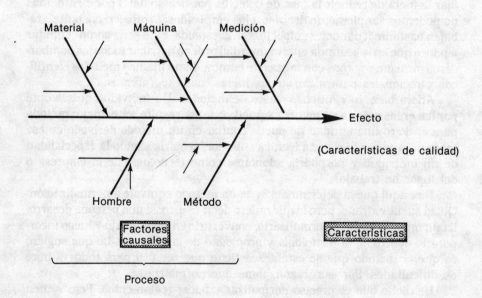

Diagrama de causa y efecto

DIAGRAMA III-5

Un conjunto de estos factores causales recibe el nombre de proceso. El término proceso no se limita al proceso fabril. El trabajo relacionado con diseño, compras, ventas, personal y administración también constituye procesos. La política, el gobierno y la educación son procesos. Todos pueden ser procesos, siempre y cuando haya causas y efectos o factores causales y características. En el CC pensamos que el control de procesos puede ser benéfico en todos estos procesos.

Ultimamente se ha visto cierto auge en las actividades de control total de calidad (CTC). El CTC se está extendiendo a hoteles, tiendas por departamentos, bancos e industrias de la construcción, que son diferentes de las industrias de manufactura tradicionales. Este fenómeno no tiene nada de raro. Pienso que la gente ha comenzado a entender el verdadero valor del CC.

Nuestra opinión es que el proceso, o conjunto de factores causales, tiene que controlarse a fin de obtener mejores productos y efectos. Este enfoque prevé los problemas y los evita antes de que ocurran, razón por la cual lo llamaremos control de vanguardia. En cambio, si la persona se preocupa por el desempeño de su empresa solo después de los hechos, por ejemplo cuando al acercarse el final del mes descubre que las ventas no alcanzan lo previsto y trata de intensificarlas rápidamente, este método se llama control de retaguardia.

El diagrama anterior muestra la relación entre las características y los factores causales, por lo cual lo he denominado diagrama de causa y efecto. En el CC no podemos limitarnos a plantear una meta y gritar: "¡trabajen mucho, trabajen mucho!". Es necesario entender lo que es el control de procesos, adueñarnos del proceso (que es un conjunto de factores causales) e incorporar dentro del proceso maneras de hacer mejores productos, fijar mejores metas y lograr efectos. Para facilitar este proceso de raciocinio inventé el diagrama. En 1952 todos los procesos en la Kawasaki Iron Fukiai Works adoptaron este diagrama para hacer la normalización y control. Los resultados fueron satisfactorios y desde entonces el diagrama se ha empleado en muchas plantas en el mundo. El Dr. Juran me honró en su *Manual de CC* de 1962 poniéndole al diagrama de causa y efecto el nombre de "Diagrama de Ishikawa" y ahora se conoce con ese nombre. Por su forma también ha recibido el apodo de "diagrama de espina de pescado".

El número de factores causales es infinito. Cualquiera que sea el trabajo o el proceso que escojamos, podemos identificar diez o veinte factores causales inmediatamente. Sería imposible controlarlos todos, y aun si fuera posible resultaría muy antieconómico.

Aunque los factores causales son muchos, los verdaderamente importantes, los que tendrán un impacto grande sobre los efectos, no son muchos. Si seguimos el principio establecido por Vilfredo Pareto, todo lo que tenemos que hacer es normalizar dos o tres de los factores causales más importantes y controlarlos. Mas lo primero es encontrar estos factores causales importantes.

En esa búsqueda hay que consultar con personas conocedoras del proceso en cuestión, v.g. trabajadores, ingenieros e investigadores. Tienen que ser capaces de discutir el proceso de manera franca y abierta, quizá en una sesión de improvisación en grupo. Las opiniones presentadas en esta sesión deberán analizarse estadísticamente y verificarse de manera científica y racional, comparando con los datos disponibles (esto se llama análisis de procesos). La conclusión así obtenida podrá ser comprensible y aceptable para todos. Este es el primer paso hacia la normalización. Ultimamente la tarea de establecer o revisar normas ha recaído sobre los círculos de CC, dado su conocimiento íntimo del lugar de trabajo.

Me parece que la tarea de normalizar o reglamentar es necesaria para delegar autoridad a los subalternos. La clave del éxito es normalizar vigorosamente aquellas cosas que son fácilmente comprensibles y dejar que el subalterno se encargue de ellas.

Una cosa que debe tenerse presente es cómo manejar una emergencia. Es preciso aclarar muy bien lo siguiente:

- ¿Quién debe hacer qué en una emergencia? ¿Hasta dónde llega la autoridad de una persona?
- ¿De quién recibe instrucciones una persona?

He hablado de esto antes, pero debo reiterar. Las normas y los reglamentos son imperfectos. Es necesario revisarlos constantemente. "Si las normas y reglamentos recién fijados no se revisan en un lapso de seis meses, es prueba de que nadie los está utilizando seriamente". Cuando la gente se dedica a analizar los procesos y a revisar las normas, la tecnología progresa y se acumula en la industria.

3. Dar educación y capacitación.

Los superiores tienen la función de educar y desarrollar a sus subalternos.

Las normas técnicas y laborales pueden convertirse en reglamentos excelentes, pero al distribuirlos a los empleados quizá éstos no los lean. O si los leen, tal vez no entiendan el proceso conceptual subyacente en cada reglamento o cómo debe manejarse. Lo importante es educar a las personas que se verán afectadas por estas normas y reglamentos.

La educación no se limita a reuniones formales. Reunir a las personas en un salón y dictarles conferencias puede constituir cuando mucho la tercera o cuarta parte del esfuerzo educativo total. El superior tendrá que educar a los subalternos de manera personal, en el trabajo práctico. Una vez que el subalterno ha sido educado de esta manera, se le delega autoridad y se le da libertad para hacer su trabajo. De este modo, el subalterno podrá crecer.

Abogo por el control de calidad basado en la convicción de la bondad de la gente. Si uno no confía en los subalternos sino que impone controles estrictos e inspecciones frecuentes, no puede ser buen gerente. Ese control se basa en la convicción de que los hombres son malos por naturaleza, y es un sistema que sencillamente no funciona. Una forma de gerencia ideal crea una situación en que cada persona tiene adecuada capacitación, es digna de confianza y no requiere supervisión excesiva.

El hombre es bueno por naturaleza. Si se le educa, puede convertirse en una persona confiable en quien se puede delegar autoridad. Por eso hago hincapié en la educación. Mediante la educación y la capacitación los subalternos se tornan confiables y la amplitud del control (número de personas que un individuo puede supervisar directamente) se amplía más y más. Mi ideal es que haya un supervisor para cada 100 trabajadores, ¡como una orquesta en que el director aprovecha al máximo las cualidades de la música!

4. Realizar el trabajo.

Si todo se hace de acuerdo con el procedimiento explicado antes, la realización no debe ofrecer ningún problema. Pero reflexionemos sobre esto.

Se puede obligar a los subalternos a realizar un trabajo dándoles una orden, pero esto tendrá tropiezos. Las condiciones cambian constantemente, y las órdenes dadas por los superiores nunca estarán al día respecto a las situaciones cambiantes. Hago hincapié en el voluntarismo en el CC por esta misma razón.

El movimiento de cero defectos en los Estados Unidos fracasó por muchas razones; una de ellas fue que el movimiento se redujo a un simple ejercicio mental que usaba a la gente como máquinas, olvidando que se estaba tratando con seres humanos. Otra razón de ese fracaso fue la idea de que si las normas se cumplen estrictamente, el número de defectos será cero. Reitero que las normas y los reglamentos siempre son inadecuados, y que aunque se cumplan estrictamente, habrá defectos y fallas. La experiencia y la destreza son los factores que compensan la imperfección de las normas y los reglamentos.

Nótese que los problemas respecto de la realización aparecen en cada paso de la administración y el control.

5. Verificar los efectos de la realización.

¿Cómo podemos verificar que el trabajo se esté realizando sin tropiezos?

Dar una orden, impartir instrucciones o dar capacitación no bastan como cumplimiento de la responsabilidad del alto ejecutivo, el gerente o el miembro del estado mayor. Hasta ahora ha habido muchos casos de gerentes que dan órdenes o instrucciones sin una adecuada verificación.

Si procedemos a decir constantemente "verifíquese esto y verifíquese aquello", no se alcanzará el éxito, pues esta forma de gerencia se basa en el supuesto de que el hombre es malo por naturaleza. Ahora bien, la gerencia no será gerencia si no tiene ningún sistema de verificación. El "laissez-faire" no convierte a un individuo en gerente. Lo ideal es que las cosas sucedan sin tropiezos y sin necesidad de verificación, pero en la realidad no es así. La experiencia me ha enseñado que el arte de la verificación es algo olvidado y que se ha pasado por alto casi enteramente, y por esta razón tengo que subrayar su importancia aquí.

Lo más importante en la gerencia es el principio de excepción. Si las cosas se desarrollan de acuerdo con las metas y las normas fijadas, entonces se deben dejar que sigan así. Pero si surgen hechos inesperados o situaciones que se apartan de lo rutinario, el gerente deberá intervenir. El objeto de verificar es descubrir tales excepciones. Para cumplir esta tarea eficientemente es necesario entender con claridad las políticas básicas, las metas y los procedimientos de normalización y educación. Si estos no se han planteado claramente y si no hay normas confiables, no se sabrá cuáles son las excepciones y cuáles no. Hay altos gerentes que insisten en verificar sin haber anunciado sus políticas y metas. Sobre esta estrategia suelo decir que "el cuervo al vuelo siempre atrapa algo". Eso es injusto para con los subalternos, pues no saben con qué criterio se les está juzgando.

Ahora bien, ¿cómo se encuentran las excepciones?

A. Verificar las causas.

El primer paso en la verificación es ver si todos los factores causales están bajo control. En otras palabras, hay que examinar cada proceso, v.g. diseño, compras y manufactura, para ver si los factores causales se han entendido claramente y si armonizan con las normas fijadas. Hay que revisar los factores causales identificados en el diagrama de causa y efecto.

Para este fin, es preciso visitar cada planta. Sin duda, la experiencia ha demostrado que es muy acertado visitar el lugar de trabajo. Ahora bien, no basta simplemente ir. Hay que ir con un propósito claro y verificar lo que se observa, comparando siempre con las normas y reglamentos. El número de factores causales es ilimitado y una persona no puede verificarlos todos; por esto es preciso dar prioridad a los más importantes o a los que podrían ser peligrosos. Una lista de verificación resulta útil. Durante estas visitas de verificación también se pueden descubrir fallas en las normas de trabajo. Los factores causales que requieren verificación se llaman "puntos de verificación".

La tarea de revisar los factores causales debe delegarse a los gerentes de menor nivel. Algunas personas gozan verificando estos factores en detalle, aunque están ocupando puestos de jefes de división o directores dentro de la empresa. Pero las personas ubicadas en estos cargos deben verificar los efectos desde una perspectiva más alta y más amplia. No se deben echar encima la tarea de examinar estos factores causales. Quienes hacen esto están cumpliendo la función de un supervisor, por lo cual se les denomina *supervisores de división* y *supervisores directores*.

B. *Verificar por medio de los efectos.*

Otro método consiste en verificar un proceso o trabajo por sus efectos; es decir, observar las características que figuran en el diagrama de causa y efecto. Entre los efectos se incluyen los asuntos relativos a personal (índice de asistencia, número de propuestas presentadas, etc.); calidad; cantidad; fecha de entrega; cantidad de material, mano de obra, y potencia mecánica necesaria para fabricar una unidad de producción; y costo. Al observar los cambios que ocurren en cada uno de estos renglones, es posible verificar el proceso, el trabajo y la administración.

Si los efectos son inadecuados, significa que algo raro sucede en algunos de los procesos y que hay problemas allí. La función del gerente es descubrir las razones de la irregularidad, que radican en los factores causales. Siempre que el gerente domine estos factores causales, el control del proceso no será problema.

Hay ciertos puntos que se llaman *puntos de control*. Son los que se emplean para verificar los procesos y la administración por medio de sus efectos. Las personas que tengan subalternos necesitan puntos de control. Un supervisor puede tener entre cinco y veinte de estos puntos. Los jefes de sección y superiores, incluyendo al presidente, normalmente tienen de veinte a cincuenta puntos de control.

Debo aclararle al lector que se trata de verificar *por medio* de los efectos y no de verificar los efectos mismos. Para ilustrar, utilizaré el ejemplo de la calidad. Verificamos los procesos y la administración *por medio* de la calidad. Verificar la calidad (efecto) viene a ser un acto de inspección totalmente independiente del concepto de control. Examinamos la calidad para ver cómo está operando el proceso. Queremos controlar bien los procesos a fin de producir buenos artículos que pasen por el proceso sin tropiezos. Lo mismo puede decirse del control de costos y otros tipos de control. Controlamos por medio del costo, pero no controlamos el costo.

Dicho sea de paso, los efectos varían ampliamente. Aun cuando una misma persona utilice los mismos materiales y equipos, y aplique el mismo método para producir algo, los efectos seguirán variando. Quienes piensen que bajo un proceso uniforme los efectos siempre son uniformes, se equivocan. Mientras haya personas que piensen así, no estaremos libres de los datos falsos en las industrias y las plantas.

En el CC, los efectos se registran secuencialmente en una gráfica donde se anotan los límites de control asegurados estadísticamente. Mediante esta gráfica tratamos de descubrir las excepciones. Los factores causales son ilimitados. Por tanto los efectos, tales como la calidad, o la cantidad de producción y el costo, también varían ampliamente. En otras palabras, los efectos tienen una distribución. Usaremos este concepto estadístico de "distribución" para descubrir las excepciones (irregularidad). La herramienta que utilizamos para verificar la distribución se llama cuadro de control.

Para encontrar los factores causales extraños en el proceso y la administración, por medio de sus efectos, debemos tener a nuestra disposición los registros pasados del lote y demás datos. ¿Qué materiales y piezas se utilizaron en este producto? ¿Quién utilizó qué equipos para producirlo y cuándo? En otras palabras, hay que construir una estratificación rígida en el lote. La estratificación es el concepto más importante en el CC. Sin una estratificación rígidamente construida no será posible efectuar análisis ni controles.

Los efectos obtenidos mediante esta verificación se deben comunicar a las divisiones y a los trabajadores en cuestión lo más pronto posible. Se deben encontrar las razones de las excepciones, y luego ocuparse prontamente de sus factores causales.

6. Tomar la acción apropiada.

La revisión de los efectos para encontrar excepciones o situaciones extrañas, no sirve en sí a los intereses de la empresa. Es necesario encontrar los factores causales de las excepciones y tomar la acción apropiada.

En esta acción apropiada es importante tener medidas para impedir que las excepciones vuelvan a repetirse. Hay que poner freno a las irregularidades. En cualquier caso, no basta hacer ajustes en los factores causales; hay que tratar de eliminar aquéllos que han ocasionado las excepciones. Los ajustes y la prevención de la repetición son dos cosas diferentes, tanto conceptualmente como en términos de las acciones que se han de tomar. Al eliminar las causas de las excepciones hay que remontarse al origen del problema y tomar las medidas para evitar que se repita. Es fácil decir "evitar que se repita", pero esta prevención es muy difícil de practicar. La mayoría de las veces las personas aplican medidas temporales para resolver un problema por el momento. La prevención de repeticiones es un concepto tan importante en el CC que deberé volver sobre él en el siguiente capítulo.

Lo anterior es un esbozo de lo que constituye el control. Si el lector desea saber por qué no se está haciendo un buen control, puede volver a leer los factores descritos en los pasos 1 a 6. De ellos podrá inferir la mayoría de las razones.

Sugiero que se sigan estos pasos cuidadosamente y que el lector vuelva a observar su propio lugar de trabajo.

Ahora, algunas palabras de advertencia basadas en mi propia experiencia y en mis observaciones:

A. No enojarse con los subalternos cuando se equivocan. En general, a ellos les corresponde entre el 20 y el 25 por ciento de los errores. Al enojarnos, hacemos desaparecer la verdad. Los subalternos estarán más propensos a darnos informes y datos falsos. Debemos crear un ambiente en que los subalternos puedan informar sus propios errores a los colegas y superiores con entera libertad. Para evitar que los errores se repitan, debemos procurar que todos los participantes discutan el problema.

B. Si usted frecuentemente tiene la excusa: "no sé", es porque no tiene un concepto cabal del control. Cuando el control se lleva a cabo cabalmente el "yo no sé" desaparece.

C. Tomada una acción, hay que verificar su efecto y luego verificarlo de nuevo para ver si hemos impedido la repetición de errores. Tenemos que remontarnos lo más atrás posible hasta el origen de los problemas pasados. Aun cuando creemos que hemos tomado acciones acertadas, podemos estar equivocados. Es necesario efectuar verificaciones en cuanto a efectos a corto plazo y resultados a largo plazo.

D. El control no significa mantener el *statu quo*. Si ponemos en práctica la prevención de repeticiones, el progreso y el avance se notarán poco a poco.

Si en los seis pasos anteriores se emplean métodos estadísticos, el proceso se convierte en control estadístico. Respecto a la calidad se convierte en control de calidad estadístico y respecto al costo se convierte en control estadístico de costos.

Obstáculos al control y a las mejoras

Hay varios factores que impiden el control y las mejoras que de él resultan. Esos factores suelen emanar de las personas, cuyas actitudes erradas constituyen las causas principales. A continuación los enumero:

1. Pasividad entre los altos ejecutivos y gerentes; los que evaden responsabilidades.

2. Personas que piensan que todo marcha bien y que no hay ningún problema; están satisfechas con el *statu quo* y les falta comprensión de aspectos importantes.

3. Personas que piensan que su empresa es con mucho la mejor. Digamos que son egocéntricas.

4. Personas que piensan que la mejor manera de hacer algo y la más fácil es aquélla que conocen. Personas que confían en su propia insuficiente experiencia.

5. Personas que solo piensan en sí mismas o en su propia división. Personas imbuidas de seccionalismo.

6. Personas que no tienen oídos para las opiniones de otros.

7. Personas que anhelan destacarse, pensando siempre en sí mismas.

8. El desánimo, los celos y la envidia.

9. Personas que no ven lo que sucede más allá de su entorno inmediato. Personas que nada saben acerca de otras divisiones, otras industrias, el mundo externo o el mundo en general.

10. Personas que siguen viviendo en el pasado feudal. Estas incluyen "las personas dedicadas únicamente a asuntos comerciales, los gerentes y trabajadores de línea sin sentido común, y los sindicalistas doctrinarios".

Para despejar estas actitudes erradas, los activistas del CC requieren firmeza en sus convicciones, espíritu de cooperación, espíritu entusiasta de pionero, y deseo de lograr adelantos importantes. También necesitan confianza en su propia capacidad para perseverar, y buenas tácticas y estrategias para superar dificultades.

"Cuando se desea poner en práctica algo nuevo, el principal enemigo de este esfuerzo se hallará dentro de la propia empresa y dentro de la propia persona. Si no se puede vencer este enemigo, no habrá progreso". Doy fin a este capítulo con una cita de aquel venerable personaje de las tiras cómicas, Pogo: "Hemos visto al enemigo, y el enemigo es nosotros". ¿Acaso necesito decir más?

La garantía de calidad

La calidad debe incorporarse dentro de cada diseño y cada proceso. No se puede crear mediante la inspección.

El control de calidad que hace hincapié en la inspección es anticuado.

El concepto básico subyacente en el control es la prevención de errores repetidos.

La esencia misma del CTC está en el control de calidad y en la garantía de calidad para el desarrollo de nuevos productos.

Elimínese la causa, la causa básica, y no los síntomas.

Cuando todos los productos nuevos de una empresa tienen éxito y los consumidores dicen: "Podemos comprar sus nuevos productos con gusto y confianza", entonces se podrá decir que el CC de esa empresa ha alcanzado su madurez.

I. CONTROL DE CALIDAD
Y GARANTIA DE CALIDAD

La garantía de calidad es la esencia misma del control de calidad.

Las empresas japonesas se han guiado por el principio de "calidad primero" al acoger y practicar el control total de calidad. Este principio le ha permitido a la industria japonesa elaborar productos de calidad a bajo costo con alta productividad, manteniendo así una ventaja en los mercados de exportación. Los artículos japoneses de especial confiabilidad, v.g. automóviles, cámaras, equipos de televisión en color, grabadoras de video, y productos de hierro y acero, son acogidos por los consumidores en todo el mundo. Las empresas que han hecho hincapié en la "calidad primero" han podido mejorar su calidad de manera fenomenal. Con el tiempo, esto ha ocasionado grandes aumentos de la productividad y a su vez ha permitido rebajar los costos, lo cual ha generado mayores ventas y utilidades.

En cambio, los gerentes norteamericanos han buscado las metas a corto plazo. Se han adherido al principio de "utilidades primero" y al hacerlo han perdido ventaja en la competencia con el Japón. Ultimamente los países occidentales están dándose cuenta de este hecho y ahora se discierne una tendencia en la prensa y en los círculos académicos hacia la idea de que "Occidente tiene algo que aprender del Japón".

Este capítulo trata de la gerencia según el principio de la calidad primero o de la garantía de calidad, que constituye la esencia misma del control total de calidad.

Al ocuparnos de la garantía de calidad debemos tener en cuenta tres consideraciones importantes.

1. La empresa debe garantizar una calidad acorde con los requisitos de los consumidores (características de calidad reales). No se trata de cumplir las normas nacionales, aunque la empresa no podría hablar de garantía de calidad si sus productos ni siquiera cumplen estas normas.
2. Debe expresarse igual interés en el caso de productos de exportación. Todo artículo despachado al exterior deberá satisfacer las exigencias de los compradores extranjeros.

El Japón ha despachado muchos automóviles a los Estados Unidos, lo cual ha creado un desequilibrio en el comercio entre los dos países y una fricción comercial entre ellos.

¿Por qué se venden tantos automóviles japoneses en los Estados Unidos? La respuesta es muy sencilla. Los fabricantes japoneses han podido hacer coches que satisfacen las exigencias del consumidor norteamericano y a la vez han garantizado la calidad de esos automóviles. Los fabricantes japoneses pueden hacer vehículos con el timón a la izquierda para exportar a los Estados Unidos (aunque en el Japón llevan el timón a la derecha porque el tráfico se desplaza por el lado izquierdo). Todos estos automóviles son de mantenimiento económico, libres de defectos y tienen excelente kilometraje. En cambio, los fabricantes norteamericanos no producen automóviles acordes con las necesidades del comprador japonés, sino vehículos que consumen mucha gasolina, se dañan con frecuencia, y tienen alto costo de mantenimiento. Las empresas norteamericanas hacen caso omiso del tráfico en el Japón y siguen colocando el timón a la izquierda. Algunas lo colocan a la derecha pero sin los ajustes necesarios para que funcione correctamente en esa posición. No es extraño que nadie en el Japón quiera comprar automóviles norteamericanos, salvo los muy pocos que insisten en tener un coche extranjero por el hecho de que sea extranjero.

3. Los altos ejecutivos deberán reconocer la importancia de la garantía de calidad y asegurar que toda la empresa dé el máximo para alcanzar esta meta común. Si la compañía lleva a cabo la garantía de calidad, podrá (a) traer felicidad y satisfacción a sus clientes en todo el mundo, lo que aumentará las cifras de ventas, y (b) ganará buenas utilidades a la larga, lo cual será satisfactorio para los ejecutivos, empleados y accionistas.

II. ¿QUE ES LA GARANTIA DE CALIDAD?

En resumen, garantía de calidad es asegurar la calidad en un producto, de modo que el cliente pueda comprarlo con confianza y utilizarlo largo tiempo con confianza y satisfacción.

Para que el cliente compre confiado, debe tener cierta confianza en determinado producto de un fabricante que haya ganado un buen nombre merced a haber estado suministrando artículos de calidad por largo tiempo. Esta confianza no se desarrolla de la noche a la mañana sino que requiere esfuerzos empresariales a largo plazo en materia de garantía de calidad. "Se necesitan diez años para crear confianza en nuestros productos, pero esa confianza se puede perder en un día". Este punto lo deben reconocer claramente todos los que tengan que ver con el producto.

El siguiente punto es la satisfacción del cliente. El producto no ha de tener fallas ni defectos, pero esto solo no basta. Es necesario asegurar la calidad de diseño, viendo que el producto sea realmente funcional tal como el cliente espera. En otras palabras, el producto debe tener características de calidad reales. La garantía de calidad es casi como un contrato celebrado por el productor y el cliente. En este "contrato" se debe considerar la publicidad que se le está haciendo al producto. Las promesas exageradas no son aconsejables. La satisfacción del cliente dependerá también de la presentación en el catálogo, el contenido de folletos, la manera como el personal de ventas maneja el producto y suministra explicaciones al cliente, y el lenguaje que se escoja.

Cuando un comprador espera utilizar un artículo por largo tiempo, significa que el producto ha de venderse con la premisa de que su durabilidad será la necesaria. Pero si se llega a dañar inesperadamente, es preciso suministrar las piezas rápidamente a cualquier lugar del mundo. Siempre es necesario un servicio eficiente y competente después de la venta. Espero que las empresas adopten la política de "suministrar las piezas mientras se esté utilizando el producto". No conviene suspender el suministro de piezas cinco o diez años después de cesar la producción del artículo.

Para dar una verdadera garantía de calidad, los altos ejecutivos deberán fijar políticas firmes que abarquen las siguientes divisiones: investigación, planificación, diseño, manufactura, ventas y servicio. Estas políticas también deben llegar hasta los subcontratistas que suministran las piezas a la empresa, y hasta los diversos sistemas de distribución. No se podrá dar una garantía de calidad completa si no participan todos, incluyendo todos los empleados, subcontratistas o distribuidores. La Toyota Motors tiene un buen movimiento que sigue el lema siguiente: "Aquí en la Toyota todos garantizamos la calidad".

III. PRINCIPIOS DE LA GARANTIA DE CALIDAD

La responsabilidad por la garantía de calidad incumbe al fabricante. Este debe satisfacer a sus clientes con la calidad de los artículos que produce. Si el artículo se fabrica mediante un esfuerzo conjunto, la responsabilidad por la garantía recae sobre el proveedor.

Dentro de una empresa, la responsabilidad por la garantía de calidad corresponde a las divisiones de diseño y manufactura, y no a la de inspección. Esta última simplemente inspecciona los productos desde el punto de vista de los clientes, pero no asume la responsabilidad por la garantía de calidad.

IV. ADELANTOS EN LOS METODOS DE GARANTIA DE CALIDAD

Históricamente, la garantía de calidad japonesa cumplió las siguientes etapas:

1. Garantía de calidad orientada hacia la inspección.
2. Garantía de calidad orientada hacia el proceso.
3. Garantía de calidad con énfasis en el desarrollo de nuevos productos.

Garantía de calidad orientada hacia la inspección

Históricamente, la garantía de calidad comenzó haciendo buena inspección. Como dijimos antes, esta modalidad se abandonó pronto en el Japón, pero en Occidente muchos siguen pensando que inspección equivale a garantía de calidad. Creo que esto se debe a la suposición básica de que el hombre es malo por naturaleza. Nadie sabe qué estarán haciendo allá en la división de manufactura, de modo que es preciso supervisarla muy estrictamente. Para hacerlo, la división de inspección se independiza y aumenta su autoridad. En resumen, el énfasis básico es fortalecer la inspección para dar la garantía de calidad. En Occidente, pues, la proporción de inspectores a trabajadores de línea es muy alta. En el Japón la proporción suele ser alrededor del cinco por ciento, y en algunas empresas apenas llega al uno por ciento; pero en Occidente no es raro ver un índice del quince por ciento.

Durante el período en que se hacía énfasis principalmente en la inspección, el CC correspondía a la división de control de calidad o de inspección. Esto ocasionó varios problemas, que traen a la mente algunos puntos interesantes.

Lo primero es que los inspectores son personal innecesario que reducen la productividad global de la empresa. No fabrican nada. La inspección es necesaria solo porque existen defectos y artículos defectuosos. Si éstos desaparecieran, los inspectores serían innecesarios.

Lo segundo es que en el Japón de la posguerra el CC se ha promovido con la idea de que la responsabilidad por la garantía de calidad incumbe a los productores. Sobra decir que este concepto beneficia a los consumidores; pero el CC se ha extendido a los subcontratistas y a los fabricantes que trabajan en cooperación. Las piezas y los materiales subcontratados deberán tener su garantía de calidad de los proveedores (en este caso productores). Los compradores (por ejemplo ensambladores y usuarios) inspeccionan en el momento de comprar, solamente si dudan de la confiabilidad del proveedor. Si éste es confiable en materia de calidad, la compra puede efectuarse sin inspección. Este es el llamado sistema de compra garantizada.

Ahora apliquemos este concepto dentro de una empresa. El productor, o sea la división de manufactura, asume la responsabilidad por la garantía de calidad; la división de inspección no asume esa responsabilidad. La función de esta última es verificar los productos desde el punto de vista de los consumidores o de los gerentes de la empresa.

Nosotros seguimos la doctrina de que el hombre es bueno por naturaleza y por tanto educamos bien a la división de manufactura; si esta división posee buena preparación y capacitación, controlará su propio proceso e inspeccionará sus propios productos antes de enviarlos al siguiente proceso. Esto garantiza la calidad.

Esta ha sido la base de nuestro control de calidad desde el final de la segunda guerra mundial.

El tercer punto se refiere a la retroinformación que va de la división de inspección a la de manufactura. Este proceso toma demasiado tiempo y los datos no se estratifican suficientemente por lotes. No siempre es fácil que la división de manufactura use estos datos para aplicar medidas temporales o prevenir la repetición de errores. Muchas veces, tales datos son simplemente inútiles. En cambio, si al trabajador de línea responsable por cierto producto se le asigna la tarea de autoinspección, la retroinformación es instantánea y permite tomar acción inmediatamente. Esta modalidad asegura una fuerte reducción en el número de artículos defectuosos.

El cuarto punto se refiere a la velocidad de producción. Cuando el ritmo se acelera, los trabajadores no pueden inspeccionar y habrá que considerar la inspección automatizada.

El quinto punto se refiere a la aplicación del método de muestreo estadístico. Este método puede indicar un nivel de calidad aceptable (la calidad más baja aceptable) como el uno por ciento o el 0.5 por ciento. Esto es insatisfactorio para empresas que buscan alta calidad, v.g. las que pretenden alcanzar una tasa de artículos defectuosos del 0.01 por ciento o las que buscan un control de ppm (partes por millón) con una tasa de defecto de una millonésima parte.

El sexto punto se refiere a los muchos artículos cuya calidad no se puede asegurar mediante inspección solamente. La calidad de muchos materiales y aparatos ensamblados se desconoce hasta que se utilicen. Cuando una empresa busca un control de ppm basado en una prueba de destructibilidad, efectuar una prueba de confiabilidad o una prueba rigurosa de desempeño resulta a menudo antieconómico e inadecuado para garantizar la calidad.

Por último, debemos señalar que la inspección realmente puede revelar la presencia de defectos, sin que el resultado final sea una verdadera garantía de calidad. Cuando se hallan defectos, la única acción que puede tomar el fabricante es efectuar ajustes, corregir el producto o desecharlo. En cualquier caso la productividad sufre y el costo aumenta. Además, los productos ajustados o corregidos son más propensos a dañarse, y esto es todo lo contrario de una garantía de calidad.

Mientras haya defectos, habrá que inspeccionar, en principio, todos los artículos. Puede inspeccionarse el despacho antes que el producto llegue a manos del consumidor, o durante el proceso fabril; o bien puede realizarse la autoinspección, o la inspección por parte de la división de inspección. Muchos países en desarrollo despachan sus productos sin imponer una inspección adecuada, sabiendo muy bien que en el despacho hay muchos artículos defectuosos. Es obvio que esos países se encuentran aún en la etapa anterior al control de calidad.

Garantía de calidad orientada hacia el proceso

Como dijimos antes, la garantía de calidad que depende de la inspección crea varios problemas. Por sus desventajas, nosotros abandonamos ese enfoque en 1949, poco después de iniciar el CC en el Japón. En su lugar adoptamos una garantía de calidad que hacía hincapié en el control de procesos. Estudiamos las capacidades de todos los procesos y aseguramos que cada uno de nuestros productos cumpliera las normas de calidad mediante el control del proceso fabril.

En el CC decimos que "la calidad debe incorporarse dentro de cada proceso". Este dicho nació cuando deliberábamos acerca de las diversas facetas del control de calidad.

Una vez adoptada la modalidad que hacía hincapié en el control de procesos, no podíamos seguir dependiendo exclusivamente de las divisiones de inspección y de CC para cumplir la garantía de calidad. Todos tenían que participar. Esto significaba que además de la división de inspección, tenían que trabajar concertadamente las divisiones de compras, ingeniería de producción, manufactura y mercadeo, cumpliendo así sus obligaciones respectivas de CC. También significaba que todos los empleados, desde los altos ejecutivos hasta los trabajadores de línea, tenían que participar. En otras palabras, tenían que actuar todas las divisiones y todos los empleados.

Sin embargo, comprendimos que el control de procesos tiene sus límites y que no podíamos dar una garantía de calidad mediante el control de procesos únicamente, pues tal control no podía ocuparse de los siguientes aspectos: utilidad de los productos en manos de los consumidores, en diversas condiciones y con diferentes métodos de uso; mal uso por parte de los consumidores; garantía de calidad en emergencias; y problemas de confiabilidad en un sentido más amplio. Podría haber problemas en el proceso de diseño o desarrollo, que no se resolverían en la división de manufactura o inspección; y por mucho que se esforzara una división en el control de procesos, nada lograría si la selección de materiales era errada.

Por tanto, si bien el control de procesos sigue siendo importante y debe continuar, hemos descubierto que es indispensable tener una garantía de calidad que comience en la etapa de desarrollo de nuevos productos.

Garantía de calidad con énfasis en el desarrollo de nuevos productos

Hacia finales de los años 50, el Japón empezó su garantía de calidad con énfasis en el desarrollo de nuevos productos. En cada paso del camino, desde la planificación de nuevos productos hasta los servicios después de la venta, se haría una evaluación cuidadosa y se aseguraría la calidad. Los pasos incluían: planificación de nuevos productos, diseño, manufactura de ensayo, pruebas, subcontratación, compras, preparación para la producción, diseño para la producción masiva, ensayos de fabricación masiva, manufactura, mercadeo, servicio después de la venta, y administración durante la transición desde la producción inicial hasta la normal. Antes de entrar en la etapa de manufactura se efectuaba un adecuado análisis de calidad, incluyendo pruebas de confiabilidad en diversas condiciones. Así, la garantía de calidad y de confiabilidad se incorporaron dentro de todo el proceso.

Esta experiencia dio origen al dicho de que "la calidad debe incorporarse dentro de cada diseño y cada proceso".

Hoy muchos productos japoneses se cuentan entre los de mejor calidad en el mundo. Esto es posible gracias a los estrictos programas de garantía de calidad instituidos mientras los productos están en la etapa de desarrollo.

Doy gran importancia al concepto de garantía de calidad en el desarrollo de nuevos productos, por tres razones:

1. Si no se efectúa una buena garantía de calidad durante la etapa de desarrollo de un nuevo producto, la garantía que se logre no podrá ser adecuada.

2. Si una compañía fracasa en el desarrollo de un nuevo producto, es una compañía en peligro de quiebra. El desarrollo de nuevos productos debe ser el asunto de mayor interés para la empresa.

3. Si se efectúa la garantía de calidad en el desarrollo de nuevos productos, todas las divisiones de la empresa podrán efectuar el control y garantía de calidad. Entre las divisiones que pueden intervenir están las de investigación, planificación, diseño, manufactura de prueba, compras, subcontratación, ingeniería de producción, manufactura, inspección, mercadeo y servicio después de la venta. El CC que se aprende solo en la mente es prácticamente inútil. La teoría y la práctica deben ir de la mano desde las primeras etapas del desarrollo de nuevos productos. Como dicen los chinos: "Para conocer la realidad hay que buscarla y actuar de acuerdo con ella".

Teniendo en mente estos puntos, cada vez que alguien solicita mi ayuda para introducir un programa de control total de calidad en una empresa, escojo como caso de estudio algún proyecto de desarrollo de un nuevo producto que tenga muchos problemas. Este sistema ha mostrado su utilidad en las últimas dos décadas.

A este nivel, se hace esencial la participación plena en el control y la garantía de calidad, comenzando con los que hacen planificación e investigación de mercados y terminando con los empleados que se encargan de ventas y servicio a los compradores. Cada individuo y cada división de la compañía tiene que participar.

La garantía de calidad con énfasis en el desarrollo de nuevos productos ha tenido éxito. Ha llevado a la adopción del control total de calidad, que ha sido una buena herramienta para rectificar las distorsiones que de otra manera pudieran existir en la sociedad japonesa. Ha sido necesario tejer la trama dentro de la sociedad japonesa vertical, y esa función la ha cumplido el CTC.

Antes de seguir adelante, debo aclarar que mi concepto del control de calidad no niega toda la importancia de la inspección. Pero debe entenderse que por muy cuidadosamente que se inspeccionen los productos, siempre se pasará algo por alto y se despacharán algunas piezas defectuosas. Es antieconómico depender de la inspección, y por eso cada vez se está dando más importancia al control de procesos. No quiero decir que al actual nivel de producción la inspección sea innecesaria. Por el contrario, últimamente se ha presionado a favor de revaluar la importancia de la inspección. Esta ha sido una reacción directa frente al problema de responsabilidad por los productos, y es necesario reunir datos al respecto.

Básicamente, siempre que un proceso genere artículos defectuosos, y si la inspección es posible, todos los artículos deben inspeccionarse antes de despacharlos. El hecho mismo de inspeccionar todos los artículos no significa, desde luego, que la garantía de calidad sea completa.

De igual manera, por muy bien que progrese la garantía de calidad en el desarrollo de nuevos productos, la empresa tendrá que seguir ejerciendo un control cuidadoso sobre los procesos.

V. COMO MANEJAR LAS QUEJAS POR ENTREGA DE PRODUCTOS DEFECTUOSOS

Los artículos de mala calidad pueden producirse o despacharse de varias maneras. En esta sección trataremos del descubrimiento de defectos una vez que los artículos han llegado a manos del consumidor. En otras palabras, ¿qué medidas de garantía de calidad se pueden tomar ante una queja o una manifestación de disgusto por parte de un consumidor?

Pero hay otro punto aún más importante. Es el problema de las quejas justificadas que no llegan oportunamente a la persona indicada. ¿Cómo sucede esto?

La primera razón es que los consumidores no suelen quejarse. Tal vez se quejen si encuentran una falla en un artículo costoso, como un automóvil, mas para la mayoría de los artículos no dicen nada. En otras palabras, sus quejas son latentes u ocultas, y cuando vuelven a comprar un producto similar, simplemente optan por otra marca.

Nosotros creemos que si mejoramos los productos de acuerdo con las quejas recibidas, los consumidores seguirán comprando. De allí la gran importancia de la información sobre quejas. Como vemos en el diagrama IV-1, la empresa debe actuar positivamente para convertir las quejas potenciales en quejas reales. Debe animar a los consumidores para que se quejen, quizá utilizando una frase llamativa como ésta: "Aceptar un mal producto sin quejarse no es nada bueno". Nosotros creamos esta frase hace más de 20 años y ha sido bien recibida. Muchas personas consideran que los fabricantes son enemigos de los consumidores. Esto no es cierto. Desde que empezamos a promover el CC hemos adoptado la posición de que unos y otros deben trabajar juntos para mejorar los productos japoneses. Los fabricantes hacen lo posible por efectuar el CC, pero siempre hay errores humanos. Por tanto, les pedimos a los consumidores que no sean dóciles sino que digan lo que piensan, como una manera de ayudar a los fabricantes a crear productos de mejor calidad.

La segunda razón es que determinada información sobre quejas que se recibe de los consumidores y usuarios, desaparece en alguna parte y nunca llega a la compañía o proceso que produjo el artículo. Por ejemplo, una empresa mantiene una división de ventas en la sede. Si esta división, que recibe las quejas, no las comunica a las divisiones de garantía de calidad, manufactura y diseño, la información desaparecerá. Las empresas tienen que establecer un medio seguro de dar retroinformación en materia de quejas de los clientes.

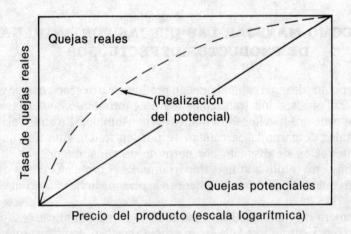

Quejas reales y potenciales

DIAGRAMA IV-1

Algunos gerentes y empleados de mercadeo chapados a la antigua, a menudo ocultan las quejas en un intento por barrer los problemas debajo del tapete. En este caso las quejas reales de los clientes se convierten en quejas potenciales dentro de la empresa. Normalmente, en las empresas sin buenos programas de CC las quejas potenciales son diez veces más que las reales. Estas últimas, pues, son apenas la punta del iceberg.

El primer paso en el CC es convertir las quejas potenciales en reales. Hay que reunir información sobre las quejas y hacer que se conozca públicamente. Las compañías que nunca han hecho CC encuentran que al iniciar éste, el número de quejas aumenta casi de la noche a la mañana. Esto es natural. Conciente o inconcientemente, las personas dejarán salir a la superficie repentinamente cosas que han tenido ocultas. Cuando se da comienzo a un programa de CC es inevitable que aumente el número de quejas. Esto es señal clara de su eficacia. Si sucede en la empresa, se deben tomar las siguientes medidas para manejar el aumento de quejas. Se encontrará que a medida que la calidad mejore, el número de quejas disminuirá sustancialmente.

Rapidez y buena voluntad: cambio por productos buenos

La empresa debe estar decidida a resolver los problemas con rapidez y buena voluntad, y buscar que se disipe el disgusto del consumidor.

Esto significa que de inmediato la compañía debe cambiar el producto defectuoso por otro bueno. Pero no se debe pensar que con esta acción el asunto queda clausurado. Como veremos luego, es necesario tomar medidas para impedir que el problema se repita, y asegurarse de que no vuelvan a llegar productos defectuosos a manos de los consumidores. Por esta razón, el producto defectuoso debe recuperarse siempre a fin de establecer las causas de su mal funcionamiento y la realidad subyacente en la queja.

Además, de inmediato se deben investigar productos de la misma clase que estén ya en el mercado, a fin de establecer si adolecen de los mismos defectos. Si hay artículos defectuosos en el mercado, y especialmente si los defectos son críticos y amenazan la vida y seguridad, es preciso recogerlos todos y cambiarlos por otros buenos. Esta es la responsabilidad del fabricante que cumple la tarea de garantía de calidad.

Determinación del período de garantía

Es preciso dejar en claro que dentro de cierto plazo de meses u horas después de vendido o despachado un producto, la empresa se comprometerá a repararlo sin costo. Esto no significa que cuanto más largo sea el período, mejor. Las personas que desconocen el CC dirán que el período de garantía o de servicio gratuito debe prolongarse. Empero, tal extensión puede llegar a ser injusta para los clientes. Por ejemplo, la mayoría de las mujeres solo usan su máquina de coser unas cincuenta o sesenta horas en toda su vida. Por tanto, las máquinas nunca se dañan. Otras mujeres cosen por negocio y utilizan la máquina entre dos y tres mil horas. Es natural entonces que ésta se desgaste y se dañe. Los fabricantes normalmente ofrecen servicio de reparación gratuita, lo cual significa que el precio de la reparación ya está incluido en el de venta. Esto beneficia a las personas que cosen por negocio, pero no a las demás.

Me parece que el cliente debe tener el derecho de escoger si desea o no que el costo de reparación se incluya dentro del precio de compra. Por ejemplo, cierta máquina se vendería por 100 000 dólares si no incluye servicio gratuito; costaría 120 000 dólares si tiene tres años de servicio gratuito; y 150 000 dólares si se garantiza servicio gratuito por todo el tiempo que el cliente tenga la máquina. El servicio después de la venta debe considerarse como un contrato entre el cliente y el fabricante. El caso resultará más claro si señalamos que no puede haber un mismo acuerdo de mantenimiento gratuito para taxis y para automóviles de turismo.

Pago de indemnización por contrato

Toda disposición necesaria relativa a indemnizaciones deberá estipularse claramente a la firma del contrato.

Puestos de servicio

Para bienes duraderos que se pueden usar durante unos cinco a diez años, el fabricante debe asumir la responsabilidad por el mantenimiento preventivo y el suministro de piezas, a fin de que la capacidad del producto no decaiga y que haya reparación segura en caso de un daño. La práctica japonesa es formar una red de puestos de servicio en todo el mundo y dotarlos de técnicos bien capacitados. Los fabricantes norteamericanos de automóviles dejan el servicio en manos de los talleres y otros establecimientos independientes. Por tanto, no brindan un servicio adecuado a sus clientes.

Manual del propietario y lista de verificación

El mal uso, así como los métodos de utilización errados y las revisiones periódicas inadecuadas son factores que causan defectos o daños en un producto. Por tanto, todo producto vendido, especialmente si es duradero, debe llevar instrucciones de uso e instrucciones acerca de las revisiones periódicas. Esta es una responsabilidad obvia del fabricante. Los textos deben redactarse de manera comprensible y útil para el no especialista. Escójase un lenguaje comprensible para un niño de quinto año de elemental. La redacción tiene que ser sencilla y clara.

Suministro de piezas por largo tiempo

Los bienes duraderos pueden utilizarse cinco, diez o aun treinta años o más. Mientras haya clientes que los sigan utilizando, los fabricantes están en la obligación de suministrar piezas de repuestos. En el caso de ciertas máquinas eléctricas, el gobierno decreta que las piezas deberán suministrarse por un período determinado; pero los fabricantes deben suministrar piezas por un tiempo bastante mayor, a fin de ganarse la confianza de los consumidores.

VI. COMO EVITAR QUE LOS ERRORES SE REPITAN

Lo más importante en el control y la garantía de calidad es impedir que los errores se repitan. El Dr. Deming habló de un ciclo de calidad que va de diseño a producción, de producción a ventas, de ventas a investigación de mercado, y luego de investigación de mercado nuevamente a diseño. Es un proceso continuo de diseñar y rediseñar, que mejora el nivel de calidad previniendo la repetición de errores. A veces el público y los medios de comunicación aseguran que determinado error no se repetirá o que se ha impedido su repetición mediante un CC efectuado sin tales esfuerzos continuos. Tales afirmaciones son de dudar, pues representan la aplicación de medidas temporales pero no de curaciones permanentes. Es fácil decir que el error no volverá a repetirse, pero las buenas intenciones tienen que ir acompañadas de un estudio cuidadoso, seguido de acciones apropiadas basadas en dicho estudio. Sin tal esfuerzo no se puede impedir la repetición de errores ni poner freno a los errores del pasado.

Los tres pasos siguientes suelen considerarse como medidas para impedir la repetición de errores:

A. Eliminar el síntoma.

B. Eliminar una causa.

C. Eliminar la causa fundamental.

En realidad, solamente las medidas B y C impiden la repetición de errores; pero si no se toma el paso C, no puede haber verdadera prevención. En cuanto a la medida A, es solo temporal.

Explicaré lo anterior citando un caso de mi propia experiencia, ilustrado en el diagrama IV-2. Cierto dispositivo iba unido a una máquina por medio de cuatro pernos. Se recibió la queja de que el perno número uno solía rom-

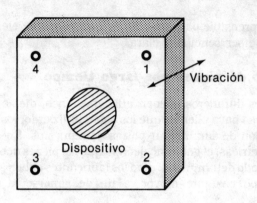

DIAGRAMA IV-2

perse, de modo que se cambió por uno más grande. Luego se rompió el número dos. Entonces se decidió que los cuatro pernos deberían ser más grandes. Parecía que el problema estaba resuelto, pero no fue así. La siguiente queja era que una placa de hierro que portaba el dispositivo, se partía en dos, de modo que se cambió por otra más gruesa. Entonces la empresa anunció que había logrado impedir la repetición del problema.

La empresa sí logró eliminar los fenómenos de ruptura de los pernos y de la placa (ejemplos de A, atrás), pero se limitó a aplicar medidas de emergencia. No había prevenido las repeticiones del error.

Resolvimos estudiar el problema más a fondo. Descubrimos que la vibración llegaba hasta el dispositivo y causaba los fenómenos de ruptura. Sin eliminar la causa (la vibración), la empresa había utilizado pernos más grandes y placas de hierro más gruesas. Algún día, la vibración afectaría el dispositivo mismo y lo dañaría. La única medida de verdadera prevención, según se indica en B, atrás, era eliminar la vibración. Aplicar una medida temporal equivale apenas a aplicar un ungüento en un salpullido. El ungüento puede mitigar el malestar del paciente, mas el salpullido aparecerá en otras partes del cuerpo. Esto es porque no se ha eliminado la causa. Si el estado del paciente no cambia, es posible que el salpullido no desaparezca nunca.

Supongamos ahora que se elimina la vibración. ¿Significa esto que se ha cumplido la medida C? No, no significa que se haya eliminado la causa fundamental. ¿Por qué la empresa no detectó la vibración cuando probó el artículo en la etapa de desarrollo? Aunque la vibración se eliminara en una etapa posterior, esto no impediría la repetición del problema, porque puede surgir un error similar en el desarrollo de otro nuevo producto. Es obvio que en el desarrollo de esta máquina se hicieron varias pruebas. ¿Por qué los operarios no pudieron prever la vibración? Evidentemente, las pruebas fueron inadecuadas.

La compañía deberá reexaminar su procedimiento de prueba y desarrollar uno nuevo capaz de indicar la presencia de vibraciones que podrían romper los pernos. La única manera de impedir que se repitan los problemas es volver a los fundamentos y reexaminarlo todo paso a paso. Es indispensable remontarse hasta el desarrollo de los procedimientos de prueba y sus modificaciones durante las primeras etapas del desarrollo del producto. Esta es la única manera de eliminar la causa fundamental que aparece atrás en C.

Hablando en términos más generales, la eliminación de la causa fundamental guarda relación directa con las mejoras en la administración y en las normas importantes.

Por ejemplo, la calidad no mejora si la empresa solamente se interesa en las funciones cumplidas por los trabajadores de línea. La calidad incumbe a todos, y la compañía deberá esforzarse por lograr mejor calidad en todas sus divisiones, desde diseño hasta ventas y servicio. También deberá procurar una mejor calidad de desempeño entre todos sus empleados, gerentes y trabajadores de línea, así como su personal de ventas. Si la compañía no toma estas medidas, no podrá seguir manufacturando buenos productos. Esta es la razón por la cual hemos insistido en el control total de calidad.

Otro tanto puede decirse del control de procesos. Cuando en cierta empresa las cosas se descontrolaron, los trabajadores analizaron la causa y descubrieron que se habían usado por error materiales que no correspondían al proceso. Se usaron entonces los materiales correctos y la empresa aseguró que así ya no se repetiría el problema. Sin embargo, esa es una medida temporal (paso 1) y no una medida preventiva de la repetición. La compañía ha debido analizar por qué se emplearon materiales inapropiados y ha debido tomar las medidas del caso; como no lo hizo, es probable que vuelva a emplear materiales inapropiados. Tal vez la solución sea hacer más legible la hoja en que figuran los materiales o cambiar el lugar de almacenamiento; pero hay que tomar estas medidas para asegurar que no se repitan los errores.

El siguiente paso es iniciar el proceso de razonamiento lateral, es decir, aplicar un razonamiento similar a una situación análoga que surja en otro sitio. Así, en relación con los demás materiales, ¿están almacenados en sus lugares correspondientes? ¿Están bien controlados? Si se asegura el uso correcto de los demás materiales, la compañía habrá dado el primer paso para eliminar las causas fundamentales, como se indica en el paso C. Reiterando, una medida temporal no es una medida preventiva. Es cierto que el error puede corregirse por el momento, pero esto no es una curación. Las personas que se dan por satisfechas con tal solución a medias son las que no quieren molestarse con la tarea más laboriosa, que es buscar los factores causales. Prefieren dejar las cosas como están, cuando sus débiles esfuerzos de análisis les fallan.

Hay quienes dicen que, "pasado el peligro, no hay de qué preocuparse". El evitar que se repitan los errores es tarea difícil. El enfoque que he esbozado es importante en el control y la garantía de calidad. Pienso que el mismo puede aplicarse no solo en el control de calidad sino también en otros fenómenos sociales. En la política y en la vida personal del individuo, es sensato prevenir que se repitan los errores. Es posible que esto tome tiempo, pero si se persiste y se aplica paso a paso, este enfoque hará mejorar el trabajo, la tecnología y la calidad de nuestra vida.

El control total
de calidad

El CC es responsabilidad de todos los empleados y de todas las divisiones.

El CTC es una actividad de grupo y no lo pueden hacer los individuos. Exige trabajo en equipo.

El CTC no fracasará si colaboran todos los miembros del equipo, desde el presidente hasta los trabajadores de línea y el personal de ventas.

En el CTC los gerentes de nivel medio serán tema frecuente de discusiones y críticas. Mejor estar preparados.

Las actividades de los círculos de CC son parte del CTC.

No confundir los objetivos con los medios empleados para alcanzarlos.

El CTC no es una droga milagrosa: sus propiedades recuerdan más las hierbas medicinales chinas.

I. ¿QUE ES EL CONTROL TOTAL DE CALIDAD?

Aunque empresas e individuos citen interpretaciones diferentes, el control total de calidad significa, en términos amplios, el control de la administración misma.

El concepto de "control total de calidad" fue originado por el Dr. Armand V. Feigenbaum, quien sirvió en los años 50 como gerente de control de calidad y gerente de operaciones fabriles y control de calidad en la sede de la General Electric en Nueva York. Su artículo sobre el control total de calidad se publicó en la revista *Industrial Quality Control* en mayo de 1957. Luego siguió un libro publicado en 1961 con el título de *Total Quality Control: Engineering and Management*.

Según Feigenbaum, el control total de calidad (CTC) puede definirse como "un sistema eficaz para integrar los esfuerzos en materia de desarrollo de calidad, mantenimiento de calidad y mejoramiento de calidad realizados por los diversos grupos en una organización, de modo que sea posible producir bienes y servicios a los niveles más económicos y que sean compatibles con la plena satisfacción de los clientes". El CTC exige la participación de todas las divisiones, incluyendo las de mercadeo, diseño, manufactura, inspección y despachos. Temiendo que la calidad, tarea de todos en una empresa, se convirtiera en tarea de nadie, Feigenbaum sugirió que el CTC estuviera respaldado por una función gerencial bien organizada, cuya única área de especialización fuera la calidad de los productos y cuya única área de operaciones fuera el control de calidad. Su profesionalismo occidental lo llevó a abogar porque el CTC estuviera en manos de especialistas.

La modalidad japonesa es diferente de la del Dr. Feigenbaum. Desde 1949 hemos insistido en que todas las divisiones y todos los empleados deben participar en el estudio y la promoción del CC. Nuestro movimiento jamás ha sido exclusividad de los especialistas en CC. Esto se ha manifestado en todas nuestras actividades, incluyendo el curso básico de CC para ingenieros, y los seminarios del Dr. Deming para gerentes altos y medios (1950), así como el curso para supervisores transmitido en 1956, y el fomento de los círculos de CC en 1962. Hemos promovido estas actividades bajo nombres diversos, como control de calidad integrado, control de calidad total, control de calidad con participación de todos, etc. De estas expresiones, la más utilizada ha sido "control total de calidad". Pero cuando se emplea esta expresión en el exterior, muchas personas creen que estamos imitando la modalidad del Dr. Feigenbaum, y no es así. Por esto he denominado nuestra modalidad, "control total de calidad al estilo japonés", pero esto resulta demasiado largo. En el simposio de CC realizado en 1968, acordamos utilizar el término "control de calidad en toda la empresa", para designar la modalidad japonesa.

El control de calidad con participación de todas las divisiones

¿Qué significa "control total de calidad" o "control de calidad en toda la empresa"? Esto significa sencillamente que todo individuo en cada división de la empresa deberá estudiar, practicar y participar en el control de calidad. Asignar especialistas de CC en cada división, como lo propuso Feigenbaum, no es suficiente. En el Japón, la relación de autoridad en línea vertical es demasiado fuerte para que los miembros del estado mayor como especialistas en CC tengan mucha voz en la operación de cada división. Para contrarrestar esta situación, hemos optado por educar a cada miembro de la división y dejar que cada persona aplique y promueva el CC. Nuestros cursos de CC están bien definidos, y hay cursos especiales para las diferentes divisiones. Por ejemplo, hay cursos de CC para las divisiones de mercadeo y de compras. Al fin y al cabo, "el CC empieza con educación y termina con educación".

Control de calidad con participación de todos los empleados

Nuestra propia definición del control de calidad en toda la empresa, ha sufrido ciertas modificaciones. En un principio, la participación total incluía únicamente al presidente de la empresa, los directores, los gerentes de nivel medio, el estado mayor, los supervisores, los trabajadores de línea y los vendedores. Pero en años recientes la definición se ha ampliado para abarcar a los subcontratistas, a los sistemas de distribución y a las compañías filiales (*keiretsu*). El sistema, desarrollado en el Japón, es diferente de lo que se está practicando en Occidente. En la China, el presidente Mao habló de la insuficiencia del control ejercido por medio de especialistas y abogó por un esfuerzo concentrado de obreros, especialistas y dirigentes. Esta modalidad se acerca más a la nuestra. Parece que en el Oriente hay cierta manera común de ver las cosas.

El control de calidad integrado

Al realizar el control de calidad integrado, es importante fomentar no solo el control de calidad, que es esencial, sino al mismo tiempo el control de costos (de utilidades y precios), el control de cantidades (volumen de producción, ventas y existencias) y el control de fechas de entrega. Este método se basa en la suposición fundamental del CC, de que el fabricante debe desarrollar, producir y vender artículos que satisfagan las necesidades de los consumidores. Si no se conoce el costo, no se pueden hacer diseños ni planificación de calidad. Si el control de costos se maneja estrictamente, se sabrá qué utilidades pueden derivarse de la eliminación de ciertos problemas. De esta manera, los efectos del CC son fáciles de prever.

En cuanto a cantidades, si éstas no se conocen con exactitud, se desconocerá la tasa de defectos y la de correcciones, y el CC no progresará. Inversamente, si no se promueve el CC activamente y si no se determinan la normalización, el índice de rendimiento, el índice de operaciones y la carga de trabajo normalizados, no habrá manera de encontrar los costos normalizados y por tanto no se podrá efectuar ningún control de costos. De igual manera, si el porcentaje de defectos varía muy ampliamente y si hay muchos lotes rechazados, no se podrá hacer control de la producción ni de las fechas de entrega. En pocas palabras, la administración tiene que ser integrada. El CC, el control de costos (utilidades), y el control de cantidades (fechas de entrega) no pueden ser independientes. Nosotros realizamos el control de calidad integrado como núcleo de todos los esfuerzos, y por eso también denominamos el método como control de calidad integrado. Cuando cada división (diseño, compras, manufactura y mercadeo) cumple actividades de CC, hay que seguir siempre este enfoque integrado.

En Occidente, la definición de "control de calidad" siempre se ha referido a la calidad tanto de productos como de servicios. Por tanto, se ha hecho CC en tiendas de departamentos, en líneas aéreas y en bancos. Esto es conveniente. En el Japón, traduciendo el término "control de calidad" como *hinshitsu kanri* con el término *hin* que significa "productos", sin quererlo hemos creado el control de calidad principalmente para nuestro sector fabril. En las tres últimas décadas el Japón ha hecho hincapié en la calidad de los productos, en su fabricación a bajo costo y en su exportación, y esto ha conducido a un mayor nivel de vida en el Japón. En retrospectiva, fue conveniente incluir el término *hin* (productos) dentro de la palabra que designa calidad.

Sin embargo, quiero aclarar que el término calidad significa calidad y que se extiende a la calidad del trabajo en las oficinas, en las industrias de servicios y en el sector financiero.

Para expresar este concepto suelo valerme de un diagrama (ver diagrama V-1). La esencia del CTC está en el círculo central, que contiene la garantía de calidad definida en su acepción más estrecha: hacer un buen CC de los nuevos productos de la empresa. En la industria de servicios, donde no se fabrican artículos, garantía de calidad significa asegurar la calidad de los servicios prestados. En el desarrollo de un nuevo servicio, v.g. nuevas cuentas corrientes o nuevos contratos de seguros, es preciso asegurar la calidad.

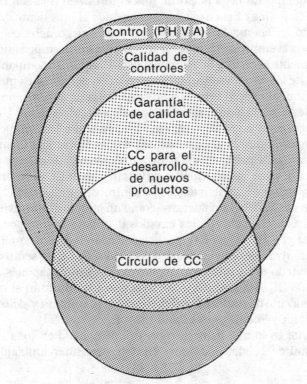

Control de calidad en toda la empresa

DIAGRAMA V-1

Una vez aclarado el significado de CC y de la buena calidad y los buenos servicios, entra en juego el segundo círculo. Este representa el control de calidad definido más ampliamente, para incluir las cuestiones de cómo efectuar buenas actividades de ventas, cómo mejorar a los vendedores, cómo hacer más eficiente el trabajo de oficina, y cómo tratar a los subcontratistas.

Si ampliamos el significado aun más, se formará el tercer círculo. Este hace hincapié en el control de todas las fases del trabajo. Utiliza el círculo PHVA (planear, hacer, verificar, actuar), haciendo girar su rueda una y otra vez para impedir que los defectos se repitan en todos los niveles. Este trabajo corresponde a toda la compañía, a cada división y a cada función. También los individuos deberán participar activamente.

El CC japonés ha sido afortunado en que históricamente, una vez mejorada la calidad, el control se ha realizado eficazmente girando la rueda del círculo PHVA. Esto ha contribuido a prevenir la repetición de errores.

¿Hasta qué punto llega el CC de una empresa en relación con los tres círculos del diagrama? Esta decisión corresponde al presidente de la compañía, tomando en cuenta la naturaleza de ésta. Luego debe comunicar su decisión a toda la empresa. De lo contrario, las personas empezarán a discutir innecesariamente acerca de la definición del CC. Algunas compañías japonesas se valen de los círculos segundo y tercero con definiciones más amplias. Otras se limitan al círculo central, con la garantía de calidad como esencia, aunque a menudo afirman que su control de calidad es total. Una palabra de advertencia para aquellas empresas que emplean las definiciones más amplias. Hagan lo que hagan, no deben olvidar la esencia misma del CC, que es la garantía de calidad y el CC para el desarrollo de nuevos productos.

Dicho sea de paso, las actividades de los círculos de CC deberán realizarse siempre como parte de las actividades de control de calidad en toda la empresa. El círculo de CC debe considerarse como un círculo que atraviesa a todos los demás. Las actividades de los círculos de CC no bastan por sí mismas para efectuar el CTC. Si no hay participación de la gerencia alta y media y del estado mayor, las actividades de los círculos de CC no serán duraderas. Empresas de todo el mundo están siguiendo el ejemplo japonés al instituir actividades de CC. Temo que en muchos casos no durarán si no se toma en serio el concepto de control de calidad en toda la empresa y si no participan la gerencia alta y media y el estado mayor.

Lo anterior es lo que llamamos control de calidad en toda la empresa o control total de calidad. Los dos términos son intercambiables.

II. VENTAJAS DEL CONTROL TOTAL DE CALIDAD

¿Por qué deciden las empresas instituir el CTC? He dado mis respuestas en la revista *Engineers* (abril de 1980), en un informe titulado "Management Ideals of Companies Receiving the Deming Prize". Las empresas que han recibido el premio Deming de aplicación están todas a la vanguardia del control total de calidad en el Japón. A continuación transcribo un resumen de mi informe, en que se esbozan las razones por las cuales estas empresas decidieron adoptar el CTC:

- Para que nuestra compañía esté a prueba de las recesiones, con verdaderas capacidades tecnológicas y de ventas (Ricoh Co., Ltd., ganadora del premio en 1975).
- Para asegurar utilidades destinadas al beneficio de nuestros empleados, y para asegurar la calidad, cantidad y costo a fin de ganar la confianza de nuestros clientes (Riken Forge Co., Ltd., 1975).
- Para incorporar la calidad dentro de productos que satisfagan siempre a nuestros clientes. Como manera de hacerlo, realizamos el CC con

(1) participación plena de los empleados, (2) énfasis en la solución de problemas que contribuya a las utilidades, y (3) aplicación de modalidades y métodos estadísticos (Tokai Chemical Industries, Ltd., 1975).

- Para establecer una empresa cuya salud y carácter corporativos permitan un crecimiento sostenido, combinando las energías creativas de todos los empleados, y con la meta de alcanzar la mejor calidad del mundo. Para desarrollar los productos más modernos y mejorar nuestro sistema de asegurar la calidad (Pentel Co., Ltd., 1976).

- Para crear un lugar de trabajo agradable y mostrar respeto por la humanidad mediante los círculos de CC con participación de todos los miembros. Para suministrar en el Japón y en el exterior transmisiones automáticas de calidad impecable, superior a las normas internacionales pero a menor costo, y que tomen en cuenta plenamente los requisitos de clientes y usuarios. Para alcanzar la prosperidad de la empresa mediante las mejoras en el control administrativo, y contribuir así al bienestar de la sociedad regional (Aisin-Warner Limited, 1977).

- Para mejorar la salud y el carácter corporativos de nuestra empresa, para mejorar la calidad de nuestros productos y para incrementar nuestras utilidades (Takenaka Komuten Co., Ltd., 1979).

- Para establecer una empresa cuya salud y carácter corporativos sean competitivos y viables dentro de cualquier cambio en el medio comercial (Sekisui Chemical Co., Ltd., 1979).

- Para alcanzar las siguientes metas: (a) Asegurar el desarrollo del control de calidad. Para poner en práctica oportunamente las metas relacionadas con los productos, de acuerdo con las políticas de la empresa, es preciso combinar y organizar los esfuerzos de todos los empleados; (b) Fortalecer el control. Todos los colaboradores tienen que poner en práctica lo que han aprendido sobre los métodos y aspectos del control de calidad y lograr mejoras en la calidad del control en cada aspecto de las actividades empresariales; y (c) Cuidar los recursos humanos. Para mostrar respeto por cada empleado como individuo, la empresa debe crear un lugar de trabajo digno del esfuerzo de todos, mediante el desarrollo y aprovechamiento de los recursos humanos y mediante el trabajo en equipo (Kyushu Nippon Electric, 1979).

No podemos dar más ejemplos por falta de espacio. En general, las empresas que han recibido el premio Deming, incluyendo aquéllas no mencionadas en lo anterior, tienen los siguientes propósitos en común:

1. Mejorar la salud y el carácter corporativos de la empresa: casi todas las compañías toman este punto con mucha seriedad. El Japón ha entrado en un período de crecimiento económico sostenido pero menos acelerado. Muchas empresas, pues, consideran que deben comenzar desde el principio y utilizar el CTC para fortalecer su salud y carácter corporativos. Algunas fijan metas específicas mientras que otras no las articu-

lan. Como he dicho con frecuencia, el CC no consiste en dar pautas. Los empleados no podrán actuar si solo reciben instrucciones abstractas. La alta gerencia debe exponer sus metas claramente, señalando qué parte del carácter de la empresa requiere modificación y qué aspecto debe mejorarse.

2. Combinar los esfuerzos de todos los empleados, logrando la participación de todos y estableciendo un sistema cooperativo. Como se dijo en el capítulo 2, el control por medio de especialistas no funciona en el Japón. Es necesario que todos los empleados y todas las divisiones participen activamente uniendo sus esfuerzos.

3. Establecer el sistema de garantía de calidad y ganar la confianza de clientes y consumidores. Siendo la garantía de calidad la esencia misma del CC, la mayoría de las empresas anuncian que esa garantía es su meta o ideal. La diferencia entre el CC moderno y la gerencia al estilo antiguo es que aquél no busca utilidades a corto plazo, sino que su meta principal es ''la calidad primero''. Manteniendo una buena garantía de calidad, se puede ganar la confianza de los clientes, y esto a la larga generará utilidades.

4. Alcanzar la mejor calidad del mundo y desarrollar nuevos productos. Como corolario, muchas empresas hablan del desarrollo de la creatividad o de la generación de tecnología y su mejoramiento. El Japón es un país de escasos recursos. Para sobrevivir en la competencia internacional tiene que desarrollar productos confiables y de la mejor calidad en un tiempo corto.

5. Establecer un sistema administrativo que asegure utilidades en momentos de crecimiento lento y que pueda afrontar diversas dificultades. Después de las dos crisis del petróleo, muchas empresas japonesas adoptaron nuevos enfoques. Estos incluían ahorrar recursos y energía, eliminar la financiación de deudas y apretar el cinturón en la administración. Para estas empresas la adopción del CC trae resultados muy convenientes. No hay que hacer el CC solo en apariencia, sino considerar que éste es nuestro aliado para ganar dinero. Si el CC se hace bien, siempre asegurará utilidades.

6. Mostrar respeto por la humanidad, cuidar los recursos humanos, considerar la felicidad de los empleados, suministrar lugares de trabajo agradables y pasar la antorcha a la siguiente generación. Una empresa no es mejor ni peor que sus empleados, y todas las metas aquí citadas pueden lograrse mediante actividades de CC en el lugar de trabajo, donde ha de prevalecer el respeto por la humanidad. En cuanto a los gerentes intermedios y el estado mayor, deléguese en ellos toda la autoridad que se pueda y permítase que se conviertan en verdaderos ''gerentes''. La idoneidad demostrada en las actividades de círculos de CC, abre el camino para desempeñarse bien en otras funciones administrativas.

7. Utilización de técnicas de CC. Algunas personas se sienten hipnotizadas por el término ''control de calidad'' y no aprovechan plenamente los

métodos estadísticos. Esto es un error. Los métodos estadísticos son la base del CC y es necesario que las personas en las divisiones apropiadas los dominen y utilicen, trátese de técnicas avanzadas o de las siete herramientas sencillas del CC.

Esos siete puntos son las metas y realizaciones de aquellas empresas que se comprometieron con el control total de calidad y que aceptaron el reto de inscribirse para el premio Deming de aplicación. No puedo estar seguro de que todas hayan alcanzado el cien por ciento de las metas que se fijaron (la calificación mínima aceptable para el premio es 70 de un total de 100), pero confío en que estas empresas sí alcanzaron el 70 por ciento de sus metas.

III. ¿QUE ES LA GERENCIA?

Metas de la gerencia

Mi concepto de la gerencia es el siguiente (ver tabla V-1).

1. *Personas*

En la administración, el interés primordial de la empresa debe ser la felicidad de las personas. Si las personas no están contentas y no pueden encontrar felicidad, la empresa no merece existir.

La primera medida es que los empleados reciban un ingreso adecuado. Hay que respetarlos como seres humanos y darles la oportunidad de disfrutar en su trabajo y llevar una vida feliz. El término "empleados" utilizado aquí incluye a los empleados de los subcontratistas y de las entidades de ventas y servicio afiliadas.

Luego vienen los consumidores. Estos deben sentirse satisfechos y contentos cuando compran y utilizan los bienes y servicios de la empresa. Si un nuevo televisor se daña pronto o si un calentador eléctrico causa un incendio, entonces la empresa que lo vendió ha prestado un flaco servicio. Por otra parte, si en el momento de la compra el vendedor no trata al comprador con cortesía y no le explica en detalle cómo debe funcionar la mercancía, el cliente no estará satisfecho.

El bienestar de los accionistas también merece tenerse en cuenta. El Japón es una sociedad capitalista, y cada empresa debe ganar utilidades suficientes para repartir dividendos entre sus accionistas.

Las empresas comerciales existen en una sociedad con el fin de satisfacer a los miembros de ésta. Tal es su razón de ser y debe ser su meta principal. Ahora veremos cómo alcanzar esta meta.

TABLA V-1

OBJETIVOS Y TECNICAS DE LA GERENCIA			
Metas		Personas	
Técnicas	Calidad	Precio costo y utilidades	Cantidad Fecha de entrega
Física			
Química			
Ingeniería electrónica			
Ingeniería mecánica			
Ingeniería civil			
Arquitectura			
Metalurgia			
Matemáticas			
Métodos estadísticos			
Computadores			
Control automático			
Ingeniería de producción			
Ingeniería industrial			
Estudio de tiempos			
Estudio de movimientos			
Encuesta de mercado			
Investigación de operaciones			
Ingeniería de valores/análisis de valores			
Normalización			
Inspección			
Educación			
Control de materiales			
Control de equipos			
Control de mediciones			
Control de herramientas metalúrgicas			
....			

Hay tres medios básicos que nos permiten alcanzar esta meta primaria. Estos son: calidad, precio (incluyendo costo y utilidades) y cantidad (incluyendo plazos de entrega). Diremos que estas tres son nuestras metas secundarias. El control de las tres debe considerarse como la meta de una empresa, proceso que llamaré control por metas.

2. Calidad

He hablado de la calidad constantemente. Los productos defectuosos no solo perjudican al consumidor sino que reducen las ventas. Si una empresa manufactura demasiados productos que no puede vender, estará desperdiciando materias primas y energía, y esto también será una pérdida para la sociedad. La empresa debe suministrar productos de la calidad que el consumidor exija. Los requisitos de los consumidores suelen elevarse año tras año a medida que la sociedad progresa. Lo que servía el año pasado no será adecuado al año siguiente. El CC en su definición estrecha significa controlar cuidadosamente el suministro de productos de calidad que tengan buenos puntos de venta.

3. Precio, costo y utilidades

Todo se relaciona con el dinero. Por bajo que sea el precio de un artículo, si su calidad es mala, nadie lo comprará. De igual manera, por alta que sea la calidad, nadie comprará un artículo si su precio es excesivo. La exigencia principal del consumidor es calidad justa a precio justo.

Se ha dicho que en una sociedad capitalista la meta de una empresa es ganar utilidades. Por otra parte, hay quienes dicen que ganar utilidades es pecado. Las dos afirmaciones representan los extremos y ambas están erradas. Si no hay utilidades no puede haber desarrollo de nuevos productos y de nueva tecnología. Tampoco puede haber inversión en la modernización de equipos. Sin utilidades no se pueden pagar sueldos y la empresa no tendrá buenos empleados. Al final la empresa quedará en la quiebra, con perjuicio de la sociedad a la cual se supone que debe servir.

Las utilidades son un medio para mantener a la empresa con vida. Una compañía sin utilidades no podrá pagar los impuestos que le corresponden ni cumplir sus obligaciones sociales.

Para aumentar las utilidades es preciso implantar un buen control de costos. Primero, tiene que haber un plan de costos. En la etapa de desarrollo de un nuevo producto, la rueda del círculo PHVA deberá girar en la dirección correcta.

En general, si el CC se realiza bien, la tasa de defectos bajará y disminuirá el desperdicio de materiales y tiempo. Esto hará aumentar la productividad y como resultado reducirá los costos. Este proceso permite suministrar productos a los consumidores a precios justos. Dicho sea de paso, el precio de un artículo no lo determina el costo sino el valor de la verdadera calidad.

4. Cantidad y plazo de entrega

La compañía deberá manufacturar productos en las cantidades solicitadas por los consumidores y deberá hacer las entregas dentro de los plazos estipulados.

El control de calidad incluye control de lo siguiente: cantidad comprada, volumen de producción, cantidad de materiales y productos en existencia (incluyendo cantidad de productos en proceso de producción), volumen de ventas y fechas de entrega. Si la empresa tiene un artículo en demasiada cantidad, son muchos los recursos y el capital que está desaprovechando. No solo hay desperdicio, sino que así se incrementan los costos de producción. Por otra parte, si las existencias son muy bajas, la empresa no podrá cumplir oportunamente los requerimientos de los clientes. El famoso sistema *kanban* (entrega justo a tiempo) de la Toyota, toma en cuenta este factor. Es un sistema que se ha desarrollado luego de aplicar eficazmente el CC y diversos controles de cantidad. Sin estas salvaguardas y este control eficaz, la introducción prematura del sistema *kanban* puede ocasionar desastres, e incluso el cierre total de la fábrica.

Por otro lado, si existe un eficaz control en cuanto al personal, a la calidad, a los costos y a las cantidades, la administración procederá sin tropiezos.

Técnicas y herramientas para alcanzar las metas administrativas

Hay muchas técnicas y herramientas que sirven para alcanzar las metas administrativas. Estos son los aspectos que figuran en la lista de la tabla V-1.

Por ejemplo, la física, la química, las matemáticas y la ingeniería mecánica son herramientas. En la convocación anual de mi Instituto suelo decir a mis alumnos: "Ustedes van a estudiar muchas materias, como física, química, matemáticas, ingeniería electrónica e ingeniería mecánica. Son estudiantes de ingeniería, pero el estudio de estas materias no debe ser en sí la razón para estar en este Instituto. Ustedes estudiarán tales materias como medio para servir a la sociedad, a la nación y al mundo. En sus estudios nunca cometan el error de confundir la verdadera meta con los medios para alcanzarla".

No solo los alumnos sino también sus profesores tienen ideas equivocadas. Estudian los métodos estadísticos y los computadores, pero convierten el estudio en un fin en sí. Respecto al control de calidad, cuando se introdujo en el Japón había una tendencia análoga. Algunos pensaban que el control de calidad existía para servir a los métodos estadísticos, y otros que existía para fines de normalización. Confundían las metas con las herramientas. El control de calidad japonés ha llegado a ser lo que hoy es porque aprendió a corregir los errores del pasado.

Las herramientas del control de calidad suelen dividirse en dos categorías: técnicas propiamente dichas y técnicas de control. No me agrada esta distinción. En la tabla V-1, los renglones como ingeniería mecánica, ingeniería electrónica, arquitectura, ingeniería civil, metalurgia, física y matemáticas son técnicas propiamente dichas, mientras que los métodos estadísticos y los renglones siguientes se consideran técnicas de control. A mi modo de ver, éstas también son técnicas propiamente dichas.

Para alcanzar las cuatro metas antes descritas, debemos utilizar todas las técnicas propiamente dichas de que dispongamos, y manufacturar artículos de alta calidad y bajo costo, con el propósito de servir a nuestra sociedad.

Solicito que todos los científicos e ingenieros adquieran una tecnología más como A que como B, del diagrama V-2. A la tecnología B la llamo tecnología tipo pozo y a la tecnología A la llamo tecnología tipo cono. Cuando los productos se tornan complejos y la tecnología se torna altamente especializada, como sucede en el mundo actual, la tecnología de tipo pozo se vuelve estructuralmente frágil. Se agota muy rápidamente y no puede contribuir al verdadero desarrollo técnico ni al desarrollo de nuevos productos. Es necesario adquirir la tecnología de tipo cono, que se va ampliando a medida que se profundiza. Por ejemplo, un ingeniero mecánico debe tener conocimientos generales de ingeniería eléctrica, electrónica, metalurgia, química, métodos estadísticos y computadores. Si su conocimiento es de tipo pozo, no podrá pasar del proyecto *c* al proyecto *d*. Pero si sus conocimientos son como un cono, una vez que haya tenido éxito en el desarrollo de nuevos productos en *a*, podrá transferir estos conocimientos al desarrollo de nuevos productos en *b*.

Citemos ahora otro ejemplo. ¿Qué hace de una persona un buen especialista en motores? Obviamente, tiene que ser un buen ingeniero mecánico, pero también debe saber de metalurgia y fundición a fin de juzgar cómo se hacen los materiales para el motor. Debe conocer los principios del funcionamiento de los motores y debe poder manejar ciertos conocimientos técnicos en las siguientes áreas: técnicas de procesamiento de máquinas, combustibles y lubricantes, empaques, encendido, electrónica, métodos estadísticos, computadores, normalización, etc.

De igual manera, para crear productos de la más alta calidad, tenemos que utilizar todas las herramientas y técnicas propiamente dichas que estén disponibles.

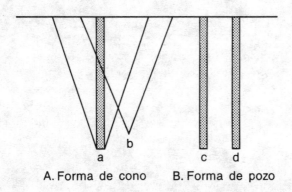

A. Forma de cono   B. Forma de pozo

DIAGRAMA V-2

Con frecuencia me preguntan: "¿Cuál es la relación entre control de calidad, ingeniería industrial e investigación de operaciones?" Mi respuesta es sencilla: "Para crear un producto de calidad, utilizamos todas las herramientas a nuestra disposición, incluyendo ingeniería industrial y control de operaciones". Las llamadas técnicas de CC (métodos estadísticos) son, desde luego, las herramientas, pero el CC en sí debe considerarse como uno de los objetivos básicos de la empresa. "No hay que confundir los objetivos con las herramientas".

El CTC es una revolución conceptual en la gerencia

Si se implanta en toda la empresa, el CTC puede contribuir al mejoramiento de la salud y el carácter corporativos de esa empresa.

El CC es uno de los objetivos principales de la empresa. Es su nueva filosofía administrativa.

Fije la vista en las prioridades a largo plazo y piense ante todo en la calidad.

Acabe con el seccionalismo.

El CTC es administración con hechos.

El CTC es administración basada en el respeto por la humanidad.

El CC es una disciplina en que se combinan el conocimiento y la acción.

I. UNA REVOLUCION CONCEPTUAL

Como se dijo en el capítulo I, una de las razones que tuve para iniciar el CC fue:

"Los ocho años que pasé en el mundo no académico, después de graduarme, me enseñaron que la industria y la sociedad japonesas se comportaban de manera muy irracional. Empecé a creer que estudiando el control de calidad y aplicándolo correctamente, se podría corregir este comportamiento irracional de la industria y de la sociedad. En otras palabras, me pareció que la aplicación del CC podría lograr la revitalización de la industria y efectuar una revolución conceptual en la gerencia".

Podría parecer excesivo asociar la revitalización de la industria con una revolución conceptual en la gerencia, pero esta expresión representaba la meta a que yo aspiraba. Muchas compañías se habían transformado a sí mismas después de aplicar el CC; la manera como se transformaron puede clasificarse en las seis categorías siguientes:

1. Primero la calidad; no las utilidades a corto plazo.
2. Orientación hacia el consumidor; no hacia el productor. Pensar desde el punto de vista de los demás.
3. El proceso siguiente es su cliente; hay que derribar las barreras del seccionalismo.
4. Utilizar datos y números en las presentaciones; utilización de métodos estadísticos.
5. Respeto a la humanidad como filosofía administrativa; administración totalmente participante.
6. Administración interfuncional.

II. PRIMERO LA CALIDAD

Si una empresa sigue el principio de buscar "primero la calidad", sus utilidades aumentarán a la larga, mientras que si persigue la meta de lograr utilidades a corto plazo, perderá competitividad en el mercado internacional y a la larga sus ganancias disminuirán.

La gerencia que hace hincapié en calidad ante todo, ganará paso a paso la confianza de la clientela y verá crecer sus ventas paulatinamente. A la larga, sus utilidades serán grandes y le permitirán conservar una administración estable. Pero una empresa que siga el principio de "primero las utilidades", posiblemente las obtenga rápidamente, mas no podrá conservar su competitividad por mucho tiempo.

Todo esto se dice muy pronto. En la práctica, empero, muchas empresas siguen funcionando sobre la base de "utilidades primero". Quizá proclamen: "primero la calidad", pero en los talleres solo les interesa rebajar costos. Hay quienes temen todavía que mejorar la calidad significa subir los costos, lo que a su vez reduciría las utilidades. Es cierto que los costos aumentan temporalmente cuando se mejora la calidad del diseño; pero la compensación inmediata se encontrará en la capacidad que adquiere la empresa para satisfacer las exigencias de sus clientes y enfrentar con éxito la competencia en el mercado mundial.

No es difícil puntualizar las ventajas adicionales. Si se mejora la "calidad de aceptación", paulatinamente disminuirán los defectos y aumentará el porcentaje de piezas "de paso directo". Habrá una disminución notable en el número de rechazos, en la corrección de piezas, en los ajustes y en el costo de inspección. Esto dará por resultado una considerable economía de costos, acompañada por una productividad más alta. Sin este beneficio, la automatización del proceso se hace virtualmente imposible y son inconcebibles las fábricas manejadas por robots. En realidad, la mejora de la calidad del diseño es el primer paso para aumentar las ventas y las utilidades y para reducir los costos.

Esta verdad se confirma ampliamente en la competencia entre el Japón y los Estados Unidos en los mercados de automóviles, televisión en colores, circuitos integrados y acero. Solo en época muy reciente, algunos norteamericanos han empezado a comprender este hecho. En muchas áreas, el capitalismo chapado a la antigua sigue dominando en los Estados Unidos. El propietario, el presidente de la junta o los miembros de ésta son los que buscan y contratan a un nuevo presidente de la compañía, el cual, siendo así escogido, se ve obligado a producir utilidades rápidamente si no quiere ser despedido. No tiene tiempo para pensar en utilidades a largo plazo. Se ve obligado a preferir una utilidad rápida, y al proceder en tal forma pierde la partida con los japoneses.

En el caso de los automóviles, los fabricantes norteamericanos sí empezaron a producir coches compactos desde antes de 1970, para competir con los japoneses. Sin embargo, los producían a desgana porque las utilidades obtenidas con esos compactos eran de cinco a diez veces menores que las que obtenían con los automóviles grandes. Pero cuando se presentó la necesidad, los consumidores en los Estados Unidos compraron coches compactos hechos en el Japón, sin parar mientes en el precio, por su confiabilidad y economía de combustible.

En acero, en automóviles y en circuitos integrados, las empresas norteamericanas no han podido realizar las inversiones en equipo, que se requieren para buscar utilidades a largo plazo. Se han quedado atrás en la modernización de las plantas. Además, la Comisión de Valores exige la rendición de informes trimestrales. Esta disposición, relativamente reciente, ha fomentado aun más la visión miope de los gerentes norteamericanos.

Algunos de ellos sencillamente están cansados de gerenciar, de modo que venden la empresa para disfrutar la jubilación. Lo que les falta es preocuparse por su responsabilidad social y el bienestar de sus empleados. La sociedad se perjudica con ello, no menos que las empresas mismas, puesto que estas últimas no pueden esperar utilidades a largo plazo.

En términos generales, cuanto más alto sea el puesto que el gerente ocupe en la escala jerárquica, más largo debe ser el período que se considere al evaluar su trabajo. En el caso del presidente de la compañía, del jefe de la división de mercadeo y del gerente de la fábrica, la evaluación debe basarse en el trabajo realizado durante un período de tres a cinco años. Si no se tiene esta política, estas personas tal vez busquen solo utilidades a corto plazo y descuiden tanto la calidad como la inversión en equipos. Esa es una manera segura de que la empresa pierda utilidades a largo plazo.

III. ORIENTACION HACIA EL CONSUMIDOR

Siempre hemos sostenido que las empresas deben fabricar productos que los consumidores desean y compran gustosos. El propósito del CC es llevar a la práctica esta idea básica. Esto lo hemos venido recalcando desde la iniciación del CC en 1949, de modo que no hay nada nuevo en tal afirmación; mas en la práctica, personas poco escrupulosas parecen encontrar maneras de oponerse a esta revolución conceptual. Seguramente el orgullo y la terquedad también tendrán algo que ver con ello, pero en todo caso algunas empresas evidentemente eligen el camino de la orientación hacia el productor y no el de la orientación hacia el consumidor, que es el que nosotros recomendamos. Tal tendencia es especialmente notoria en un mercado de vendedores, o en un mercado cerrado que no permite la liberalización del comercio, y en situaciones de monopolio. En tales mercados, los productores fabrican y venden artículos que consideran buenos sin prestar atención alguna a las necesidades de los consumidores.

Ejemplo 1: A mí me gusta el sabor, mas no así a los consumidores.

A. El director gerente tiene más de 60 años de edad. Fabrica dulces de acuerdo con su propio paladar. El principal sector del mercado de dulces se compone de jóvenes entre los 15 y los 20 años. ¿Cómo puede una persona de más de 60 años saber qué es lo que les gusta a los muchachos?

B. La fábrica había hecho grandes esfuerzos para producir margarina, pero las ventas seguían siendo malas. La investigación de mercado, valiéndose de experimentos especialmente diseñados y de pruebas sensoriales, reveló que a los consumidores no les gustaba el sabor.

En los dos casos anteriores, los productores solo tuvieron en cuenta sus propias experiencias en materia de sabor, sin preocuparles lo que a los consumidores les gustaba o no les gustaba.

Ejemplo 2: Jamás se nos ocurrió que nuestros clientes usaran nuestros productos de esa manera.

Esta es una afirmación totalmente irresponsable de diseñadores que no se han molestado en averiguar de qué manera los consumidores utilizan sus productos.

Ejemplo 3: Una empresa recibía muchas quejas por el alambre eléctrico que estaba produciendo, sin saber cómo lo utilizaban los consumidores. ¿Puede un fabricante ofrecer garantía de calidad en tales circunstancias?

Una fábrica producía alambre eléctrico de acuerdo con sus propias especificaciones, pero seguían llegando quejas. Una investigación reveló fallas en el funcionamiento de las máquinas arrolladoras del alambre, en la velocidad, en las temperaturas posteriores al tratamiento, y en el aceite aislante usado. La fábrica procedió entonces a modificar las especificaciones.

Una actitud lógica en relación con el enfoque orientado al consumidor, es ponerse siempre en el lugar de los demás; esto implica escuchar sus opiniones y actuar en una forma que tenga en cuenta sus puntos de vista. Este principio se aplica igualmente al comercio internacional. Por ejemplo, los fabricantes norteamericanos de automóviles tienen que despedir a un gran número de trabajadores por causa de las malas ventas. La responsabilidad recae principalmente sobre la gerencia; en realidad, el Japón no tiene la culpa. Sin embargo, si los Estados Unidos están perdiendo negocios, el Japón debe tomar en cuenta esa circunstancia y darles la mano para ayudar a resolver el problema, siempre que con ello no se violen las leyes antimonopolios.

IV. EL PROCESO SIGUIENTE ES SU CLIENTE

La frase, "el proceso siguiente es su cliente" se podría incorporar en el pasaje anterior donde hablamos de orientación hacia el consumidor. Sin embargo, en una empresa donde el seccionalismo es fuerte, este enfoque puede ser tan importante que he resuelto tratarlo por separado.

Inventé dicha expresión cuando trabajaba en una siderúrgica, en agosto y septiembre de 1950. Con el ejemplo 1 se explica la situación.

Ejemplo 1: Tratábamos de encontrar solución al problema de reducir el número de desperfectos y rasguños en las planchas de acero, y ocurrió el diálogo siguiente:

ISHIKAWA: ¿Por qué no llamar a los trabajadores que están en el proceso siguiente al de ustedes y a los que están en el anterior, para investigar?

JEFE DE LA DIVISION: Profesor, ¿cómo quiere usted que llamemos a nuestros enemigos?

ISHIKAWA: Un momento. El proceso siguiente debe ser su cliente. ¿Por qué llama usted enemigos a esos trabajadores? Todos los días al final de la jornada, vaya al taller de laminación que es su proceso siguiente y pregunte: "¿Los lingotes que les entregamos hoy fueron satisfactorios?" Así se crearán mejores relaciones.

JEFE DE DIVISION: Profesor, jamás podremos hacer eso. Si vamos al proceso siguiente sin anunciarnos, pensarán que los estamos espiando. Inmediatamente nos echarán fuera.

Ejemplo 2: ¿Cuál es el papel apropiado del estado mayor? ¿Quiénes son sus clientes?

En términos generales, el estado mayor tiene dos tareas. La primera es trabajar como estado mayor general, trazando planes y sometiendo propuestas al presidente y al gerente de la fábrica. La segunda es actuar como personal de servicio. Sus miembros deben considerar a las divisiones de primera línea, tales como diseño, compras, fabricación y mercadeo, como el proceso siguiente, y prestarles sus servicios. Creo que un miembro típico del estado mayor debe destinar el 30 por ciento de su tiempo a las funciones de planeación y el 70 por ciento a servicios.

Lo malo es que, en su mayoría, los miembros de ese personal consideran que su trabajo debe ser en un ciento por ciento de estado mayor, de modo que actúan como si fueran miembros del estado mayor general de un ejército. Proceden sobre el supuesto erróneo de que a ellos les corresponde manejar toda la empresa. No tienen idea de servir a las divisiones y a los trabajadores de línea, sino que dan órdenes y riñen constantemente con la primera línea de actividades empresariales, cuando esas divisiones deberían ser sus clientes. Por su parte, las divisiones y los trabajadores de línea nunca escuchan al estado mayor. En los tiempos de la guerra, hablábamos de la hostilidad que había en las relaciones entre el cuartel general y el ejército de Kwantung desplegado en Manchuria, una situación parecida a la que acabo de describir.

Dentro de una empresa, las divisiones de asuntos generales, personal, contabilidad, ingeniería de producción, y control de calidad, dedican el 70 por ciento de su tiempo a servir a sus "clientes", que son las divisiones y los trabajadores de línea. Análogamente, el estado mayor siempre tiene que pensar en qué tipo de servicios puede prestar a tales divisiones. La división de contabilidad puede creer equivocadamente que ella es la única que tiene que ver con el control de utilidades y costos, pero lo cierto es que las que realmente ejercen este control son las divisiones de línea. El papel de la división de contabilidad es suministrar a esas divisiones la información necesaria para facilitarles su labor de control sobre las utilidades y los costos. Ese es el servicio que puede prestar eficazmente. Mi consejo a quienes están en las divisiones de línea y a los líderes de círculos de CC, es éste: "Procure que el estado mayor de la compañía trabaje para usted tanto como sea posible".

Ejemplo 3: Organización de la sede de la Corning Glass (1958-1980). En 1958 visité a la Corning Glass. En el organigrama de la sede se veía por todas partes la palabra "servicio". Por ejemplo, había un Departamento de Servicios de Contabilidad, un Departamento de Servicios de Ingeniería, un Departamento de Servicios de Control de Calidad, etc. El vicepresidente encargado de todos estos departamentos tenía el título de Vicepresidente de Servicios. Pregunté por qué se utilizaba tanto esta palabra y me informaron que si estas denominaciones no incluían el término "servicios", la gente se olvidaba de que su obligación era servir y se tornaba un poco arrogante.

El control de calidad en toda la empresa no podrá ser completo sin una total aceptación de este enfoque por parte de todos los empleados. Es preciso acabar con el seccionalismo, y la empresa tiene que ventilarse para que todos gocen de aire fresco. Es indispensable que todos puedan hablar a los demás con entera franqueza y libertad. Ese es el espíritu del CTC.

Una observación final sobre este tema. Los clientes, esto es, los empleados del proceso siguiente, pueden hacer una solicitud al proceso precedente solamente si dicha solicitud es razonable y si está basada en hechos y datos.

V. PRESENTACION CON HECHOS Y DATOS: EMPLEO DE METODOS ESTADISTICOS

Los hechos son importantes y su importancia debe reconocerse con claridad; dando esto por sentado, se procede a expresarlos con cifras exactas. El paso final consiste en utilizar métodos estadísticos para analizar los hechos, lo cual permite hacer cálculos, formar juicios y luego tomar las medidas del caso.

Al CC se le llama a veces control de los hechos, pero muchas personas no tienen esto en cuenta, no observan los hechos cuidadosamente, y las cifras que presentan no son dignas de confianza. Algunos llegan al extremo de hacer caso omiso de los hechos y se guían únicamente por su propia experiencia, por su sexto sentido o por corazonadas.

1. Hechos

Lo primero de todo es examinar los hechos. Un error común entre los ingenieros es aferrarse a una idea preconcebida y jugar con las cifras para hacerlas concordar con ella, haciendo caso omiso de los hechos. A tales ingenieros les aconsejo que vayan a trabajar unos días al proceso del trabajo (por ejemplo la línea de ensamblaje) y que observen cuidadosamente durante unas dos semanas. Sin saber qué ocurre en el proceso del trabajo, los ingenieros no podrán desempeñar sus deberes adecuadamente.

2. Conversión de los hechos en datos

El paso siguiente consiste en convertir los hechos en datos o cifras, pero el peligro está en que puede ser difícil obtener las cifras pertinentes. Esta es la razón por la cual yo digo: "Si le muestran a usted cifras, desconfíe de ellas; si le muestran instrumentos de medición, desconfíe; y si le muestran un análisis químico desconfíe de él".

En suma, hay tres maneras de ver este problema, y son:

- cifras falsas
- cifras equivocadas
- imposibilidad de obtener cifras.

A. *Cifras falsas*

Desgraciadamente, en la industria y en la sociedad se utilizan muchas cifras falsas. Observé este problema en una fábrica cuyo gerente me dijo: "Lo malo de nuestra empresa es que cuando les digo la verdad a mis superiores, se enfadan conmigo". ¡Y ese mismo gerente perdió los estribos cuando un joven ingeniero que trabajaba con él le dijo la verdad!

Con este proceso se generan cifras falsas.

¿Por qué se producen cifras falsas? A menudo los superiores tienen la culpa.

1. El superior no sabe pensar en términos estadísticos y no entiende lo que es dispersión; de este modo, cuando las cifras varían un poco, cree que algo anda mal y se enfada. Los que trabajan con él sufren una represión aun cuando hayan desempeñado adecuadamente su oficio. Para protegerse, tienen que mentir y redactar informes falsos.

2. Cuando se cometen errores, entre el 65 y el 80 por ciento de las veces la culpa es imputable al superior o a sus ayudantes. Solo del 20 al 35 por ciento de la responsabilidad corresponde a los subalternos, pero estos últimos suelen ser los que reciben los regaños, de manera que optan por pasar cifras falsas.

Si el superior no cambia su modo de pensar en situaciones parecidas a éstas, no será posible eliminar del todo las cifras falsas.

Cuando los empleados cometan errores y aparezcan cifras absurdas, el superior no debe apresurarse a informar de ello al nivel gerencial superior ni reñir a sus subalternos, sino que debe trabajar con ellos para evitar que el problema se repita. Si procede en esta forma disminuirá la incidencia de las cifras falsas.

B. *Cifras equivocadas*

Apenas había empezado yo a trabajar en control de calidad, cuando observé que se acopiaban cifras equivocadamente porque las personas destinadas a ese oficio no conocían los métodos adecuados. Por ejemplo, esas personas no estaban familiarizadas con los métodos de muestreo y de medición y reunían cifras que, o estaban equivocadas o no servían para nada. Entonces solicité a la Unión de Científicos e Ingenieros Japoneses que creara un Comité de Investigación de muestreo. Este esfuerzo ha dado buen fruto, si bien subsisten algunos problemas difíciles para su aplicación.

De análoga manera, cuando no se adoptan definiciones precisas de lo que son defectos, defectuosos, correcciones y ajustes, surgen datos erróneos en cuanto a número de piezas defectuosas, porcentaje de ellas, índice de correcciones, tasa de ajustes y porcentaje de piezas ''de paso directo''.

C. *Incapacidad para obtener cifras, incapacidad para medir*

Si bien es verdad que tenemos una tecnología avanzada, son muchos los problemas que no pueden medirse. En lo relativo a calidad, sus verdaderas características no se pueden medir en un gran número de productos. Por ejemplo, la facilidad de conducción y la comodidad y estilo de un automóvil de turismo, son características de calidad que en realidad no se pueden reducir a números.

Tenemos que estudiar estos problemas a fin de establecer métodos de medición; pero cuando esto resulte impracticable, tenemos que inspeccionar los productos valiéndonos de pruebas sensoriales y acumular los resultados en datos estadísticos.

3. Utilización de datos y métodos estadísticos

Muchos libros sobre CTC y CC dedican gran número de páginas a este tema, de manera que aquí lo trataré brevemente.

Primero, debemos entender que realizando análisis de procesos y de calidad durante largo tiempo y sin bombo, hemos logrado que la tecnología japonesa progrese. Muchas personas afirman que el progreso tecnológico se ha debido a técnicas apropiadas y que su conservación se ha debido a técnicas de control, pero esto no es cierto. No tiene sentido dividir la técnica en técnicas apropiadas y técnicas de control. Las naciones occidentales superan a los japoneses en este punto, pues no se preocupan por tal distinción.

A mí me parece que las llamadas técnicas de control son también técnicas apropiadas. Utilizando las técnicas de que hemos podido disponer, hemos logrado mejorar la calidad, reducir los costos y aumentar el nivel de eficiencia. Los análisis de procesos y de calidad se han realizado eficientemente mediante la aplicación del CC. Hemos llegado a exportar no solo bienes manufacturados y máquinas sino también nuestra tecnología y nuestra programación de computadores.

El segundo punto que quiero recalcar es este. Si un gerente no utiliza cifras y métodos estadísticos y solo se vale de su propia experiencia, su sexto sentido y sus corazonadas, está reconociendo que su empresa no posee una alta tecnología.

La mejora de las actitudes gerenciales es un subproducto importante de la utilización de datos, cifras y métodos estadísticos.

VI. RESPETO A LA HUMANIDAD COMO FILOSOFIA GERENCIAL

Cuando la gerencia resuelve implantar el control de calidad en toda la empresa, tiene que normalizar todos los procesos y procedimientos y luego, valerosamente, delegar la autoridad en los subalternos. El principio fundamental de una administración acertada es permitir que los subalternos aprovechen la totalidad de sus capacidades.

La industria pertenece a la sociedad. Su meta básica es dedicarse a administrar en torno a personas. Todos los que tengan algo que ver con la empresa (consumidores, empleados y sus familias, accionistas, subcontratistas y empleados de los sistemas afiliados de distribución) deben sentirse cómodos y contentos con la empresa y deben estar en capacidad de aprovechar sus facultades y de realizar su potencial personal. Utilidades ante todo, es una idea anticuada que debe abandonarse.

El término humanidad implica autonomía y espontaneidad. Las personas no son como animales o máquinas. Tienen su propia voluntad y hacen las cosas de manera voluntaria sin que nadie se lo tenga que indicar. Tienen discernimiento y siempre están pensando. La gerencia basada en la humanidad es un sistema que estimula el florecimiento de un potencial humano ilimitado.

Una de las ideas básicas que motivan las actividades de los círculos de CC es crear "un lugar de trabajo donde la humanidad sea respetada".

La gerencia y los gerentes de nivel intermedio deben tener el valor necesario para delegar tanta autoridad como sea posible, pues esa es la manera de establecer el respeto por la humanidad como filosofía gerencial. Es un sistema de administración en que participan todos los empleados, de arriba hacia abajo y de abajo hacia arriba, y la humanidad es totalmente respetada.

Los suecos han observado la manera como nosotros administramos y le han dado el nombre de "democracia industrial". Eso lo dice todo.

VII. GERENCIA INTERFUNCIONAL, COMITÉS INTERFUNCIONALES

En 1960 preparé un diagrama doble para ilustrar la gerencia interfuncional por divisiones y por funciones. (Ver tabla VI-1 y diagrama VI-1). Ese

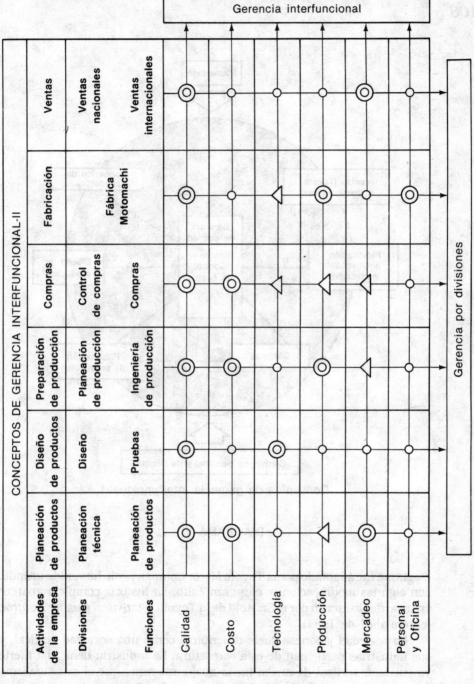

TABLA VI-1

CONCEPTOS DE GERENCIA INTERFUNCIONAL-II

Actividades de la empresa	Planeación de productos	Diseño de productos	Preparación de producción	Compras	Fabricación	Ventas	
Divisiones	Planeación técnica	Diseño	Planeación de producción	Control de compras	Fábrica Motomachi	Ventas nacionales	
Funciones	Planeación de productos	Pruebas	Ingeniería de producción	Compras		Ventas internacionales	
Calidad	◉	◉	◉	◉	◉	◉	→
Costo	◉	○	◉	◉	○	○	→
Tecnología	○	◉	○	◁	◁	○	→
Producción	◁	○	◉	◁	◉	○	→
Mercadeo	◉	○	◁	◁	○	◉	→
Personal y Oficina	○	○	○	○	◉	○	→

Gerencia interfuncional

Gerencia por divisiones

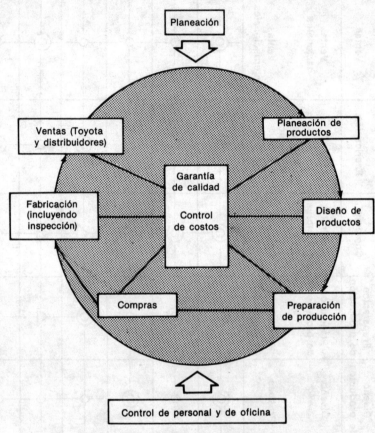

Conceptos de gerencia interfuncional-1

DIAGRAMA VI—1

diagrama fue adoptado por la Toyota Motor Company, y lo ha venido usando, con algunas modificaciones, con gran éxito. La historia completa aparece en un artículo escrito por el Sr. Aoki de la Toyota (*Statistical Quality Control*, febrero-abril de 1981).

La sociedad japonesa suele describirse como una sociedad vertical, y sus industrias participan de esta estructura. La industria tiene una fuerte vinculación vertical de arriba hacia abajo, mientras que el seccionalismo entorpece el desarrollo de relaciones horizontales. Por ejemplo, por más que la división de garantía de calidad se esfuerce por realizar la función que se le ha confiado, no puede desempeñarla adecuadamente dentro de la estructura organizacional existente.

La administración interfuncional, que tiene comités interfuncionales de apoyo, puede suministrar la trama necesaria para fomentar las relaciones a lo ancho de la empresa, y hacer posible el desarrollo responsable de la garantía de calidad.

En los textiles, la urdimbre por sí sola no es más que un hilo; para que haya tela, se requiere agregar la trama y tejerla con la urdimbre. Esta analogía puede aplicarse a la empresa. Una sociedad vertical parecida a la urdimbre no es una organización; solo viene a convertirse en organización fuerte cuando las diversas funciones, tales como la de garantía de calidad, se entretejen con la urdimbre, según lo muestra la tabla. La administración organizacional solo es posible cuando hay una urdimbre, dedicada a gerenciar por divisiones, entretejida con la trama, dedicada al control mediante la administración interfuncional,

Cuando se habla de gerencia interfuncional acuden a la mente muchos temas, como la garantía de calidad, el control de cantidad, el control de costos (utilidades), el desarrollo de nuevos productos, el control de subcontratistas, el control de ventas, y así sucesivamente. Desde el punto de vista de las metas de la empresa, las principales funciones son tres: garantía de calidad, control de costos (utilidades) y control de volumen o cantidad. A estas tres funciones puede agregarse el control de personal. Todas las demás son funciones auxiliares definidas por los pasos que deben darse o por los medios que han de adoptarse.

La empresa debe crear comités interfuncionales, según las funciones que se van a administrar. Por ejemplo, puede establecer un comité de garantía de calidad, cuyo presidente debe ser un alto director gerente o un director gerente encargado de esa función. Los miembros del comité se escogen entre las personas cuyos rangos sean al menos de director (si es necesario, se pueden incluir jefes de división). El número debe ser aproximadamente de cinco. No es aconsejable escoger a los miembros de un comité únicamente entre los directamente relacionados con la función específica. En realidad, es mejor incluir a una o dos personas de divisiones que no tengan ninguna relación. Cada comité interfuncional debe tener un secretariado dentro de la división encargada de la respectiva función, y debe nombrar un secretario. El comité debe operar con flexibilidad. Cuando se trate de funciones principales, el comité debe programar reuniones mensuales, las cuales pueden ocuparse de la interventoría de las funciones que se estudian. El comité también puede crear grupos de proyecto.

En seguida, el comité asigna a todas las divisiones afectadas y en términos concretos, las responsabilidades y la autoridad en materia de garantía de calidad; crea un sistema viable de garantía de calidad y establece las reglas del caso.

Mensualmente, el comité debe estudiar la situación y determinar si se han registrado quejas por productos defectuosos; periódicamente debe revisar la asignación de responsabilidades. En la Toyota, los comités interfuncionales hacen todas estas cosas eficientemente en sus reuniones mensuales. (Ahora bien, para llegar a este punto, la empresa ha tenido unos diez años de experiencia con tales comités.) Las reuniones son formales. Por el contrario, la conferencia gerencial que está por encima del comité, rinde informes pero no toma decisiones de política.

Sin embargo, el comité no lleva a cabo la garantía de calidad ni asume responsabilidad directa y cotidiana por ella. Esta labor corresponde a cada una de las divisiones en esta "sociedad vertical". La responsabilidad del comité consiste en ver que la trama se teja con la urdimbre para fortalecer a toda la organización. A continuación presentamos ejemplos de comités interfuncionales eficaces y no eficaces.

Errores y problemas relativos a los comités interfuncionales

1. Algunas empresas convocan a reuniones solamente cuando ha surgido algún problema, pues los comités interfuncionales se consideran como grupos de proyectos y *ad hoc* por naturaleza. Hay que evitar este enfoque. Los comités deben establecerse como organismos permanentes y celebrar sesiones con toda regularidad; ellos estudian el sistema y suministran la trama. Sin ellos no puede haber una buena estructura horizontal para la empresa.

2. Algunas personas suponen erróneamente que una vez establecida la gerencia interfuncional, la empresa puede desentenderse del control por divisiones. Ambas cosas son necesarias.

3. Algunas personas creen que en el comité hay que incluir a todos los especialistas y a todas las divisiones afectadas. No, el comité interfuncional es de un orden más alto.

4. No se deben considerar los comités interfuncionales como grupos de proyecto. Supongamos que se ha establecido un comité interfuncional para el control de utilidades y que éstas no han alcanzado la meta prevista. ¿Debe el comité establecer cuotas para que las divisiones de línea alcancen determinadas utilidades? No, estas metas deben ser fijadas por las mismas divisiones de línea (por medio de la gerencia por objetivos).

5. Inicialmente, los directores nombrados como miembros de un comité tienden a representar únicamente sus intereses seccionales en su calidad de jefes de la división de diseño, la división de contabilidad, etc. No se debe permitir que esto ocurra. Lo que deben procurar es establecer una perspectiva global para la empresa desde un principio.

6. Algunas personas pueden creer sinceramente en su devoción a las funciones que se les han asignado, pero siguen interpretando todo lo que

se presenta ante el comité, en términos de su propia división. Por ejemplo, un comité interfuncional para el control de volúmenes, tiene que ocuparse de la cantidad global del producto para toda la empresa. Pero un miembro de ese comité, que provenga de la división de control de producción, tal vez no haga caso de lo que ocurre en otras divisiones. De igual modo, un contador que esté en un comité interfuncional sobre control de costos, puede olvidarse del cuadro general y dedicarse a discutir únicamente los procedimientos contables.

7. El trabajo de los comités interfuncionales no puede proceder sin tropiezos, a menos que se recoja información como cuestión de rutina por todos los canales dentro de la empresa.

8. No se aumente excesivamente el número de comités. Cuando hay demasiados, se ponen a disputar unos con otros y generan una situación muy parecida a las rivalidades entre las divisiones.

Otra cosa que hay que recordar es la necesidad de generar en la empresa una revolución conceptual a favor de la gerencia interfuncional, pues de otra manera los comités que para ello se creen solo lo serán de nombre. En una empresa donde exista la tendencia a que la autoridad descienda desde arriba, y donde el presidente ejerce poder absoluto, la gerencia interfuncional es mucho más importante y necesaria que en otras empresas; pero precisamente en estas situaciones donde más se necesita, es donde no ha venido operando muy bien.

Eficiencia de los comités interfuncionales y de la gerencia interfuncional

1. Los funcionarios de la empresa ya no piensan en términos de sus estrechos intereses seccionales sino que se convierten en verdaderos gerentes con perspectivas amplias. Vienen a ser directores de la empresa dignos del nombre. Su modo de pensar se hace más flexible. Tienden a ayudarse los unos a los otros.

2. La garantía de calidad y el control de cantidades se realizan más eficazmente con el sistema interfuncional cuando éste se aplica a toda la empresa.

3. Las inspecciones se efectúan atravesando las divisiones, por lo cual hay poca necesidad de aumentar el número de divisiones y secciones.

4. Los trabajadores de línea también toman conciencia de la gerencia interfuncional, lo cual da por resultado mejores comunicaciones entre los procesos y las divisiones. Igualmente, mejoran las relaciones entre los trabajadores.

5. Para los que ocupan posiciones subalternas se hace más fácil someter propuestas y recomendaciones.

VIII. CONTROL DE CALIDAD EN TODA LA EMPRESA Y MEJORA DE LA TECNOLOGIA

Abundan aún en nuestra sociedad, en nuestras industrias y entre los individuos, ideas falsas acerca del CC. Hay quienes dicen que éste ahogará la creatividad y estorbará el adelanto tecnológico, o bien que solo busca preservar las cosas como están. Este malentendido se debe al empleo de la palabra "control", que da la impresión de que no se quieren cambios. Desgraciadamente, esas personas no pueden ver el CC como una herramienta destinada a generar una revolución conceptual.

Los intelectuales y los periodistas japoneses están empezando a apreciar la importancia del CC, pero solo después de que la prensa extranjera ha informado ampliamente al respecto. Es una lástima, pero no me quejo. Prefiero dejar que los resultados de nuestro trabajo hablen por sí mismos. Debemos evitar las alharacas usuales del periodismo.

A medida que se han ampliado las actividades de CC, los sicólogos de grupo han querido tomar parte. Hay teóricos que crean la teoría X, la teoría Y, y la teoría Z, y que plantean su crítica de nuestras actividades. Mi respuesta para ellos es siempre la misma: "Todas esas teorías están contenidas en nuestras actividades de círculos de CC, pero nosotros no las presentamos como teorías sino que simplemente las practicamos".

El CC puede ser una teoría, pero al mismo tiempo es una disciplina práctica. A quienes lo adopten yo les recomiendo que no se limiten a ser teóricos o ejecutantes. Tienen que ser expertos en ambas cosas.

Cuando empecé a interesarme en la materia, mi propósito era ayudar a mejorar la tecnología japonesa por medio del CC y el CTC. Ese fue el pensamiento en que se inspiró el diagrama de causa y efecto. Para realizar el control de procesos, apoyé vigorosamente el análisis de procesos, lo cual me llevó al control por computador en línea. Hace más de veinte años efectué análisis de calidad, en rollos de papel de imprenta. Hoy aplicamos los mismos métodos, y mediante los análisis de procesos y los análisis de calidad, se están aclarando las causas y los efectos. En otras palabras, el trabajo eficaz con CC permite establecer bases sólidas para la tecnología. Ultimamente el Japón ha venido experimentando un notable aumento en sus exportaciones de tecnología, aun cuando en este ramo sigue siendo un importador neto. Quizá esta situación también se pueda rectificar con CC.

Quiero cerrar este capítulo reiterando una vieja meta que me fijé cuando me dediqué al CC y al CTC.

"A mi modo de ver, las metas del nuevo control de calidad deben ser las siguientes: primero, debemos exportar bienes y productos de bajo precio en grandes cantidades, para fortalecer la economía japonesa y solidificar las bases de su tecnología industrial; segundo, mediante el control de calidad, debemos capacitar al Japón para exportar su tecnología industrial, a fin de afirmar sus bases económicas futuras. Y finalmente, por lo que concierne a las empresas, éstas deben alcanzar una posición en que puedan dividir racionalmente sus utilidades en tres partes, entre los consumidores, los empleados y los accionistas; y en lo referente a la nación, debemos mejorar el nivel de vida de nuestro pueblo''.

Qué hacer y qué no hacer en la gerencia alta y media

Si no hay liderazgo desde arriba, no se insista en el CTC.

El CC no puede progresar si la política no es clara.

Organización significa claridad de responsabilidades y autoridad. La autoridad se puede delegar pero no así la responsabilidad.

El CC no puede progresar sin la cooperación de la gerencia media.

Esfuércese por ser una persona que no tiene que estar siempre físicamente presente en la compañía, pero que sin embargo es indispensable para la empresa.

Quien sea incapaz de manejar a sus subalternos, no es tan bueno como se cree. Quien sea capaz de manejar a sus superiores, podrá considerarse como persona competente.

I. APELACION A LA ALTA GERENCIA

Infortunadamente, hay muchos altos ejecutivos, en especial presidentes de compañías, que no gustan del control total de calidad. Muchos probablemente dirán que sí entienden el CC, pero éste es un gusto adquirido, y el gusto se adquiere después de comer. El presidente de una empresa solo podrá apreciar el gusto del CC después de haber tomado parte activa en su ejecución. En este capítulo me propongo describir lo que se espera de la alta gerencia y, en especial, del presidente de la empresa.

Al hablar de alta gerencia, quiero subrayar que el término no debe interpretarse en forma demasiado amplia. Si solo uno o dos directores de la empresa se dedican al control total de calidad, eso es absolutamente insuficiente. A menos que la persona encargada, la que tiene toda la autoridad, esto es, el presidente de la empresa o el presidente de la junta directiva, tome la iniciativa y asuma el liderazgo para llevar a la práctica el control de calidad, el programa no tendrá éxito. En el Japón, si uno le dice algo a algún director, éste le contesta: "Por favor, comuníqueselo al director administrativo". Si uno le dice algo a un director administrativo, éste responde: "Por favor, comuníqueselo al director administrativo superior o al presidente". Un director no dirige sino que a menudo es dirigido, y rara vez está realmente en posición de hablar en nombre de la alta gerencia.

II. LA INCOMPRENSION EN LA ALTA GERENCIA

A menudo, los altos gerentes no entienden qué es el control total de calidad. Véanse algunos ejemplos.

Ya pasamos la etapa del control de calidad.

Mientras la empresa manufacture y venda productos, es preciso mantener el control de calidad por toda la vida. Para que la empresa crezca y avance continuamente, debe afrontar la tarea de mejorar siempre su salud y su carácter corporativo. Esto se puede alcanzar mediante el CC. Esto nunca debe perderlo de vista el ejecutivo que esté pensando en adoptar el CC.

Poco interés en la calidad.

Los altos gerentes siempre se interesan en aspectos tales como utilidades, ventas, inversiones en plantas y equipos, manipulaciones financieras y tratos políticos, pero manifiestan muy poco interés en la calidad, que está en el fondo de todo. En los sistemas de distribución y en otras industrias de servicios existe la tendencia a pensar que la calidad es cosa que solo incumbe a quienes se dedican a la fabricación. Esto lo comprueba el hecho de que no son muchas las empresas de esta índole que tengan planes de control de calidad a largo plazo, y que ellas generalmente desconocen el nivel de calidad de su producto o servicio en comparación con el de otras compañías u otros países. Encontramos que la cantidad, la calidad, los costos (utilidades) y los factores humanos son importantísimos para la gerencia; pero los altos gerentes que se despreocupan de la calidad no se dan cuenta de que el peso relativo de ésta se ha hecho muy grande en los últimos tiempos. Suelen cometer el error de creer que mejorar la calidad significa aumentar costos. Esto proviene de la idea errónea de que el CC equivale a inspección.

No necesitamos CC.

Algunos dicen: "Estamos ganando bastante. ¿Para qué queremos CC?" O bien: "Nuestras ventas están subiendo y subiendo; ¿qué necesidad tenemos de CC?" Es obvio que no saben cómo se está manejando el control de calidad en las empresas japonesas, y sencillamente no saben qué es el CC. Quizá están realizando éste a su manera, confiados en su propia experiencia. Estas personas pasan por alto el hecho de que, para bien de la empresa, el CC tiene que ser organizacionalmente fuerte y estable.

A esos ejecutivos les aconsejo que hablen con los presidentes de empresas que han tenido mucho éxito con el control total de calidad.

Tenemos especialistas encargados del CC. Estoy seguro de que todo va bien.

Esta afirmación demuestra una cosa: que los altos gerentes no se han familiarizado con el CC y que no han asumido el liderazgo necesario. No conocen la verdad acerca de su propia calidad o acerca del CC.

Hacemos hincapié en la educación. Nuestro personal es enviado a seminarios dentro y fuera de la empresa.

Estas personas suponen erróneamente que dando educación a sus empleados arreglan todo cuanto se refiere al control total de calidad. Es verdad que la educación es importante, y ya se ha dicho: "El CC empieza con educación y termina con educación". Pero la educación por sí sola no hace que el CC funcione. Los empleados pueden asistir a seminarios y enterarse de lo que es este sistema, mas para los ejecutivos pasa desapercibido el hecho de que a esos empleados no siempre se les dan oportunidades de poner en práctica el conocimiento adquirido en los seminarios.

Empezamos el CC hace algo más de diez años y vamos muy bien.

Estos ejecutivos creen que lo único que importa es el tiempo. Esto puede llevar a ideas equivocadas. O bien estas personas no conocen la verdad acerca de su empresa o del CC, o simplemente están diciendo una cosa en que no creen. La calidad cambia y avanza constantemente. La que era satisfactoria hace un año puede volverse mala al año siguiente. No hay que dormirse sobre los laureles de un Premio de Aplicación Deming recibido hace cinco años. Hay una corriente continua de empleados nuevos que remplazan a los que se van retirando. La empresa ya no tiene el mismo personal que tuvo hace unos pocos años. Una empresa así debe prestar mucha atención a lo que está ocurriendo ahora, en este momento. Para ello se recomienda una revisión del CC por la alta gerencia, es decir por el presidente.

Se ordena rebajar costos, olvidando la calidad.

A los altos ejecutivos les encanta ordenar reducciones de costos, lo cual consideran el propósito supremo de la administración. Claro que es importante rebajar costos, y el CC puede generar economías notables en este campo. Pero si los ejecutivos solo buscan una ventaja a corto plazo, que el CC no puede darles, y permiten que se reduzcan la calidad y la confiabilidad, el resultado será que la clientela pierda a la larga su confianza en la empresa. Los ejecutivos suelen hablar de calidad primero o de la prioridad de la calidad, pero en realidad solo les interesan los costos.

La calidad de mis productos es la mejor en el Japón.

Esta afirmación es típica de los altos ejecutivos miopes cuya perspectiva no se extiende más allá del Japón. Olvidan que la liberalización del comercio y del capital son una realidad. El Japón tiene que importar recursos naturales, por escasear éstos en su suelo, y debe exportar más para pagar sus importaciones. Los altos ejecutivos siempre deben observar lo que está ocurriendo en el mundo y deben estar enterados de los niveles de calidad en todos los países. Este es el espíritu del lema que se adoptó para el Mes de la Calidad de 1966: "Abra sus ojos al mundo, pero consolide su mercado nacional con CC".

La incomprensión ha producido también las actitudes siguientes: "CC significa hacer más estrictas las inspecciones". "CC significa estandarizar". "CC es estadística". "Practicar el CC es estudiar una cosa muy difícil". "Que se ocupen de ello las secciones de inspección o de CC". "Puesto que la fábrica va bien en CC, no necesita nada más". Y "El CC no tiene nada que ver con la sede de la compañía ni con las divisiones administrativa o de ventas".

III. ¿QUE DEBE HACER LA ALTA GERENCIA?

El gerente debe estudiar el control de calidad y el control total de calidad antes que cualquier otra persona de la compañía, investigar cómo se ejecutan en el Japón, y tener una buena comprensión de las cuestiones pertinentes.

Con solo estudiar no se puede adquirir el gusto por el control de calidad. Practíquese durante dos o tres años a fin de adquirirlo y apreciarlo. Cuanto más se mastica, mejor sabe la comida, y así ocurre con el CC.

Establecer políticas para definir las posiciones que adoptará la empresa en materia de control total de calidad.

La alta gerencia debe determinar las posiciones que adoptará la empresa en lo relativo al control total de calidad. (Consultar en el capítulo 5, los diversos niveles de CC que una empresa puede adoptar). Debe fijar políticas para la introducción y la promoción del CTC y para las actitudes generales que lo rodeen. Esas políticas deben diseminarse por toda la organización y deben ser ejecutadas por todos los colaboradores, desde la alta gerencia hasta los trabajadores de línea. En todo caso, dichas políticas deben referirse a la racionalización de la administración, a la revitalización de la empresa y a la voluntad de fabricar artículos de la más alta calidad en el mundo.

Reunir información relativa a la calidad y al CC, y especificar las prioridades en esta materia, en términos concretos. Fijar como política básica la "prioridad de calidad" y "primero la calidad", y determinar las metas a largo plazo que se buscarán en lo tocante a normas de calidad. Esto tiene que hacerse en términos concretos y con una perspectiva internacional.

Trazar planes a largo plazo para el desarrollo de nuevos productos es una de las funciones fundamentales de la administración, y en el desempeño de ella adquieren gran importancia las normas de calidad fijadas como metas y las normas de calidad de diseño. Pero son pocos los ejecutivos que se interesan en este asunto, y si ellos no hacen caso de la calidad, tampoco pueden esperar que sus empleados se interesen en ella.

Asumir el liderazgo en calidad y CC; mantenerse siempre en la vanguardia en su promoción.

La compañía no adelanta nada con solo fijar políticas. La alta gerencia tiene que ponerse al frente de las actividades y asumir la posición de liderazgo. Es necesario verificar qué se ha alcanzado y brindar orientación. Pueden transcurrir de tres a cinco años desde que los altos ejecutivos de una compañía grande comprenden el CTC, formulan políticas y asumen el liderazgo, hasta el momento en que dichas políticas penetran hasta los trabajadores de línea. Para entonces se habrá producido una mejora en la salud y en el carácter corporativo de la empresa y ésta habrá llegado al nivel del Premio de Aplicación Deming. En el caso de compañías pequeñas, si las actividades de CTC se organizan bien, el tiempo necesario puede ser de apenas uno o dos años, de manera que las decisiones de CTC no se deben llevar a cabo como si el movimiento fuera de corta duración. El CTC tiene que ejecutarse durante todo el tiempo que exista la industria. Por eso es preciso tener una visión de largo alcance, y paciencia acompañada del sentido de continuidad.

Resulta útil solicitar lo siguiente como medio de promover el CC: evaluación para la Marca NIJ, al Director de la Oficina Regional del Premio MITI (premio del Ministro de Industria y Comercio Internacional) y Premio de Aplicación Deming. Pero, cuidado: el CC no se debe implantar con el propósito de ganar premios, pues al proceder con semejante criterio lo más probable es que se conceda demasiada importancia a la forma, y esto solo perjudica a la compañía sin producir ventajas visibles.

Para poner en práctica el CC, impártase educación adecuada en combinación con planes a largo plazo, tales como planes de colocación de personal y planes de organización.

El control de calidad es una revolución conceptual en cuestión de gerencia y tiene que conducirse como tal. Hemos dicho que el CC "comienza y termina con educación". Es preciso impartir esta educación en seminarios formales a razón del 150 a 200 por ciento; es decir, que debe programarse entre uno y medio y dos seminarios por persona. Es cosa corriente pensar que un seminario basta, pero la gente olvida lo que ha aprendido y recae en sus viejos hábitos. La inversión en educación es rentable y se recupera a razón de 100 a 1 000 veces a medida que llegan los resultados desde muchos puntos diversos.

La educación por medio de seminarios formales ha de ser apenas la tercera o cuarta parte de la educación total. El resto se debe realizar en el trabajo cotidiano, donde el superior enseña a sus subalternos. La delegación de autoridad es otra forma de educación. En tiempos pasados, las empresas no hacían hincapié en la responsabilidad de los superiores por la educación de sus subalternos; había superiores que se complacían ante los errores de éstos y no se tomaban la molestia de ilustrarlos con sus propias experiencias duramente adquiridas. Esto era deplorable y no hay que permitir que vuelva a ocurrir.

Algunas empresas no piensan en combinar sus planes de colocación de personal y de organización con sus planes de educación, pero lo cierto es que todos estos planes se relacionan íntimamente entre sí. El siguiente ejemplo muestra lo que ocurre cuando falta coordinación: una empresa gasta una gran cantidad de dinero para enviar a uno de sus empleados a un curso básico de CC, con la idea de que luego ingrese en la plana mayor como encargado del CC de una de las secciones de la empresa. Pero apenas termina el curso, envían a ese empleado a una sección distinta. La división que lo necesitaba para su CC no puede proceder como se había planeado inicialmente.

Verificar si la calidad y el CC se están realizando de acuerdo con lo proyectado, y tomar las medidas necesarias.

Para hacer esto, se organiza un sistema que a manera de rutina suministre la información necesaria sobre calidad y administración; esta información se pasará a la alta gerencia. Una de las características del CTC japonés es que se encarga de la auditoría de calidad y diagnostica el estado del CC. Recomiendo mucho la auditoría del CC por la alta gerencia. La responsabilidad puede confiarse al presidente de la empresa, o a quien ejerza la más alta autoridad en ella, pues de lo contrario no tiene sentido. (Ver detalles adicionales al respecto en el capítulo 11.)

Dejar bien claro que la responsabilidad por la garantía de calidad corresponde a la alta gerencia. Debe dotarse a la empresa de un sólido sistema de garantía de calidad.

La garantía de calidad es la esencia misma del CC. En cualquier etapa del control total de calidad, si la garantía de calidad de los productos no se maneja bien, el CTC no será mejor que un castillo edificado en la arena. Por consiguiente, es preciso dejar en claro la responsabilidad que incumbe a la alta gerencia en esta materia. Cuando se desarrolle un producto nuevo, asígnese la responsabilidad por la garantía de calidad en toda la empresa, para cada paso del proceso. Hay que asegurar que exista un sistema de garantía de calidad, y que la información pertinente se pase a la alta gerencia con rapidez y sin tropiezos. Para lograr esto, recomiendo la creación de un comité interfuncional para el desarrollo de nuevos productos y otro para garantía de calidad. También se debe ver que las revistas *Quality Monthly* y *QC Monthly* lleguen hasta la cima.

Establecer su propio sistema de gerencia interfuncional.

La industria japonesa tiene una fuerte estructura vertical que va de arriba hacia abajo, pero en cambio su comunicación horizontal deja algo que desear y se ve estorbada por la existencia de un seccionalismo fuerte. Uno de los puntos en que se hace hincapié en el CTC es el de la comunicación horizontal entre las divisiones. La industria japonesa se parece mucho al tradicional *noren* (una cortina que se cuelga en la puerta con el nombre de la tienda; suele tener dos hendiduras, que le dan el aspecto de tres cortinas distintas). Cuelga bien verticalmente pero no tiene hilos comunes en la dirección horizontal. La falta de trama, o más bien la falta de administración integrada, ha sido una debilidad de la industria japonesa. Organizar es entretejer la trama, y eso se puede hacer aplicando la gerencia interfuncional, la cual se debe fomentar en las áreas de personal, garantía de calidad, utilidades (costos) y cantidades (fechas de entrega). Ya me he referido a la gerencia interfuncional en el capítulo anterior.

Inculcar la idea de que el proceso siguiente es su cliente, lo que da garantía a cada uno de los procesos sucesivos.

Uno de los grandes principios en que se sustenta el CC es la satisfacción del consumidor. Dentro de una empresa, el proceso siguiente es el cliente. Si se inculca este modo de pensar, caerán las murallas del seccionalismo y soplará aire fresco por toda la empresa.

En las industrias japonesas donde el seccionalismo es fuerte, la alta gerencia tiene que recordar constantemente a todos los empleados que su cliente es el proceso siguiente. Cada proceso anterior tiene que aprender a servir al que le sigue. Debe garantizar tanto la calidad del producto como la calidad del trabajo. Una vez logrado esto, se escucharán comentarios como los siguientes: "Desde que se implantó el CC, la empresa está bien ventilada". "Ahora todos pueden hablar con franqueza". "Ahora tenemos un lenguaje común". Para el estado mayor, una palabra de advertencia: no olvidar que "los trabajadores de línea son sus clientes".

La alta gerencia tiene que tomar la iniciativa para dar un gran paso adelante.

Dentro de una empresa es fácil contentarse con las cosas como están, y esto es cierto en los talleres y oficinas (divisiones de diseño, investigación, compras, producción y mercadeo) que pueden ser "feudales" en su orientación; pero vivimos en una época de rápida innovación tecnológica y de competencia mundial. Si la alta gerencia no toma la iniciativa para derribar las barreras existentes, la empresa se quedará a la zaga. Los japoneses consideraban antes que la cautela era una gran virtud, y decían: "El hombre precavido golpea un puente de piedra con su bastón antes de cruzarlo". Para nuestra época la cuestión es la rapidez con que se pueda cruzar el puente después de golpearlo. La época de la cautela excesiva ya pasó. El que no pueda entrar en la nueva era cruzando el puente no puede ser un alto gerente.

Los altos gerentes tienen que establecer metas y parámetros muy precisos acerca de cuestiones tales como los grupos de consumidores (inclusive en el extranjero) a quienes la empresa desee servir, qué capacidades se desean asignar al producto, a qué costo de producción, a qué volumen de ventas y con qué utilidades.

IV. PAPEL DE LA GERENCIA MEDIA

Las posiciones que ocupan los gerentes medios, es decir, los gerentes de división y los jefes de sección, son importantes. También son oficios difíciles para los individuos que las ocupan, en términos de relaciones verticales y horizontales.

En la administración japonesa se emplean indistintamente los términos "gerente de división" y "jefe de sección", y son muy diversas las personas y las posiciones que tales términos designan. Hay mucha diferencia entre una empresa que está dentro de una industria en continuo crecimiento, y otra cuyo apogeo ya pasó y no se está ampliando. También se nota la diferencia entre las empresas muy grandes y las medianas o pequeñas. La gente varía muchísimo en cuanto a personalidad, edad y años de servicio.

Puede haber un jefe de sección que apenas pasa de los veinte años y otro jefe de sección mayor de cincuenta años o que se acerca a la edad de jubilación. (Obsérvese que algunas empresas jubilan a sus empleados desde la temprana edad de 55 años como parte de su política de "empleo vitalicio".) Más recientemente se está dando el título de jefe de sección a personas que desempeñan funciones especializadas, sin asignarles subalternos.

En algunas empresas la rotación no es común, y un mismo gerente de división o jefe de sección puede haber estado en el mismo cargo durante largo tiempo, sabe todo lo que se puede saber sobre su oficio, y es más bien un trabajador especializado que un jefe. Otros gerentes de división o jefes de sección están siguiendo un curso escogido para ellos, y su cargo actual no es más que un paso hacia el nivel directivo. En las páginas siguientes utilizaremos los términos "gerencia media" o "gerentes de nivel medio" para referirnos a estos jefes de divisiones y secciones.

Algunos gerentes de nivel medio tienen muchísima autoridad. Consideran que su papel es directivo, y así actúan. Algunos se matan trabajando cuando se les ordena, pero no trazan planes ni someten recomendaciones a sus superiores. Unos confían en su propio juicio y otros no. Unos transmiten las órdenes que vienen de arriba directamente a los que están abajo, actuando como un canal, mientras que otros transmiten las órdenes en la forma que sirva para sus propios fines. Hay quienes no transmiten jamás una orden que les parece perjudicial para sus propios intereses estrechos. Desde los que transmiten órdenes eficazmente hasta los que no las transmiten, no hay ninguna uniformidad en el desempeño.

Otro tanto puede decirse de la reacción de estos gerentes frente al CC. Algunos se entusiasman con él, mientras que otros lo rechazan sin haberlo ensayado. Hay quienes nunca saben si el CC les gusta o no les gusta. Y hay gerentes que pueden ser buenos especialistas pero que no saben manejar subalternos. La calidad de la gerencia media varía, afectada por la historia y el sistema de cada empresa, no menos que por las personalidades individuales. Es imposible tratar acerca de toda la gerencia media bajo un solo encabezamiento, pero sin embargo me permitiré hacer algunas generalizaciones olvidando las diferencias y tratando a los gerentes como seres humanos que tienen muchas cosas en común.

El policía de tránsito

El ejemplo no será enteramente apropiado, pero en cierto modo la rutina que debe desempeñar el gerente medio dentro de la empresa se parece a la de un policía de tránsito que estuviera situado en el cruce de dos vías que corren vertical y horizontalmente. Tiene que pasar información a los que están arriba, a los que están abajo y a los que se encuentran en diversas divisiones o secciones. A veces hará la señal de "pare" u ordenará a un auto girar a la izquierda o a la derecha. Si el conductor no respeta el reglamento, el policía le hará una advertencia, pues su deber es ver que el tráfico se mueva sin tropiezo y que el trabajo de la empresa se realice con seguridad. Tiene que observar las cuatro esquinas y formarse un buen juicio sobre las condiciones imperantes.

Si el policía no tiene cuidado, puede crear una paralización del tránsito al pitar incesantemente; puede inclusive ocurrir un accidente. El público dirá que el policía tuvo la culpa del embotellamiento y que sería preferible simplemente tener semáforos.

Un policía de tránsito no puede ver más allá de las cuatro esquinas; o es posible que sencillamente no quiera ver más allá de su ambiente inmediato. Ahora bien, si posee información sobre el siguiente cruce de vías o sobre las condiciones del tráfico a uno o dos kilómetros de distancia, podrá controlar mejor el flujo de vehículos. Por eso debe ir más allá de su ambiente inmediato a fin de obtener información fundamental y adquirir la capacidad de formar juicios con base en una perspectiva más amplia.

Consideremos este ejemplo por un momento. ¿Será necesario que el policía permanezca constantemente parado en el cruce de vías? Si el volumen de tránsito es pequeño, bastará con instalar luces de señales, y el policía (o el gerente de nivel medio) solo será indispensable en las horas de máxima circulación o durante una emergencia. Si un policía se presenta innecesariamente, cuando el semáforo está cumpliendo bien la función de dirigir el tránsito, los esfuerzos que ese policía haga resultarán inútiles y más bien contribuirán a perturbar el flujo normal de la circulación (el trabajo), a pesar de duras horas de labor. Y cuando realmente se requieran los servicios del policía, estará tan cansado que ya no podrá efectuar su trabajo.

Hay que tratar de ser una persona que no tiene que estar siempre físicamente presente en la oficina, pero que sí es indispensable para la empresa.

Este es el mensaje que transmito a mis estudiantes antes de que se gradúen. Esto puede parecer contradictorio, pero no lo es. La primera parte sugiere que los subalternos se capaciten bien y conozcan las políticas y el modo de pensar del gerente. Si al mismo tiempo aprenden a trabajar juntos en armonía, el gerente no necesitará estar físicamente presente. Este mensaje estimula la creación de lugares de trabajo en los cuales la confianza en los subalternos sea la regla.

La segunda parte significa sencillamente esto: que el gerente sea la persona indispensable en las ocasiones en que ocurre algo muy importante en la empresa, por ejemplo cuando se crea un nuevo producto que representa un desafío o cuando se ingresa en un mercado difícil o cuando surgen diversas dificultades. Es necesario convertirse en una persona sabia y de espíritu batallador, de manera que cuando surjan tales situaciones los demás digan: "Por favor, vuelva a la empresa; lo necesitamos".

Quien sea incapaz de manejar a sus subalternos, no es tan bueno como se cree. Quien sea capaz de manejar a sus superiores, podrá considerarse como persona competente.

Este es mi dicho favorito. La primera parte se explica por sí misma. Sin embargo, el gerente no debe aprovechar su posición para vigilar y reprender a los subalternos y hacer que trabajen de mala gana. Eso no es buena administración. Lo más conveniente es ganarse la confianza de los empleados y dejarles saber lo que él piensa como gerente. Estando contentos, trabajarán de buena gana para su superior.

La expresión "manejar a los superiores" quizás les resulte cuestionable a algunos. Lo que quiero decir es que el subalterno debe trabajar en forma tal que sus opiniones y recomendaciones sean aceptadas por el superior. Así, el trabajo del superior redundará en beneficio del subalterno.

Hay muchos tipos de superiores. Algunos no aceptarán inmediatamente las opiniones del subalterno, aunque sean correctas. Para persuadir a una persona que ocupa una posición de autoridad, es preciso tener opiniones, conocimientos y datos correctos. Pero tener todo eso no es suficiente en sí mismo. Todos somos humanos y tenemos nuestras posiciones y sentimientos. Hay que contar también con el factor de confianza mutua; por ejemplo, ¿la persona que presenta una recomendación goza de la confianza de su superior? ¿Tiene este último un sentimiento positivo hacia aquél? La persona que hace la recomendación también debe tener don de persuasión. De ordinario, un gerente medio puede considerarse bien establecido en esa posición si sus recomendaciones son aceptadas una tras otra por su superior.

No es posible, desde luego, forzar a un superior cauteloso a aceptar una opinión, y en todo caso eso no sería gerencia. Cuando hay que tratar con superiores de recia voluntad, conviene repetir la recomendación tres veces; pero esto no quiere decir que se presente la misma opinión hoy y mañana y pasado mañana, pues eso terminaría en pelea. Si su recomendación no es aceptada la primera vez, vuelva a estudiar su presentación a la luz de las siguientes preguntas:

- ¿Hubo alguna falla en mi manera de pensar?
- ¿Tenía yo la información adecuada?
- ¿Hubo alguna falla en la presentación?
- ¿Escogí un momento oportuno para hacer la presentación?
- ¿La presenté con convicción?
- ¿Tuve en cuenta la posición de mi superior?

La segunda presentación se puede hacer después de un período de enfriamiento, y solo después de adoptar un método nuevo de persuasión basado en información nueva. Si después de tres intentos el superior todavía rechaza la recomendación, entonces será preciso abandonarla. Al fin y al cabo, él es su superior. Mi experiencia, empero, es que hasta un presidente dictatorial e inflexible escuchará una opinión que se presente tres veces. Cuando le mencioné esto al director de cierta empresa, comentó: "Pues bien, yo por mi parte no hago caso de ninguna opinión que solo se me presente una vez". Esta actitud también tiene sus desventajas, por supuesto.

Los gerentes medios están atrapados entre los de arriba y los de abajo, y tienen que actuar de acuerdo con esa situación para desempeñar sus responsabilidades.

En la primera Conferencia sobre Círculos de CC celebrada en 1963, uno de los dirigentes era una mujer que había obtenido resultados notables gracias a la cooperación de su jefe de sección. Cuando se le interrogó al respecto respondió: "Eso es lo que me mantiene tan ocupada. La mitad de mi oficio consiste en estimular a mi jefe con datos, usando éstos como un látigo en las ancas de un caballo". Muy bien dicho.

Si se les delega la autoridad libremente, los subalternos aplicarán todas sus capacidades y se superarán en sus oficios.

Corresponde al jefe la responsabilidad de educar a sus subalternos, a quienes debe impartir sus conocimientos y su experiencia mediante el adiestramiento en el trabajo.

Algunos gerentes de nivel medio sostienen que es muy difícil enseñar algo para cuyo aprendizaje necesitaron diez o veinte años. En lugar de enseñar a sus subalternos, gozan viéndoles cometer errores. De esto jamás resultará un buen trabajo. Si los subalternos no están bien adiestrados ni son dignos de confianza, no se puede administrar bien la división. Y solo con buena administración podrá la persona encargada aspirar a cosas mayores.

Una advertencia: la educación no debe limitarse a la instrucción y el buen entrenamiento. La meta final es llegar a que el empleado desempeñe el cargo por sí solo sin ayuda. Al enseñar, no hay que machacar el mismo punto una y otra vez, lo cual fastidiaría al subalterno. Debe escogerse el enfoque con mucho cuidado.

Otro método educativo, y muy importante, consiste en delegar autoridad y dejar que los subalternos hagan las cosas como les parezca mejor. En las empresas que se están ampliando rápidamente, se observa que los jóvenes gerentes de nivel medio trabajan con gran diligencia, eficacia y entusiasmo. El hecho de que estas empresas no tengan suficientes gerentes de nivel medio puede haber contribuido a esta vigorosa y juvenil delegación de facultades. Por contraste, en las empresas que no están creciendo, muchos gerentes de nivel medio sencillamente se desperdician. En mi caso, casi inmediatamente después de graduarme me nombraron oficial técnico en la marina y trabajé dos años en una fábrica de cañones navales. Un año después de graduarme me dieron el mando de 600 operarios, para construir una fábrica en un lote de 100 hectáreas. Esta fue una gran experiencia de aprendizaje.

Enseñe a sus subalternos su política básica. Si es necesario, déles algunos consejos, pero fuera de eso sencillamente delégueles la autoridad para que ellos hagan su oficio. Si cometen errores, ese es un precio pequeño por el crecimiento que puede esperarse de ellos. Al fin y al cabo, todo fracaso es un peldaño hacia el éxito. En una empresa que se maneje dictatorialmente, los problemas suelen empezar cuando se retira el jefe ejecutivo fuerte. Y se presentan problemas porque el ejecutivo no ha educado a sus subalternos y no ha habido delegación de autoridad. Estos casos ocurren en las compañías que no preparan a su gente.

No hay que estar mirando siempre hacia arriba cuando se trabaja.

En algunas empresas los empleados siempre están mirando hacia arriba cuando trabajan. Este fenómeno suele encontrarse en las compañías donde hay ejecutivos excepcionalmente fuertes, cuyo estilo gerencial es dictatorial. En una empresa que conozco, todos los empleados, incluyendo a los directores administrativos superiores, miran hacia arriba mientras hacen su trabajo. ¿Qué significa esto? En un caso extremo, la compañía se convierte en un lugar donde nadie trabaja, salvo con orden del presidente. Si el presidente da una orden, todos se esfuerzan por ejecutarla; pero si no la da, nadie trabaja. La compañía no tiene comandantes de batallón ni de escuadra. En otras palabras, desde los directores administrativos para abajo todos son soldados rasos. En la guerra ruso-japonesa de 1904-1905, el ejército japonés atacaba sin descanso la posición rusa en Puerto Arturo, llamada Cerro 203. A estas compañías las llamo empresas tipo 203. Bajo las órdenes del presidente, todo el mundo se lanza sobre el enemigo y ocupa el cerro, pero las bajas son muchísimas. Lo que la empresa necesita es tener comandantes de batallón, comandantes de compañía, y comandantes de escuadra que piensen por sí mismos. Cuando veo una empresa con tendencia de Cerro 203, aconsejo a los ejecutivos: "Creen una atmósfera en que los directores administrativos superiores puedan expresar sus opiniones libremente al presidente, los directores a los directores superiores, los gerentes de división a los directores, los jefes de sección a los gerentes de división, y así sucesivamente. Si logran esto, su compañía podrá implantar el control total de calidad y mejorar su salud y carácter corporativos. Pero esto es más fácil decirlo que hacerlo.

Los gerentes de nivel medio y los que están debajo de ellos son responsables por la exactitud de los datos que se recojan relativos al lugar de trabajo.

A menos que se puedan obtener hechos y cifras precisas acerca del lugar de trabajo, no puede haber control ni mejora. Pero reunir los datos es cosa muy difícil. Hay muchas cifras mentirosas y falsas. ¿Por qué? Los individuos suministran información falsa:

- Para quedar bien
- Para ocultar sus errores
- Para asegurarse de no quedar en desventaja
- Sin saberlo e inconcientemente

Pero yo deseo hacer hincapié en que del sesenta al setenta por ciento de la responsabilidad por producir mentiras y datos falsos, corresponde a los superiores. ¿Por qué se inclinan los subalternos a decir mentiras? A continuación doy una lista de razones:

a. Ordenes no razonables

b. Superiores que sufren accesos de cólera

c. Interferencias molestas

d. Control dictatorial por la sede y los superiores

e. Mentiras de los superiores

f. Superiores que no pueden aceptar la dispersión estadística y que tampoco la entienden

g. Falta de buenos reglamentos y normas operativas

h. Mal sistema de evaluación del personal

i. Superiores que siempre echan la culpa a los demás

j. Superiores que dan órdenes y órdenes y nada más

k. Malos métodos de comprobación o comprobación inadecuada

Estas y otras razones crean datos falsos en la sociedad y la industria japonesas. Al mismo tiempo hay datos equivocados y cifras falsas que se crean conciente o inconcientemente. Los gerentes intermedios y los supervisores inferiores tienen el deber de depurar estos datos para asegurar su exactitud y permitir a la compañía conocer la realidad de los hechos.

El finado señor Nabeshima, presidente de la Sumitomo Electric Industry hizo esta observación: "Una de las razones más importantes para que el presidente haga auditoría de CC y reciba informes de las actividades en materia de CC es que así él y otros pueden conocer los hechos. Todos los que tenemos rango de jefe de sección para arriba debemos trabajar sobre la base de los datos que nos suministran. Si esos datos son equivocados, no se puede administrar". Esta observación muestra cuán difícil le es a la alta gerencia obtener información correcta.

Cuando yo estaba en el mundo de los negocios, trabajando en una empresa, mi jefe de sección siempre revisaba el informe diario. Uno de sus objetivos era corregir los datos. Un joven técnico anotó la cifra exacta de rendimiento en una gráfica. El jefe de sección le riñó diciéndole: "¿No sabe usted que el rendimiento de este proceso es del setenta por ciento? No nos dé esa cifra extra". En otra ocasión un gerente de fábrica me dijo: "Confidencialmente, profesor Ishikawa, lo que tengo aquí es el informe mensual verdadero. El otro informe es el que mandamos a la sede". También he encontrado muchas veces cifras de ventas que no son confiables, suministradas por distintas oficinas de ventas.

¿Quién es responsable de estas situaciones? A mí me parece que la mayor parte de la culpa recae sobre la alta gerencia.

¿Quién estorba el avance de una empresa?

Para crecer, una empresa necesita romper las barreras del *statu quo*. Sin embargo, quien llega a gerente de división o jefe de sección tal vez piensa que ya ha realizado sus aspiraciones y que ahora no debe correr ningún riesgo que ponga en peligro su posición. Esta actitud es inevitable entre algunos gerentes de división y jefes de sección, pero si en la gerencia media hay muchas personas que piensan así, la empresa no tiene un futuro brillante. Obsérvese, con todo, que la mitad de la responsabilidad sigue siendo de la alta gerencia, que ha hecho que los gerentes intermedios no quieran correr riesgos.

Es responsabilidad de la gerencia media ver que funcionen las actividades de los círculos de CC.

De este tema trataremos en el capítulo siguiente. Pero aquí quiero simplemente anotar que las actividades de círculos de CC son el espejo que capta el reflejo de la gerencia media. Esta puede hacer que se enciendan las actividades del círculo de CC o que la antorcha permanezca apagada.

Comunicación con otras divisiones — gerencia interfuncional.

Como se ha visto antes, la fuerte estructura vertical de mando en la sociedad y la industria japonesas ha inhibido las comunicaciones horizontales, haciendo prevalecer el seccionalismo. La comunicación interdivisional y la gerencia interfuncional no son sinónimos, pero se pueden considerar conjuntamente para fines de discusión. Si investigamos la función de la garantía de calidad horizontalmente, lo que sale a la luz es la incapacidad de muchas divisiones para coordinar sus actividades. Esta observación se aplica a muchas divisiones, desde planeación, diseño, pruebas, evaluación, ingeniería de producción, compras, producción y ventas, hasta la división de servicios posteriores.

Una de las tareas de la gerencia media es encontrar maneras de vincular las divisiones horizontalmente y coordinar sus actividades a lo largo de líneas funcionales. Para lograr la cooperación interdivisional no se puede pelear con el proceso anterior ni con el proceso siguiente ni con las demás divisiones. Los gerentes medios también tienen que esforzarse por crear mejores relaciones entre unos y otros.

La clave del éxito está en mirar al futuro. El presidente tiene que mirar adelante diez años, el director cinco años, el gerente de división tres años y el jefe de sección por lo menos un año.

Un gerente debe administrar bien su propia división y consolidar sus alrededores inmediatos. Esto es en sí mismo una tarea importante. Pero en su modo de pensar, siempre tiene que mirar al futuro. Tiene que mirar adelante y dedicarse al control de vanguardia. He sugerido que un gerente de división mire siquiera tres años adelante y un jefe de sección un año. Esto los adiestrará para desarrollar una perspectiva amplia respecto a su industria, al mismo tiempo que desempeñan sus deberes en la compañía. Sin embargo, algunos gerentes intermedios, y en ciertos casos aun los altos gerentes, se preocupan continuamente por lo que sucedió ayer o el mes pasado. Su visión es retrospectiva. Esto puede ejercer una mala influencia sobre los subalternos, que también pueden acostumbrarse a mirar atrás. La empresa tiene que marchar siempre hacia adelante y progresar, y no puede envolverse en semejante ovillo.

La limitación de espacio no me permite extenderme más; pero en suma, encarezco a los gerentes de nivel medio que ocupan posiciones importantes en sus compañías, que sean orgullosos, confiados y valerosos; que pongan en práctica las sugerencias de los párrafos anteriores y que estudien con diligencia para alcanzar el autodesarrollo y el desarrollo mutuo.

Actividades de los círculos de CC

El CC solo tendrá éxito cuando los supervisores y los trabajadores de línea asuman la responsabilidad por el proceso.

Los trabajadores que están en primera línea son los que sí conocen la realidad de los hechos.

Las actividades de los círculos de CC reflejan la capacidad del presidente y de la gerencia media.

Las actividades de círculos de CC que guarden armonía con la naturaleza humana pueden tener éxito en cualquier parte del mundo.

Donde no haya actividades de círculos de CC, tampoco puede haber actividades de CTC.

I. EDUCACION DE CC PARA SUPERVISORES

Desde 1949 cuando iniciamos el primer curso básico de control de calidad, hemos tratado de fomentar en todo el país la educación sobre la materia, que comenzó con la educación de ingenieros, pasó luego a los gerentes de los niveles alto e intermedio, y de allí a otros grupos. Sin embargo, comprendimos que no podíamos producir artículos de buena calidad, con solo impartir educación a los altos gerentes e ingenieros. Necesitábamos la total cooperación de los trabajadores de línea encargados de manufacturar los productos. Este fue el comienzo de la revista *Gemba-to-QC* (control de calidad para supervisores), cuyo primer número apareció en abril de 1962. Con la publicación de esta revista (FQC) empezamos las actividades de círculos de CC.

Yo presidí el consejo editorial de la nueva revista y emití la siguiente declaración de política:

1. Hacer que el contenido sea fácil, para que todos lo entiendan. Nuestro deber es educar, entrenar y promover el CC entre los supervisores y los trabajadores que ocupan la primera línea de nuestra fuerza laboral. Queremos ayudarles a mejorar su capacidad de manejo y de progreso.

2. Fijar un precio bajo para que la revista pueda llegar a todos. Queremos que sea leída y aprovechada por el mayor número de supervisores y trabajadores de línea.

3. En los talleres y otros lugares de trabajo se organizarán grupos de trabajadores dirigidos por sus propios supervisores. Estos grupos se llamarán círculos de control de calidad. Los círculos de CC usarán la revista como texto de estudio y se esforzarán por resolver los problemas que se presenten en su lugar de trabajo. Los círculos de CC vendrán a ser el núcleo de las actividades de control de calidad en sus respectivos talleres y lugares de trabajo.

Insistí también en el voluntarismo. Me parecía que los círculos de CC no deberían operar por órdenes de un superior, sino voluntariamente en los diversos lugares de trabajo. Si los trabajadores no quieren participar, está bien. No hay que forzarlos. Por otra parte, recomendé que los círculos debidamente constituidos se inscribieran en la revista e hicieran publicar los nombres de sus miembros. Los empleados se sienten responsables y se complacen cuando ven su nombre en la revista *FQC*. En diciembre de 1983 había 173 953 círculos de CC, con 1 490 629 miembros inscritos.

Ignoro cuántos círculos hay no inscritos, pero calculo que actualmente hay diez veces más, que no están inscritos.

Con el fin de promover las actividades de círculos de CC en todo el país, y de lograrlo en forma eficiente y correcta, se creó en 1963 el Centro de Círculos de CC. De 1964 en adelante se organizaron nueve capítulos regionales de círculos de CC. Estas organizaciones publican libros y revistas, producen diapositivas, realizan seminarios y conferencias, y dictan cursos por correspondencia; tales actividades se organizaron con el fin de promover el autodesarrollo entre los practicantes del CC. También inventamos el término "desarrollo mutuo", para lo cual, además de las actividades de los círculos de CC, organizamos la Conferencia Anual de CC para Supervisores, la Conferencia de Círculos de CC, visitas recíprocas y discusiones entre los círculos de CC, el Seminario Itinerante de Círculos de CC y el Grupo de Estudio en el Exterior (Grupo CCC). El Japón puede jactarse de haber alcanzado un gran éxito en las actividades de CC, lo cual ha sido posible gracias a nuestro esfuerzo incansable por buscar la excelencia en estas organizaciones.

II. ACTIVIDADES BASICAS DE LOS CIRCULOS DE CC

Al intensificarse las actividades de los círculos de CC y aumentarse su número, muchas actividades que no tienen nada que ver con lo que hacen esos círculos, pueden empezar a usar el mismo nombre. Por esto resulta necesario dar una definición precisa de qué es un círculo de CC y cuáles son sus objetivos. Para contestar esas preguntas, el Centro de Círculos de CC publicó los siguientes libros: *The General Principle of the QC Circle* (*Koryo*), en 1970, y *How to Operate QC Circle Activities*, en 1971. Estos dos volúmenes describen las actividades básicas; de ellos, en su versión en inglés preparada por el mencionado Centro, se han extractado los puntos siguientes:

1. ¿Qué es el círculo de CC?
   El círculo de CC es
   un grupo pequeño
   que desarrolla actividades de control de calidad
   voluntariamente
   dentro de un mismo taller.
   Este pequeño grupo lleva a cabo
   continuamente
   como parte de las actividades de control de calidad en toda la empresa
   autodesarrollo y desarrollo mutuo
   control y mejoramiento dentro del taller
   utilizando técnicas de control de calidad
   con participación de todos los miembros.

2. Ideas básicas subyacentes en las actividades de los círculos de CC

Las ideas básicas subyacentes en las actividades de los círculos de control de calidad que se realizan como parte del control de calidad en toda la empresa son las siguientes:

1. Contribuir al mejoramiento y desarrollo de la empresa.
2. Respetar a la humanidad y crear un lugar de trabajo amable y diáfano donde valga la pena estar.
3. Ejercer las capacidades humanas plenamente, y con el tiempo aprovechar capacidades infinitas.

La lista anterior muestra las ideas fundamentales subyacentes en los círculos de CC. Además, menciono diez factores como pautas útiles para dirigir esas actividades: (1) autodesarrollo, (2) servicio voluntario, (3) actividades de grupo, (4) participación de todos los empleados, (5) utilización de técnicas de CC, (6) actividades íntimamente relacionadas con el lugar de trabajo, (7) vitalidad y continuidad de las actividades de CC, (8) desarrollo mutuo, (9) originalidad y creatividad, y (10) atención a la calidad, a los problemas y a la mejora.

Las ideas básicas subyacentes en los círculos de CC se encuentran en estos diez factores. A continuación explicaré algunos de ellos.

Servicio voluntario

Algunos de nuestros jóvenes, de la generación de posguerra, resultan demasiado dependientes de los demás. Ejecutan su oficio de mala gana porque se les ordena. El supuesto implícito es que no trabajan sin órdenes; tal flojera y tal falta de independencia desgraciadamente van en aumento. Los especialistas en las ciencias del comportamiento ofrecen distintas y a veces complejas definiciones de la naturaleza humana, pero yo como ingeniero doy una respuesta sencilla. Las máquinas y los animales son distintos del hombre. La primera diferencia se encuentra en el hecho de que los seres humanos tienen voluntad propia y pueden actuar guiados por ella. Si solo hacen las cosas porque se les ordena hacerlas, entonces no se diferencian de las máquinas y de los animales. La segunda diferencia es que el hombre razona; piensa y tiene cerebro para almacenar los conocimientos y crear ideas.

Desde que empezamos a trabajar en actividades de círculos de CC, resolvimos que la participación debía ser voluntaria. Nuestro movimiento se basaría en el respeto a la humanidad, lo cual solo sería posible haciendo hincapié en la voluntariedad. Así pues, según se explicó antes, no obligamos a nadie a tomar parte en nuestras actividades. Participan quienes quieran, pero nuestro principio básico siempre ha sido que no habrá coerción desde arriba. Naturalmente, una empresa es una organización y no puede permitir que cada quien haga lo que le venga en gana. Cuando hablamos de voluntariedad, aceptamos la limitación de que todos los participantes son miembros de una sociedad y de una compañía dadas, y que han de amoldarse a las reglas y a las políticas de la organización. Subrayo esto porque muchas empresas olvidan que la participación voluntaria es la clave del éxito. Pueden ordenar que todos participen en actividades de CC. En determinadas circunstancias quizá sea necesaria una orden, pero una vez iniciadas las actividades, esa política de ordenar tiene que modificarse rápidamente. Si los empleados no sienten que están participando en las actividades por su propio gusto, éstas no tendrán éxito.

En una forma ideal de administración democrática, los sistemas que operan desde abajo hacia arriba y desde arriba hacia abajo, se encuentran bien coordinados. Si solo se hace hincapié en uno de estos sistemas, nunca da resultado.

Autodesarrollo

Como la misma expresión lo dice, el autodesarrollo consiste en estudiar uno por sí mismo. Siempre hemos concedido muchísima importancia al mejoramiento de las capacidades del individuo por medio de la educación y el adiestramiento, como una manera de promover el control total de calidad. El nivel educativo es alto en el Japón y seguirá subiendo si se permite que continúen la educación, el adiestramiento y el estudio por cuenta propia. Sin embargo, muchas personas dejan de aprender cuando salen de la escuela. Yo suelo decirles a mis estudiantes que se gradúan en la universidad: "Ahora empieza un período de verdadero aprendizaje". Pero algunos me responden: "¿Tenemos que estudiar después de graduarnos?" Esta es una actitud deplorable.

Insisto tanto en la educación como en el adiestramiento. Si solamente damos importancia a una de estas cosas, se pueden presentar problemas. En Occidente, cuando se habla de adiestramiento se piensa en adiestramiento técnico. Este no es suficiente para nuestros fines.

Desarrollo mutuo

Hemos venido haciendo hincapié en el desarrollo mutuo, desde que empezamos las actividades de círculos de CC. Los trabajadores tienden a encerrarse en su propio ambiente seccional y su perspectiva es limitada. Quisimos darles perspectivas más amplias, haciéndolos ver las cosas desde el punto de vista de la compañía como un todo o aun con una perspectiva mundial. Queríamos que pensaran y que intercambiaran ideas con colegas situados en otros lugares de trabajo, en otras empresas y en otras industrias. Efectuamos Conferencias de Círculos de CC, fomentamos discusiones de desarrollo mutuo en los círculos de CC (organizadas ellas entre diferentes empresas e industrias, permitiendo a los participantes visitar los lugares de trabajo de otras industrias y compañías, y que allí pudieran formular preguntas y discutir temas de interés), enviamos grupos al exterior y celebramos seminarios en el extranjero. Todas estas actividades tenían como finalidad el desarrollo mutuo.

Algunos trabajadores tal vez no respondan a las sugerencias de sus superiores para que tomen parte en las actividades de CC; pero si asisten a una reunión e intercambian ideas con los demás, dirán para sí: "Nos estamos quedando atrás; hay que hacer algo". Los gerentes de división y los jefes de sección pueden prescindir de sermonear a sus trabajadores. Harían bien en enviar a líderes y a miembros potenciales del CC a los lugares donde se estimula el desarrollo mutuo. Se debe procurar que los empleados lo descubran por sí mismos. Una de las razones de que las actividades de CC hayan alcanzado en el Japón su actual nivel es que tenemos muchas oportunidades de desarrollo mutuo. El ser humano está dispuesto a hacer las cosas cuando descubre su necesidad por sí mismo; pero no cuando otras personas le ordenan que las haga.

Participación de todos los miembros

La participación de todos los miembros significa que si en un lugar de trabajo hay seis personas, todas las seis tienen que participar en las actividades del círculo de CC. No significa que todos los empleados de una empresa tengan que participar.

Hay que advertir, empero, que aun cuando el control total de calidad significa que todos los empleados y todas las divisiones participan, no significa que todo el mundo en la compañía, desde el presidente para abajo, tenga que pertenecer a un determinado círculo de CC. Algunos crearán círculos especiales y por medio de ellos participarán en el programa total de control de calidad de la empresa. Además, algunos gerentes y técnicos pueden participar en el programa por medio de las funciones normales que se les han confiado.

Volviendo al caso del lugar de trabajo donde hay seis personas, es indispensable la participación de todas las seis. Si una de ellas no toma parte, las actividades de CC no podrán funcionar bien. A veces este es el problema más difícil que se le presenta al dirigente de un programa que está comenzando.

Hay tres etapas en la participación de todos los miembros. En la primera hay que ver que todos se hagan miembros de un determinado círculo de CC. En la segunda todos deben asistir a las reuniones del círculo de CC. Para este fin, los organizadores buscarán la hora y el lugar que convengan a todos. En la etapa final todos los miembros se dedican a actividades en las cuales cada uno tenga una tarea específica asignada. Completadas las tres etapas, el círculo de CC se puede considerar totalmente participante.

Continuidad

Los círculos de CC no son para sostenerlos durante un tiempo y luego abandonarlos. Hay que sostenerlos mientras exista un lugar de trabajo o una empresa. Muchas empresas nombran grupos para mejorar determinados aspectos de sus operaciones y los disuelven una vez que los problemas se han resuelto. A estos grupos se les dan varios nombres tales como equipos de proyecto, equipos de control de calidad o fuerzas tácticas. Es preciso diferenciar claramente estas actividades de la de los círculos de CC.

Han pasado más de veinte años desde que empezamos a promover las actividades de control de calidad en el Japón en 1962. Desde el principio quisimos que ellas fueran un proyecto continuo y esta esperanza se ha realizado. Para asegurar la continuidad, no hay que actuar a la carrera sino tener paciencia. En la larga vida de las actividades de CC habrá necesariamente altibajos y contratiempos descorazonadores. Habrá muchos momentos en que los miembros sencillamente quieran abandonarlas. Pero hay que tener paciencia y sobreponerse a tales contratiempos, creando actividades de CC que se lleven a cabo a niveles más altos aun.

En 1971 creamos el Gran Premio de Círculos de CC, que se otorga todos los años en noviembre durante la reunión de la Conferencia Pan-Japonesa de Círculos de CC. Catorce círculos recomendados por los capítulos regionales reciben medallas de oro o plata, y el criterio más importante para la elección es su continuidad. Según el reglamento establecido por el comité de la conferencia, los círculos aptos para recibir el premio tienen que haber estado funcionando continuamente por lo menos durante tres años, y cada uno tiene que haber resuelto no menos de dos temas por miembro; es decir, que si un círculo tiene seis miembros, debe haber resuelto un total de doce o más temas. Habiendo observado los círculos que han merecido el premio, puedo decir que son aquellos cuyos miembros siempre están tratando de resolver problemas. En ese proceso todos se enriquecen con una valiosa experiencia cooperativa.

III. COMO INICIAR LAS ACTIVIDADES DE UN CIRCULO DE CC

En esta sección daré algunas indicaciones sobre la manera de iniciar las actividades de círculos de CC; pero antes, es necesario explicar la relación entre los círculos de CC y el programa de control de calidad en toda la empresa.

Uno de los requisitos para iniciar actividades de círculos de CC es que la empresa esté implantando el control total de calidad. En el pasado, las empresas solían empezar con el CTC y luego iniciaban los círculos de CC. Ultimamente, las empresas pequeñas y medianas, así como las empresas de industrias de servicios, tales como bancos, distribuidoras y hoteles, tienden a empezar con las actividades de los círculos y después tratan de introducir el CTC.

Las condiciones varían de una empresa a otra y de una industria a otra. Naturalmente, se puede empezar con las actividades de círculos de CC, pero se debe tener en cuenta que éstas apenas constituyen una parte de un programa total de control de calidad y que no pueden existir independientemente. Así pues, aunque se empiece con las actividades de círculos de CC, si no hay perspectivas de combinarlas con el control total de calidad, no pueden durar. Aun cuando tengan éxito durante un breve tiempo, éste no es un éxito real. Por ejemplo, los empleados ubicados en el extremo inferior de la jerarquía pueden esforzarse muchísimo para sacar adelante sus círculos de CC, mientras que el personal de los niveles de gerencia alto y medio hacen caso omiso del control total de calidad. En tal caso no habría aliciente para que los encargados de las actividades de los círculos de CC continuaran sus esfuerzos.

Ahora, en cuanto a los pasos necesarios para iniciar las actividades de los círculos, considero apropiados los siguientes:

1. Los gerentes, los jefes de división y los de sección, y todos los responsables por el control de calidad, deben ser los primeros que empiecen a estudiar las actividades del CC y de los círculos de CC.

2. Deben asistir a las conferencias de los círculos de CC y visitar industrias y empresas donde se esté aplicando el sistema. Estas mismas oportunidades se deben otorgar a los supervisores y a los futuros dirigentes de círculos.

3. Escójase a la persona que se encargará de promover las actividades de los círculos de CC en la empresa. Esta persona debe estudiar el asunto y preparar un texto simplificado para la capacitación de dirigentes y miembros de los círculos de CC.

4. La empresa comienza en seguida a capacitar dirigentes de círculos y les da adiestramiento en control de calidad y en las actividades de los círculos. No hay que enseñarles cosas demasiado difíciles. El plan de estudio debe limitarse a los principios básicos de las actividades de los CC de calidad, cómo enfocar la calidad y la garantía de calidad, el control y cómo mejorarlo (PHVA o sea planear, hacer, verificar, actuar), y cómo enfocar los métodos estadísticos. En cuanto a las siete herramientas del CC, bastará con el diagrama de causa y efecto, la gráfica de Pareto, el histograma, la hoja de verificación y el principio de estratificación. Todo lo demás se puede ir enseñando cuando las actividades de los círculos de CC ya estén bien encaminadas.

5. Los dirigentes así capacitados regresan a sus lugares de trabajo y organizan los círculos de CC. El número de personas en cada círculo no debe pasar de diez miembros. Los mejores grupos están constituidos por tres a seis personas. Cuando el número es demasiado grande, los elementos participantes sufren.

6. Al principio, los supervisores suelen ser los más indicados para actuar como dirigentes de los círculos; pero a medida que las actividades progresan, es mejor que la posición de liderazgo sea electiva, independientemente de la posición que las personas ocupen en la compañía. Cuando se inicie un círculo con un gran número de participantes, divídanse en grupos más pequeños, como subgrupos o minigrupos. En cuanto al liderazgo, asegúrese de que haya un sistema adecuado de rotación.

7. En seguida, los dirigentes enseñan a los miembros lo que han aprendido. Tienen que dedicar tiempo a esto y utilizar en sus explicaciones los datos y problemas que existen en su lugar inmediato de trabajo. Si es necesario, la persona que promueve el control de calidad en la empresa puede ayudar en este proceso educativo, pero el mejor método sigue siendo que el dirigente enseñe a su propio grupo. Enseñar es aprender, y con la misma experiencia de enseñar a los miembros el dirigente aprenderá muchísimo.

8. Una vez que han estudiado y han adquirido una comprensión básica del CC, los miembros proceden a escoger un programa común que les toque de cerca en su lugar de trabajo como tema para su investigación. Este es el principio de las actividades de un círculo de CC. El dirigente y los miembros escogerán el tema de común acuerdo, en íntima consulta entre sí pero sin interferencia de afuera. Al principio no siempre les es fácil saber qué están haciendo. A veces se necesita consultar a los superiores o al promotor del CC en la empresa, acerca del tema que se va a investigar. Pero la guía será la actuación voluntaria y la independencia. Una advertencia: al superior se le debe informar en cuanto al tema elegido. Los trabajadores deben estar en capacidad de identificar los problemas que hay en su propio lugar de trabajo, sin necesidad de que otros se los vengan a señalar. Esta es la razón de mi insistencia en la voluntariedad y en la independencia. Una vez que las actividades del círculo de CC estén bien encaminadas, se hace más y más fácil identificar los problemas.

IV. COMO LLEVAR A LA PRACTICA LAS ACTIVIDADES DEL CIRCULO DE CC

Para llevar a la práctica las actividades de un círculo de CC en el Japón, hay que tener en cuenta los siguientes puntos: (1) cómo promover un círculo de CC a escala nacional, (2) cómo promoverlo en una empresa, y (3) qué puede hacer un círculo de CC individualmente.

Cómo promover un círculo de CC a escala nacional

En el Japón existe un Centro de Círculos de CC, lo mismo que capítulos regionales, y también toda una red de organizaciones que se extienden por el país, pero sin conexión con el gobierno ni con las dependencias oficiales. Todas estas organizaciones de centros de CC son privadas y voluntarias. Hay otros países en donde el gobierno estimula la introducción de círculos de CC. Por ejemplo, en Corea del Sur y en la China el gobierno ofrece premios para dichos círculos. Las actividades de los círculos también varían de país a país. Baste decir que en el Japón los aspectos voluntarios de estas actividades han servido bien a los intereses nacionales.

En Europa y en los Estados Unidos el control de calidad ha tomado la forma de actividades manejadas por asesores. En esos países no hay centros específicos dedicados al estudio, a la investigación y a la planeación de actividades futuras.

Para poner las cosas en su punto, debo agregar que en el Japón el Centro de Círculos de CC es el cuartel general para las actividades de los círculos, pero no para las de control total de calidad. En este momento no existe un centro para el CTC; éste es promovido por los interesados, en colaboración con la Unión de Científicos e Ingenieros Japoneses y con la Asociación Japonesa de Normas.

Cómo promover un círculo de CC en una empresa u oficina

Lo primero que hay que hacer es establecer o elegir una división que asuma la responsabilidad de promover las actividades de los círculos, y luego escoger a la persona que ha de dirigirla. Si la empresa ya tiene una división de control de calidad, las actividades de los círculos pueden colocarse bajo su jurisdicción. Evítese la división de trabajo que se ve en algunas empresas, en donde el control total de calidad se maneja desde la división de control de calidad, mientras que las actividades de los círculos de CC están en manos de la división de personal. Esto es contrario a nuestros propósitos.

La división que se escoja tiene jurisdicción sobre todas las actividades relacionadas con los círculos de CC, inclusive el plan de toda la empresa para la educación en esta materia, las conferencias de los círculos de CC, las conferencias entre círculos, y un sistema de otorgar premios y aceptar sugerencias. Si se van a mandar personas a observar las actividades de CC fuera de la empresa, esta división las escoge y hace los arreglos necesarios. El éxito o el fracaso de las actividades de los círculos de CC, depende a menudo de la decisión de los altos gerentes, de la persona escogida para promover el CC y del entusiasmo colectivo. Es importante, pues, seleccionar inteligentemente a la persona a quien se le vaya a encargar esta función.

¿Qué puede hacer un círculo de CC individualmente?

Cada círculo deberá ocuparse de varios problemas; deberá escoger su propio tema independientemente y luego dedicarse a la tarea de resolver los problemas relativos a ese tema. En ese momento, le resulta muy útil la siguiente "historia del CC":

1. Escoger un tema (fijar metas)
2. Aclarar las razones por las cuales se escoge dicho tema
3. Evaluar la situación actual
4. Análisis (investigación de causas)
5. Establecer medidas correctivas y ponerlas por obra
6. Evaluar los resultados
7. Estandarización, prevención de errores y prevención de su repetición
8. Repaso y reflexión, consideración de los problemas restantes
9. Planeación para el futuro

Estos nueve pasos, que llamamos la "historia del CC", tuvieron como propósito inicial facilitar los informes sobre las actividades de CC, pero en realidad abarcan mucho más. Si el círculo los sigue de cerca, podrá resolver los problemas. Los nueve pasos se emplean actualmente en el proceso de solución de problemas.

Los círculos de control de calidad emprenden sus actividades de acuerdo con lo que estos pasos sugieren, y cuando llegan a su meta hacen pública su experiencia en la conferencia de círculos de CC. Las charlas, desde luego, siguen el esquema indicado por estos nueve pasos.

Hasta ahora, los informes de las empresas solamente han contenido los resultados de los procedimientos, reflejando la actitud de que los resultados son lo que realmente cuenta. Estos son informes operativos. En los informes de CC, hacemos hincapié en los puntos 2, 3, 4, 5 y 7 de la lista anterior.

En el CC los resultados son importantes, como es obvio, pero el proceso lo es aun más. Mediante la historia del CC, podemos estudiar concretamente los métodos para alcanzar las metas y resolver los problemas — ¿son analíticos? ¿son científicos? — y evaluar los esfuerzos, el pensamiento, el entusiasmo y la tenacidad de las personas que toman parte. Hay quienes se fían de su propia experiencia, de su sexto sentido y de sus corazonadas. De vez en cuando pueden tener éxito, pero ese éxito no se puede duplicar ni se puede evitar la repetición en caso de fracaso. Esta es otra razón para que en las actividades de CC se sigan muy de cerca los nueve pasos antes mencionados.

A medida que los miembros continúan resolviendo sus temarios, los métodos que han estudiado, tales como el diagrama de causa y efecto y la gráfica de Pareto, les resultan insuficientes. Querrán estudiar más y dominar las siete herramientas del CC. Quizá quieran estudiar métodos más refinados y adquirir conocimientos de física, química, electrónica y otras disciplinas íntimamente relacionadas con su trabajo. La experiencia que adquieren en la solución de problemas es sumamente importante. Con ella, los empleados van madurando, y a medida que repiten el proceso de adquirir nuevos conocimientos, sus capacidades se amplían aun más. Estas capacidades crecen en tal forma que llegan hasta resolver problemas que no pueden ser resueltos por los ingenieros con formación universitaria.

V. EVALUACION DE LAS ACTIVIDADES DE LOS CIRCULOS

La evaluación de las actividades de los círculos de CC no debe limitarse al análisis de sus resultados, especialmente cuando los resultados se dan en términos monetarios. Los resultados monetarios hay que tomarlos con escepticismo, pues pueden variar de un lugar de trabajo a otro. Por ejemplo, en una planta dedicada a la producción masiva, un esfuerzo pequeño puede ocasionar una economía de muchos millones de dólares, mientras que en una oficina que racionaliza su sistema de comprobantes, la economía puede ser apenas de unos diez mil dólares. Sin embargo, en un lugar que nunca haya tenido un programa de control de calidad, una vez que se introducen los círculos de CC, es posible que se realicen economías de millones. Por otra parte, un esfuerzo continuo de mejoramiento de la gerencia que dure varios años, no siempre muestra resultados en términos monetarios.

Así pues, la evaluación debe atender a factores tales como la manera en que se dirigen las actividades de los círculos de CC, la actitud y el esfuerzo que se muestren para resolver los problemas, y el grado de cooperación que exista en un equipo. A continuación doy un ejemplo del método de evaluación ponderada.

Selección del tema	20 puntos
Esfuerzo cooperativo	20 puntos
Comprensión de las condiciones reinantes y de los métodos de análisis	30 puntos
Resultados	10 puntos
Estandarización y prevención de repeticiones	10 puntos
Reflexión (replanteamiento)	10 puntos
Total	100 puntos

Como se ve en este ejemplo, los resultados apenas merecen 10 puntos.

VI. LOS CIRCULOS DE CC Y LAS FUNCIONES DE SUPERVISION

El término "funciones de supervisión" se emplea aquí para designar las que desempeñan los gerentes, los jefes de división y de sección, los ingenieros, y otros que actúan como superiores de un determinado círculo de calidad, y aquellos que son sus colegas. A veces los llamo miembros de la Asociación de Padres y Maestros para los círculos de calidad, porque el adecuado desarrollo de las actividades del círculo dependerá de que los miembros de dicha asociación se interesen en ellas y las apoyen. Es cierto que dichas actividades son voluntarias por naturaleza, pero se realizan dentro de una empresa y por tanto requieren el apoyo de quienes ejercen funciones de supervisión.

Las actividades de círculos de CC son el reflejo del trabajo de los gerentes de los niveles alto y medio. Un presidente que muestra entusiasmo respecto al CC, puede contar con el éxito de estos círculos en su empresa. Si un jefe de división no muestra interés, por una u otra razón, las actividades de los círculos de CC en esa división se perjudicarán.

A continuación enumeramos algunas de las cosas que deben hacer y que no deben hacer quienes tengan funciones de supervisión:

1. Estudiar el control de calidad y el control total de calidad con diligencia y mostrar su apoyo. Practicar el CC con sus colegas que también tengan funciones de supervisión como parte del CTC de la empresa.

2. Apoyar las actividades de los círculos y estar preparado para dirigirlos si es necesario. Su apoyo tiene que basarse en su buena comprensión de los fundamentos del sistema, lo mismo que de las condiciones reales existentes en su empresa. Para conocer los círculos de CC, debe asistir a las conferencias de los mismos y a otras reuniones análogas, tanto dentro de la empresa como fuera de ella. Entérese de las actividades en otras empresas.

3. Recuerde que las actividades de los círculos de CC son voluntarias. No emita opiniones para intervenir, y permita que las actividades se muevan a su propio ritmo. Confíe en la gente que trabaja para usted. Proceda con la idea de que el hombre es bueno por naturaleza.

4. Las actividades de círculos de CC se llevan a cabo por respeto a la humanidad. Tienen como meta mejorar las capacidades de los trabajadores. Esto a su vez ayudará a los individuos, a las divisiones y a la empresa. Un círculo de CC jamás puede operar solamente para beneficio de la empresa.

5. Mientras exista un lugar de trabajo, las actividades de los círculos deberán continuar. No son una moda pasajera.

6. Muestre su apoyo a los círculos, no con palabras sino con hechos. Ayúdeles cuando están fijando sus metas, cuando están determinando su es-

tructura organizacional (por ejemplo programando reuniones para líderes y promotores), cuando están trazando sus planes educativos; cuando están organizando seminarios o conferencias (dentro de sus divisiones, etc.), y cuando están enviando gente fuera de la empresa. Ayúdeles a trazar planes concretos y a ejecutarlos.

7. Los círculos de CC deben reunirse por lo menos dos veces al mes, y de preferencia semanalmente. Un círculo que se reúna solo una vez al mes está dormido. Algunos de los trabajadores querrán reunirse con más frecuencia. Usted, como supervisor, no les diga: "Estamos muy ocupados; esta semana no habrá reunión". Cuanto más ocupados estén en la planta, más necesaria es la reunión del círculo, pues éste debe investigar por qué razón todos tienen que trabajar tanto. Se necesita una solución fundamental.

8. Las actividades de los círculos de CC son inseparables del trabajo cotidiano de la compañía. Algunas personas creen que estos círculos son una carga adicional. Desde luego, esta es una actitud equivocada y los supervisores deben encontrar la manera de corregirla.

9. No espere resultados inmediatos. Estudie primero. Los supervisores y los trabajadores se prepararán mejor mediante estas actividades, y los resultados se verán en poco tiempo. Los supervisores deberán ser pacientes y tomarse el tiempo necesario para fomentar y promover las actividades del círculo.

10. Los supervisores pueden contribuir de diversos modos. Pueden ayudar a los círculos a iniciarse; pueden aprobar los temas que propongan y revisar sus planes de actividades y sus informes. Pueden igualmente ayudarles a buscar un lugar de reunión y tiempo para reunirse. Pueden ayudarles a reunir y preparar datos y materiales, disponer pagos de horas extras cuando sea necesario, dar premios y crear canales para la aceptación de sugerencias.

Estoy seguro de que algo se me habrá quedado por fuera. Aunque sea redundancia, debo repetir que el apresuramiento produce desperdicio. Hay que tomarse el tiempo necesario para fomentar estas actividades con presteza deliberada.

Algunos gerentes occidentales ven con alarma el crecimiento de las actividades de los círculos, por temor de que se perjudique su propia posición de poder o de que su posición gerencial pueda verse anulada. Confío en que nadie piense así en el Japón. Si el supervisor no es muy capaz y no estudia, entonces puede perder su función a medida que mejora el nivel de las actividades de los círculos. Cuando nosotros empezamos con estas actividades, aconsejábamos a los gerentes: "Dejen los detalles pequeños a los círculos de CC. Permítanles analizar los problemas y hallar soluciones. Esto aliviará a los ingenieros y gerentes respecto de problemas triviales de la planta, y les dejará en libertad para desempeñar el oficio para el cual fueron contratados. Por ejemplo, pueden dedicar su tiempo a formular políti-

cas y metas y a atender los problemas de garantía de calidad. Pueden ocuparse de los problemas de desarrollo de nuevos productos y tecnologías. Pueden
pasar su tiempo mirando confiadamente al futuro''.

VII. ¿POR QUE FRACASO EL MOVIMIENTO DE CERO DEFECTOS EN LOS ESTADOS UNIDOS?

Poco después de iniciarse las actividades de los círculos de control de
calidad en el Japón, los Estados Unidos comenzaron su movimiento de cero
defectos (CD) con grupos pequeños. La Secretaría de Defensa no celebraba
contratos de suministro con empresas que no participaran en ese movimiento, de modo que éste arraigó bien por un tiempo. Sin embargo, ha desapareci-
do por completo y parece que se está remplazando con círculos de CC.

¿Por qué fracasó el movimiento de CD? En 1965 yo lo observé personalmente y me pareció que jamás tendría éxito. Quiero presentar mi análisis
aquí para que nos sirva de lección y evitemos los mismos errores.

1. El movimiento de CD se convirtió en un simple movimiento de voluntad.
   Se insistía en que no habría defectos si cada uno daba lo mejor de sí.

2. Partiendo de tal supuesto, no se enseñaban los métodos de ejecución
   del control de calidad a los participantes. Era un movimiento sin herramientas y sin bases científicas.

3. Se afirmaba que si las normas operativas se cumplían estrictamente,
   habría buenos productos. Como ya lo he dicho repetidas veces en este
   libro, las normas operativas nunca son perfectas. Pero lo que a ellas
   les falta lo suple la experiencia. En nuestros círculos de control de calidad insistimos en que el círculo examine todas las normas operativas,
   vea cómo funcionan y las modifique. El círculo sigue las normas nuevas,
   las examina otra vez y repite el proceso de modificación, observación,
   etc. La reiteración de este proceso traerá mejoras en la tecnología misma.

4. En algunos sectores, los Estados Unidos han sentido fuertemente la
   influencia del llamado método Taylor. Los ingenieros fijan las normas
   y especificaciones del trabajo y los trabajadores se limitan a obedecerlas.
   Lo malo de este enfoque es que los trabajadores se consideran como
   máquinas, haciendo caso omiso de su humanidad.

5. La palabra ''lanzamiento'' del movimiento de CD sonaba muy bien.
   ¿Pero no implicaba en realidad una orden perentoria para que los trabajadores emprendieran una campaña por la cual sentían muy poco
   entusiasmo?

6. Los trabajadores cargaban con toda la responsabilidad por los errores
   y los defectos. De ordinario a los trabajadores solamente les corresponde
   entre un 20 y un 25 por ciento de la culpa; el resto hay que imputarlo
   a los gerentes y a sus ayudantes. En el movimiento de CD se achacaban

a los trabajadores errores por los cuales no eran responsables. Con razón el movimiento se desvió. A propósito, el Dr. Juran también ha criticado al movimiento de CD por su tendencia de echar toda la culpa a los trabajadores, aun cuando su cuota de responsabilidad nunca debe sobrepasar el 20 por ciento.

7. El movimiento se volvió puro espectáculo. La Secretaría de Defensa resolvió no contratar suministros con quienes no participaran en el CD. Solo obtuvo aceptaciones que se quedaban en el papel.

8. No había un centro encargado de promover el movimiento en todo el país. Si hubiera habido una organización como la Conferencia de Círculos de CC, que ofreciera oportunidades para el desarrollo mutuo, los resultados podrían haber sido distintos.

VIII. LOS CIRCULOS DE CC EN EL MUNDO

Las actividades de círculos de CC empezaron en el Japón en abril de 1962. Hoy se desarrollan ampliamente en Occidente y en otras partes del mundo.

Al principio yo creía que estas actividades solo podrían tener éxito en el Japón, debido a sus antecedentes sociales, culturales y religiosos. Aun suponiendo que pudieran extenderse al extranjero, pensaba que solo las naciones de cultura *kanji* podrían llevarlas a cabo y que solo tendrían éxito en Taiwán, Corea del Sur y la China. En efecto, hace más de diez años que los círculos de CC se introdujeron en Taiwán y Corea del Sur, países que ahora tienen sus propias conferencias nacionales. (En la República Popular de China no comenzaron sino en 1978.)

Sin embargo, a medida que las actividades de círculos de CC se fueron conociendo, muchos países empezaron a experimentar con ellas. En el Asia Suroriental ya existen en las Filipinas, Tailandia, Malasia y Singapur. A mediados dél decenio de 1970 se establecieron en los Estados Unidos, el Brasil, Suecia, Dinamarca, Holanda y Bélgica. Hacia 1977 y 1978 se iniciaron en México y en Inglaterra. Hay evidentemente un gran florecimiento de los círculos de CC y francamente no sé cuántos países los tengan hoy. Yo dudaba de que pudieran aclimatarse en países como Inglaterra, porque allí siguen siendo fuertes los sindicatos obreros y el elitismo, pero reconocí que estaba equivocado cuando en 1978 visité la división de motores jet de la Rolls Royce y comprobé el éxito de sus círculos de CC.

Con todo, encuentro desconcertante un aspecto de las actividades en el extranjero. A diferencia del Japón, donde estos círculos se forman con personal de un mismo lugar de trabajo, en otros países muchos círculos se organizan con personas provenientes de distintos lugares de trabajo. Muchas veces los participantes son predominantemente ingenieros. ¿Qué ocurrirá a los círculos que tienen tal composición? Me temo sobre todo que no puedan insistir en la participación total y en la continuidad. En algunos casos se organizan círculos de CC, no con el fin de lograr un control total en que la calidad sea siempre lo primero, sino para levantar el espíritu de trabajo de los participantes. Como los diferentes países tienen distintos antecedentes culturales y sociales, es inevitable, naturalmente, que las actividades de los círculos de CC se presten a enfoques diversos. Pero me sigue preocupando que algunas de las mejores características de nuestra experiencia en el Japón, tal vez no se incorporen en tales programas.

Sigo teniendo las reservas que he expresado antes. Sin embargo, estas adaptaciones muestran que las actividades de círculos de CC pueden llevarse a cabo en todos los pueblos del mundo. No necesitan ser japoneses. En los últimos tiempos, he reflexionado en que todos somos humanos. Las actividades de los círculos de CC — que armonizan con la naturaleza humana — pueden tener éxito en cualquier parte del mundo, siempre que se respeten sus principios básicos y cualesquiera que sean sus razas, su historia y sus sistemas sociales y políticos.

Control de calidad para subcontratos y compras

¿Tiene su empresa políticas básicas en materia de subcontratos y compras?

Si el control de los subcontratos no está progresando satisfactoriamente, el 70 por ciento de la responsabilidad recae sobre la empresa grande.

La responsabilidad por la garantía de calidad es del vendedor-productor.

En principio, la compra debe hacerse sin inspección.

I. CONTROL DE CALIDAD PARA PROVEEDORES Y COMPRADORES

Los fabricantes japoneses gastan por término medio el equivalente al 70 por ciento de su costo de fabricación en comprar materias primas y piezas a otras compañías (que en adelante llamaremos los "proveedores"). Por consiguiente, a menos que la calidad, el precio, la cantidad y la fecha de entrega de tales materiales sean satisfactorios, el comprador y el ensamblador no pueden fabricar buenos productos ni garantizar la calidad a sus consumidores. Para los compradores es sumamente importante el control de calidad que sus proveedores ejerzan sobre las materias primas y las piezas manufacturadas.

Durante los años 50 los fabricantes japoneses de automóviles y artículos eléctricos manufacturaban productos de inferior calidad y alto costo. Una razón era que muchos de los proveedores eran empresas pequeñas o de mediano tamaño que no tenían buenos programas de control de calidad. Después, los fabricantes grandes empezaron a escoger con mayor cuidado sus proveedores, y éstos a su vez atendieron seriamente al control de calidad. En el desarrollo de estos hechos se encuentra el origen de la alta calidad de los productos japoneses, su confiabilidad y sus precios ventajosos.

Uno de los principales factores que han sostenido la calidad de los productos japoneses es el alto nivel de control de calidad mantenido por los proveedores, trabajando en armonía con los compradores para hacerla posible.

Como lo hemos dicho antes, algunas empresas norteamericanas prefieren producir ellas mismas todo lo que necesitan. Esta política quizá provenga del hecho de que no quieren o no pueden confiar en sus proveedores. Por ejemplo, la Ford Motor Company tiene su propia siderúrgica, que ha sido "exceso de equipaje", por decirlo así. Cuando visité a la China en 1978, un gerente de fábrica me dijo: "Tenemos una fábrica integrada, con un gran potencial". En efecto, la fábrica tenía un excesivo volumen de existencias, herramientas y máquinas. Me llamó la atención la expresión "gran potencial". El gerente de la fábrica se refería obviamente al exceso de materias primas y de máquinas que no se estaban utilizando. El potencial que él mencionaba era en realidad subutilización. Temiendo que la planta no pudiera cumplir el volumen de producción que se le había asignado, los planificadores habían resuelto dotarla de una capacidad excesiva. Parece que esa era la explicación.

El consejo que les di a los miembros de la Comisión de Planificación Nacional y de la Comisión Económica de la China fue: "No quiero decir que sea malo tener los sesenta y pico proyectos importantes que ustedes están planeando en estos momentos. Los proyectos en sí mismos son muy buenos. Sin embargo, ¿no les parece que deben hacer algo antes de acometer estos proyectos gigantescos? En la etapa en que se encuentran, cuando en realidad no pueden manejar las fábricas actuales con eficiencia, ¿hay alguna garantía de que puedan manejar bien las nuevas fábricas que están proyectando? En lugar de construir más, ¿por qué no dedicarse al control de calidad? Si así lo hacen, pueden utilizar las capacidades "potenciales" que poseen. Sin mucha inversión nueva, podrán ustedes aumentar su producción por lo menos en un 50 por ciento, y si las condiciones son favorables, hasta en un 100 por ciento". Este consejo no se limita a la China. Muchos países en vía de desarrollo han visto que a pesar de las inmensas inversiones que han hecho en nuevas maquinarias, éstas no se pueden utilizar sin que el país adquiera los conocimientos técnicos necesarios, y se quedan entonces oxidándose en una bodega.

Los chinos emplean el término "fábrica integrada". Esta expresión significa que la fábrica no subcontrata y que no se emplearán proveedores de fuera. Todo lo que se necesita se manufactura internamente. Esto obedece a dos razones. La primera es que el sistema chino de distribución es tan anticuado que resulta difícil obtener metal fundido o piezas, de modo que la fábrica prefiere manufacturarlas internamente. La segunda es que, en caso de guerra, la China quiere tener un sistema industrial capaz de sobrevivir sin tener que depender de una red de proveedores. En el Japón, las piezas se manufacturan en una parte del país y se venden en otra como cuestión de rutina, despachándolas, por ejemplo, de Tokio a Nagoya o de Kyushu a Osaka. Así pues, si sus autopistas y sus ferrocarriles fueran bombardeados, la red industrial se paralizaría. El Japón no es un país hecho para la guerra.

Por consiguiente, mi segundo consejo a los miembros de la Comisión Nacional de Planificación y de la Comisión Económica de la China fue éste: "La conservación de las fábricas integradas no contribuirá a la eficiencia ni a la calidad. La China es tan grande, que la adopción de un sistema nacional de producción y mercadeo como el japonés puede resultar inadecuada. Sin embargo, en cada provincia o ciudad especial, por ejemplo en Shanghai, se deben establecer plantas que manufacturen piezas especiales y plantas siderúrgicas que sirvan de proveedores para las grandes industrias". Parece que este consejo ha sido aceptado. Ultimamente, en la China se viene hablando de crear plantas especializadas y buscar cooperación entre las diversas fábricas.

En los Estados Unidos también las empresas tienden a manufacturar todo por sí mismas. En promedio, los fabricantes norteamericanos apenas compran algo así como un 50 por ciento de sus costos de producción a proveedores de fuera. ¿No sería mejor que compraran el 70 por ciento de sus costos de producción, tal como lo hacen los fabricantes japoneses? Es verdad que las condiciones difieren entre uno y otro país, y que las generalizaciones pueden ser peligrosas. Con todo, la compra de una alta proporción de los costos de producción a fabricantes especializados, invariablemente da mejores resultados en términos de calidad, costos y acumulación de conocimientos técnicos. La siderúrgica de la Ford, dicho sea de paso, está buscando cooperación técnica con una siderúrgica japonesa.

Volviendo al tema principal, siempre les digo a los gerentes que su política básica a largo plazo con respecto a subcontratos y compras debe plantearse en términos muy, muy claros. El procedimiento debe ser:

1. Escoja un fabricante especializado. En lo relativo a las piezas que su empresa necesita, aclare bien cuáles le comprará a ese proveedor y cuáles producirá usted mismo. Debe establecerse una línea clara de demarcación desde el comienzo.

2. ¿Quiere usted que su subcontratista (proveedor) se convierta en un fabricante especializado e independiente, y que pueda vender sus productos también a otras compañías, o prefiere usted que su proveedor se convierta en una filial dentro de su propio sistema industrial (*keiretsu*)? En ese caso, ¿está su empresa dispuesta a asumir la carga de administrar la filial?

Desde el punto de vista del comprador, la relación con el proveedor tiene que estar perfectamente clara antes de que se pueda celebrar cualquier subcontrato o compra. Los dos puntos anteriores ayudarán al comprador a aclarar esa relación. Hace muchos, muchos años, actué como consultor en la Oficina de Materiales de los Ferrocarriles Nacionales Japoneses. En ese entonces recomendé que los ferrocarriles compraran toda la pintura que usaban a proveedores externos seleccionados. Los ferrocarriles solo usaban una cantidad pequeña de pintura, que los fabricantes especializados podían producir más eficientemente. Por otra parte, manufacturar locomotoras y material rodante era la tarea que los ferrocarriles tenían que fomentar. Por tanto, estos dos tipos de actividades no pueden considerarse comparables.

II. DIEZ PRINCIPIOS DE CC PARA LAS RELACIONES COMPRADOR-PROVEEDOR

Los diez principios siguientes tuvieron como propósito mejorar la garantía de calidad y eliminar las insatisfactorias condiciones existentes entre la fábrica (el comprador) y el proveedor (vendedor). Estos principios se presentaron por primera vez en 1960 en una conferencia sobre control de calidad y se revisaron en 1966. Yo creo que son válidos hoy. Cuando los presenté ante una audiencia en los Estados Unidos en 1972 fueron bien recibidos.

Los diez principios son:

Introducción: entre comprador y proveedor debe existir mutua confianza y cooperación, y la decisión de vivir y dejar vivir basada en las responsabilidades que las empresas tienen respecto del público. Con este espíritu, ambas partes deben practicar sinceramente los diez principios siguientes.

Principio 1: tanto el comprador como el proveedor son totalmente responsables por la aplicación del control de calidad, con recíproca comprensión y cooperación entre sus sistemas de CC.

Principio 2: el comprador y el proveedor deben ser independientes el uno del otro y respetar esa independencia recíprocamente.

Principio 3: el comprador tiene la responsabilidad de suministrarle al proveedor información clara y adecuada sobre lo que se requiere, de modo que el proveedor sepa con toda precisión qué es lo que debe fabricar.

Principio 4: antes de entrar en transacciones de negocios, el comprador y el proveedor deben celebrar un contrato racional en cuanto a calidad, cantidad, precio, condiciones de entrega y forma de pago.

Principio 5: el proveedor tiene la responsabilidad de garantizar una calidad que sea satisfactoria para el comprador, y también tiene la obligación de presentar datos necesarios y actualizados a solicitud del comprador.

Principio 6: el comprador y el proveedor deben acordar previamente un método de evaluación de diversos artículos, que sea aceptable y satisfactorio para ambas partes.

Principio 7: el comprador y el proveedor deben incluir en su contrato sistemas y procedimientos que les permitan solucionar amistosamente las posibles discrepancias cuando surja cualquier problema.

Principio 8: el comprador y el proveedor, teniendo en cuenta el punto de vista de la otra parte, deben intercambiar la información necesaria para ejecutar un mejor control de calidad.

Principio 9: el comprador y el proveedor deben siempre controlar eficientemente las actividades comerciales, tales como pedidos, planeación de la producción y de los inventarios, trabajos de oficina, y sistemas, de manera que sus relaciones se mantengan sobre una base amistosa y satisfactoria.

Principio 10: el comprador y el proveedor, en el desarrollo de sus transacciones comerciales, deben prestar siempre la debida atención a los intereses del consumidor.

III. ESPECIFICACIONES PARA MATERIAS PRIMAS Y PIEZAS

En el negocio de manufactura, el comprador y el proveedor tienen que fijar especificaciones relativas a materias primas y piezas. Estas especificaciones deben determinarse por métodos estadísticos, una vez que las empresas emprendan el análisis de calidad y el análisis de procesos, y consideren la factibilidad económica de estos. La determinación de especificaciones constituye de por sí un campo de estudio especializado, por lo cual no profundizaré en ello, pero sí hay que tener en cuenta los puntos siguientes:

1. Investigue primero si existen especificaciones en cuanto a materias primas y piezas. Si no las hay, prepárelas.
2. Si existen las especificaciones, analícelas y resuelva si le sirven.
3. Realice análisis de calidad y análisis de procesos (incluyendo una investigación en cuanto a capacidades de procesos). Estudie y analice los productos defectuosos, los que requieren correcciones, y las quejas de los consumidores. Utilice los datos así obtenidos para revisar las especificaciones continuamente.

Como lo he afirmado varias veces en este libro, no hay normas nacionales ni especificaciones de una empresa que puedan ser perfectas. La exigencia de calidad por parte de los consumidores aumenta constantemente. Si los fabricantes se declaran satisfechos con lo existente, un día se van a encontrar con que sus productos ya no satisfacen al consumidor. El comprador y el proveedor tienen que trabajar constantemente para revisar y mejorar las especificaciones. Aun hoy muchas empresas todavía compran materias primas sin fijar especificaciones adecuadas, o aceptan materiales que no cumplen con las especificaciones. A las empresas que compran piezas les aconsejo: "Escoja muestras de cien clases de piezas y verifique las medidas de todas. En seguida compárelas con los diseños. Los resultados le van a resultar divertidos".

IV. DISTINCION ENTRE PIEZAS HECHAS POR LA EMPRESA Y PIEZAS HECHAS POR PROVEEDORES

Distinguir entre las piezas hechas por la empresa y las piezas (o materias primas) que se obtienen de proveedores es una función importante de la gerencia. Esto significa que hay que decidir si las piezas o materias primas se van a producir dentro de la compañía o se van a comprar, y para tomar esta decisión la gerencia necesita una visión a largo plazo de lo que le conviene a la empresa; además, debe estudiar los puntos siguientes:

1. ¿Son muy importantes para la empresa las materias primas y las piezas?
2. ¿Posee la empresa los conocimientos técnicos necesarios para producirlas por sí misma? ¿Tiene la empresa capacidad para procesarlas? ¿Considera la gerencia que es necesario fomentar tal capacidad técnica dentro de la empresa? ¿Es factible acumular conocimientos técnicos en

cuanto a contratación y capacitación técnica de personal y en cuanto a efectuar inversiones adecuadas?

3. ¿Hay fabricantes que se estén especializando en las materias primas y en las piezas que la empresa necesita? Si los hay, ¿poseen las capacidades de proceso y administración necesarias para atender a los requerimientos de la empresa? La compañía debe efectuar un estudio muy cuidadoso de este asunto antes de tomar la decisión.

4. Si no hay fabricantes especializados, entonces el asunto viene a ser que la empresa quiera formar esos fabricantes especializados. En los años 50 y 60 los fabricantes japoneses de automóviles y artículos eléctricos se vieron ante obstáculos en apariencia invencibles. Finalmente, resolvieron crear y formar fabricantes especializados, lo cual a su vez les permitió alcanzar la posición de que hoy disfrutan.

5. Estúdiense todos los factores anteriores desde la perspectiva de costos, cantidad y acumulación de tecnología.

Normalmente, estos puntos los estudia la división de ingeniería de producción o la de compras. La división que efectúe el estudio, presenta un plan preliminar a la consideración de la gerencia, que decide en definitiva.

V. SELECCION Y FORMACION DE UN PROVEEDOR

Cuando se adquieren materiales y piezas de fuentes externas, el comprador debe investigar y juzgar la capacidad administrativa del proveedor, especialmente en lo relativo a control de calidad.

Hay veces en que el comprador puede elegir proveedores libremente y otras en que esto no es posible. Las ocasiones en que no puede elegir libremente se presentan cuando el comprador usa sus propios productos, cuando los proveedores son compañías filiales, cuando hay una sola fuente de abastecimiento o cuando, debido a obligaciones contractuales o a reglamentación gubernamental, se designa una compañía específica como proveedora. Según mi experiencia, a la larga el mejor sistema es el de selección libre, que resulta benéfico tanto para el comprador como para el proveedor. Cuando no existe tal sistema, una de las partes suele convertirse en carga para la otra.

Antes de elegir sus proveedores, el comprador debe ver si se cumplen las siguientes condiciones:

1. El proveedor conoce la filosofía gerencial del comprador y mantiene un contacto activo y continuo con él. Su actitud es de cooperación.

2. El proveedor tiene un sistema administrativo estable que merece el respeto de los demás.

3. El proveedor mantiene altas normas técnicas y está en capacidad de hacer frente a futuras innovaciones tecnológicas.

4. El proveedor puede entregar precisamente las materias primas y las piezas que el comprador requiere, ajustándose a las especificaciones de éste; el proveedor dispone de las instalaciones necesarias para ello o está en capacidad de mejorarlas.

5. El proveedor controla el volumen de la producción o puede invertir en tal forma que garantiza su capacidad de cumplir con los volúmenes de producción requeridos.

6. No hay peligro de que el proveedor viole secretos de la compañía.

7. El precio es correcto y las fechas de entrega se cumplen puntualmente. Además, el proveedor es fácilmente accesible en los aspectos de transporte y comunicaciones.

8. El proveedor es sincero en el cumplimiento de sus obligaciones contractuales.

Para asegurarse de que estas condiciones se cumplirán, el comprador debe visitar al presunto proveedor e investigar los aspectos que se enumeran a continuación, lo cual implica auditoría de administración y de CC. De ordinario, la responsabilidad por esta investigación se le asigna a la división de compras, con el apoyo de las divisiones de control de calidad, tecnología industrial, ingeniería de producción, control de producción, manufactura y contabilidad.

1. Filosofía administrativa del proveedor. El comprador debe estudiar la filosofía que tienen en común el gerente y su plana mayor. En el caso de que el proveedor sea una empresa pequeña o de tamaño mediano, el comprador debe estudiar la filosofía administrativa del propietario, lo mismo que la de su hijo. También se debe investigar al gerente y su plana mayor en términos de personalidad, conocimientos, habilidad administrativa y comprensión de la calidad.

2. La consideración que muestre el proveedor por el comprador.

3. Las entidades con las cuales el proveedor negocia actualmente. Si es posible, investíguese cómo evalúan al proveedor sus actuales compradores.

4. Historia de la compañía del proveedor y sus últimos desarrollos.

5. Tipos de productos que el proveedor mantiene.

6. Detalles completos sobre el equipo del proveedor, sus procesos y capacidades de producción.

7. El sistema de garantía de calidad del proveedor; educación en CC y programas de ejecución.

8. El control que ejerce el proveedor sobre la adquisición de materias primas y sobre la subcontratación secundaria.

Hechas estas investigaciones, el comprador generalmente escoge dos subcontratistas y les compra a ambos. Es decir, que el comprador debe comprar a los dos subcontratistas los mismos materiales y las mismas piezas. Hay varias razones en apoyo de esta práctica. Una de ellas es que en caso de incendio o desastre natural (huracanes, terremotos) o calamidades artificiales (como huelgas), no es prudente depender de una sola fuente de abastecimiento.

Después de escoger a esas dos compañías, el comprador entra en negocios preliminares con ambas. Si éstos resultan satisfactorios, entonces puede formalizar negocios oficiales. En el Japón, muchas empresas grandes tienden a comprar piezas y materias primas a una compañía, en muy grandes cantidades, con el propósito de controlarla. Este proceder crea en la práctica una filial dominada por la empresa grande, pero no resuelve el problema de formar compañías especializadas. Esto también crea problemas en tiempos de recesión. Lo ideal es que un subcontratista pueda vender sus productos a otras empresas. Una conocida compañía multinacional en los Estados Unidos tiene como política no adquirir más del 10 por ciento de sus compras totales en una sola fuente.

En los *negocios preliminares*, en principio el comprador trata con el proveedor durante un determinado período de prueba. Esto ocurre después de la selección del comprador y después de haberse firmado un contrato muy claro. Durante esta fase de negocios preliminares, el comprador estudia la situación y resuelve si debe o no debe continuar negociando con ese proveedor.

Los *negocios oficiales* confirman el hecho de que a ambas partes les conviene mantener los convenios de compra por tiempo largo. El proveedor debe esforzarse continuamente por mejorar la calidad, los precios y la eficiencia en las entregas. Por su parte, el comprador tiene que prestar asesoría y asistencia cuando el proveedor las necesite y las solicite. El comprador debe seguir examinando si el proveedor es aquel con quien puede seguir negociando en el futuro con toda confianza. Con ese fin, el comprador debe:

1. Mantener un contacto estrecho con los encargados en la compañía del proveedor, para enterarse de lo que sucede en esa entidad en todo momento y también para establecer una relación de confianza mutua.

2. Debe examinar, analizar y evaluar los registros de su propia aceptación de la mercancía, así como los documentos de entrega y los del comportamiento de los bienes comprados, tanto durante su uso como después de convertidos en productos terminados.

3. Realizar auditorías de CC en la fábrica del proveedor, identificando los problemas importantes en cuanto a calidad que le interesen, y comunicárselos al proveedor. Si es necesario, debe dar a éste los consejos del caso y ayudarle a resolver los problemas.

4. Establecer un sistema de premios para todos los proveedores, otorgados por ejecutar el control de calidad. Con este sistema se estimula la implantación de programas de control de calidad. El comprador también

debe dar consejos y hacer recomendaciones al proveedor, con base en los resultados de su auditoría de CC.

También puede haber una *suspensión* de negocios entre las partes, aunque la norma sea continuar negociando. Tal suspensión puede ocurrir en alguna de las siguientes situaciones: cuando constantemente se están recibiendo partes y materiales de mala calidad y defectuosos, y el número de tales defectos no parece disminuir; cuando los bienes no se reciben a tiempo y los métodos de despacho no mejoran; cuando no se pueden poner en práctica medidas para rebajar costos, como se había proyectado; y cuando la administración se vuelve tan mediocre que está en peligro de fracasar. En términos del control de subcontratistas, hay que formar buenos proveedores haciendo de ellos fabricantes especializados. Al mismo tiempo, los proveedores que no puedan mejorar se deben suspender. Hace más de veinte años tuve la experiencia de ayudarle a una compañía a reducir el número de subcontratistas de unos 400 a 100. Todo el proceso tardó tres años.

La *formación de subcontratistas* es una tarea esencial del comprador. En el Japón, muchos subcontratistas no son suficientemente fuertes por sí solos. Si no saben de administración eficaz o de control de calidad, el comprador tiene que ofrecerles oportunidades de fortalecerse en estas áreas. Por ejemplo, puede auspiciar seminarios de control de calidad para los administradores, ingenieros y miembros de círculos de CC de sus subcontratistas. El comprador puede visitar a los proveedores, realizar auditoría de CC y asesorarlos. En general, se necesitan unos tres años para formar un buen subcontratista. La gerencia del comprador debe formular una política de largo alcance y pensar que la formación de sus subcontratistas es para beneficio de ambas partes.

En tales casos, para bien de una gerencia independiente, los proveedores deben pagar todo el costo de la educación. Algunos proveedores son un poco avaros y rehusan asumir costos en educación. Si fracasan, la responsabilidad es enteramente suya.

Una última palabra de precaución. Mi experiencia me enseña que "si el control de los subcontratistas no procede sin tropiezo, la empresa matriz tiene que cargar con el 70 por ciento de la responsabilidad".

VI. GARANTIA DE CALIDAD DE LOS BIENES COMPRADOS

El comprador no puede garantizar la calidad a sus clientes si las materias primas o las piezas que compra a un proveedor no se ajustan a las normas o son defectuosas. Especialmente en el Japón, donde los fabricantes compran por fuera más o menos el equivalente del 70 por ciento de su costo de producción, la calidad de lo que el proveedor entregue es un factor de suma importancia. La garantía de calidad de las piezas y de los materiales comprados es la base de la garantía que puede ofrecer el fabricante. También es importante para el planeamiento de las operaciones fabriles, para aumentar la productividad y planear la disminución de costos.

En la tabla IX-1 se da una visión global de las relaciones de garantía de calidad que existen entre el comprador y el proveedor.

El paso 1 muestra la etapa menos desarrollada del control de calidad. El proveedor despacha sus productos tan pronto como los manufactura, sin hacer ninguna inspección; el comprador, sin tampoco inspeccionarlos en el punto de recepción, pasa todo a su división de manufactura. Esta división no tiene otro remedio que realizar la inspección en un 100 por ciento y seleccionar solo aquellas piezas y materiales que sean aceptables para la fabricación. En una situación peor aun, la división de manufactura no inspecciona en un 100 por ciento y puede entonces usar piezas defectuosas. Naturalmente, no puede producir buenos artículos.

Este procedimiento no es satisfactorio. Por tanto, algunas empresas siguen al paso 2. Aquí el comprador realiza una inspección en el punto de

TABLA IX-1

	Relaciones de garantía de calidad entre proveedor y comprador			
	Proveedor		Comprador	
Paso	División de manufactura	División de inspección	División de inspección	División de manufactura
1	—	—	—	Inspección del 100%
2	—	—	Inspección del 100%	
3	—	Inspección del 100%	Inspección del 100%	
4	—	Inspección del 100%	Muestreo o inspección de verificación	
5	Inspección del 100%	Inspección por muestreo	Muestreo o inspección de verificación	
6	Control de proceso	Inspección por muestreo	Verificación o sin inspección	
7	Control de proceso	Inspección de verificación	Verificación o sin inspección	
8	Control de proceso	Sin inspección	Sin inspección	

recepción y pasa a la división de manufactura solamente las piezas y materiales buenos. Sin embargo, este procedimiento implica un fuerte costo para el comprador; al mismo tiempo, el proveedor no percibe ninguna necesidad de efectuar control de calidad. Como he dicho antes, "la responsabilidad por la garantía de calidad es del productor", que en este caso es el proveedor. En principio, es él quien debería efectuar el 100 por ciento de la inspección. Si el comprador tiene que hacerlo, debe pedirle al proveedor que sufrague el costo.

Así pues, el proveedor tiene que efectuar la inspección en un 100 por ciento; pero aun en ese caso, si sus métodos son inadecuados la inspección no será digna de confianza. El comprador todavía se ve obligado a hacer la inspección en un 100 por ciento. Este es el paso 3. Pero cuando la inspección del proveedor sí es confiable, el comprador sigue al paso 4 y en lugar de una inspección total, adopta el método de inspección de verificación o por muestreo.

Ahora bien, si aplicamos el principio de que "la responsabilidad de la garantía de calidad es del productor", dentro de su propia empresa, la responsabilidad total corresponde a su división de manufactura. No es lógico que su división de inspección tenga que verificar en un 100 por ciento, de manera que esta labor debe corresponder a la de manufactura. Este es el paso 5. Para este fin, cada persona en el sector de producción debe tener el sentido de la responsabilidad y todos deben esforzarse por buscar una garantía de calidad que satisfaga las exigencias de los consumidores. En esta materia uno no se puede contentar con solo ser aprobado en la inspección o confiar en que ésta no será muy estricta. Si se piensa así nunca se podrá seguir al paso 5.

Cuando ya la división de manufactura es digna de confianza, es porque cada trabajador inspecciona los artículos que él mismo ha producido y garantiza su calidad. Este es el sistema de autoinspección. Cuando se practica, el trabajador sabe inmediatamente si el producto es bueno o malo y puede tomar las medidas correctivas sin dilación. En esta forma se puede reducir muchísimo el número de artículos defectuosos o que requieran correcciones. En contraste, el método tradicional es muy inadecuado porque espera a que la división de inspección notifique a la de manufactura sobre los productos defectuosos, al día siguiente o varios días después. La acción rápida es la clave de un programa eficaz de garantía de calidad.

Habrá casos en que a pesar de haberse adoptado el sistema de un 100 por ciento de inspección en la división de manufactura, el número de productos defectuosos o que requieren correcciones no disminuye. En estos casos, la productividad no aumenta ni es posible reducir costos. Esta es la razón para seguir al paso 6, donde se lleva a cabo un vigoroso control de procesos en la división de manufactura, a fin de disminuir los productos defectuosos. Si se encuentra que falta capacidad de proceso y que ésta es la causa de los defectos, es necesario imponer una inspección del 100 por ciento. En seguida, la empresa debe realizar un análisis de proceso para mejorar su capacidad.

Cuando llegan a ser confiables el control y la inspección de un 100 por ciento realizadas por la división de manufactura, la división de inspección solo tiene que proceder como si fuera el consumidor y efectuar una inspección por muestreo. Avanzando en este sentido, el paso 7 es lógicamente el siguiente. En esta etapa la división de inspección puede revisar algunas muestras escogidas, e inspeccionarlas desde el punto de vista del consumidor; la garantía de calidad es adecuada y el comprador puede aceptar estos productos con una simple inspección de verificación o sin ella.

El paso 8 describe un estado ideal en que el análisis del proceso ha aumentado, las capacidades del proceso han aumentado, y se ha implantado sobre esto un control digno de confianza. En este caso, ya no se necesita que el proveedor inspeccione el producto al despacharlo. Con todo, es humano que a veces se cometan errores. No es fácil alcanzar el ideal.

El Japón no empezó a insistir en el control de calidad para proveedores sino hacia fines de los años 50, y no se desarrolló un sistema sólido para ello sino tres, cinco y en algunos casos hasta diez años después. La paciencia y la perspectiva a largo plazo son las claves cuando el comprador quiere obtener la garantía de calidad de sus proveedores.

Por otra parte, una vez que el sistema de garantía de calidad se halle bien establecido, tanto el comprador como el proveedor pueden reducir notablemente el personal necesario para labores de inspección. Esta reducción va acompañada por un aumento en la productividad, una rebaja de costos y el establecimiento de un sistema confiable de garantía de calidad. En comparación con los Estados Unidos, el Japón tiene más fábricas con un sistema de compras bien establecido y totalmente apoyado por la garantía de calidad. Ese sistema ha dado a las fábricas japonesas una ventaja competitiva en cuanto a calidad, productividad y costos.

VII. CONTROL DE INVENTARIOS COMPRADOS

Cuando hay un control de calidad bien avanzado, las empresas no necesitan mantener grandes existencias de materiales. Los inventarios de las compañías japonesas son pequeños en comparación con los de las empresas europeas y norteamericanas. Mantener grandes existencias es a menudo perjudicial para una compañía. Las empresas occidentales mantienen inventarios grandes debido a las preocupaciones relacionadas con el transporte a gran distancia, las huelgas frecuentes, la ineptitud para pasar de un proceso a otro, la mala calidad de los productos comprados, y los lotes que pueden ser inaceptables.

Como dije antes, visité a la China en 1978 y me sorprendió descubrir que los funcionarios chinos se enorgullecían de sus existencias excesivas, sosteniendo que representaban su capacidad potencial. Otra cosa que me sorprendió fue la declaración hecha por varios funcionarios importantes de la Comisión Económica Nacional, en el sentido de que conocían el sistema *kanban* de la Toyota. Este sistema, inventado por la Toyota, permite a la empresa recibir partes "justamente a tiempo". Para los chinos no era posible implantarlo en ese momento de su desarrollo; yo les dije: "Si ustedes no toman en serio el control de calidad y tratan de adoptar el sistema *kanban*, su fábrica sencillamente dejará de funcionar".

El sistema *kanban* fue perfeccionado por la Toyota y por sus subcontratistas durante tiempo largo. Llegó a funcionar gracias a incesantes esfuerzos de control administrativo, especialmente en el área de control de calidad. Si los subcontratistas no hubieran podido garantizar la calidad adecuadamente, los lotes que entregaran hubieran contenido muchas piezas defectuosas y el sistema *kanban* no habría funcionado. Si la compañía los hubiera obligado a aplicarlo, sencillamente se habrían detenido las operaciones de la fábrica. Viendo el asunto desde otra perspectiva, suponiendo que la Toyota hubiera forzado la adopción del sistema sin salvaguardias adecuadas, se habría visto obligada a cambiar sus programas de producción con frecuencia. Esto habría sido acompañado por una demora en la entrega de los diseños de piezas y materiales. Los contratistas no hubieran podido mantenerse al día con los cambios continuos. Y hubieran incumplido muchas fechas de entrega. En semejante caso, el sistema *kanban* hubiera sido contraproducente.

Si la garantía de calidad para los productos comprados es mala, no se puede hacer un eficaz control de inventarios. Las metas del control de inventarios de bienes comprados son comprar buenos productos, reducir las existencias de lo que se compra por fuera, y mover el inventario suavemente sin detener el proceso de producción. Para alcanzar estas metas, es necesario poner en práctica lo siguiente:

1. Tanto el comprador como el proveedor deben realizar un sólido control de calidad.

2. Tanto el comprador como el vendedor deben realizar un sólido control de cantidad.

3. El proveedor no debe cambiar su programa de producción con mucha frecuencia.

4. Los pedidos que el comprador le haga al proveedor deben ser muy claros, y las especificaciones, los dibujos y los materiales que le entregue deben manejarse en forma tal que no dejen campo alguno para cometer errores.

5. Recibido un pedido, el proveedor debe despacharlo rápidamente. Cuanto menor sea el tiempo de entrega, más eficiente será.

6. El proveedor debe disponer de un sistema automático para adaptarse a los cambios en los programas de producción.

En suma, manténgase un buen sistema de control de calidad y un buen sistema de control administrativo. Lo demás vendrá por añadidura.

Control de calidad en el mercadeo: Industrias de distribución y servicios

---

El mercadeo es la entrada y la salida del CC.

La división de mercadeo cumple funciones esenciales en el CTC.

No hay que olvidar que la división de mercadeo representa a la empresa en su trato con la clientela.

Ninguna división de mercadeo o expendio podrá sobrevivir si no satisface las necesidades de los clientes.

¿Es su división o expendio un simple lugar para vender artículos, almacenarlos y observar las cifras de ventas?

Si el mercadeo es solo hacer descuentos, no se necesita. Los productos hay que venderlos por su calidad.

Sí, el consumidor es rey. Pero hay muchos reyes ciegos.

I. INTRODUCCION

Me gusta más el término "mercadeo" que "ventas", pues cuando se usa este último los encargados piensan que su única obligación es mostrar buenas cifras de ventas. Es frecuente escucharles decir: "A mí solo me corresponde cumplir con nuestras metas de ventas". Por el contrario, cuando hablamos de mercadeo, pensamos de inmediato en que un establecimiento de negocios debe dirigirse en beneficio de los clientes. Esto nos lleva más allá del concepto de ventas y visualizamos los retos más grandes que se le plantean a la empresa.

En todo caso, el control de calidad en ventas y mercadeo tiene que ver no solo con las divisiones de mercadeo de las industrias fabriles sino también con las organizaciones de distribución dedicadas a la venta de géneros duros, inclusive empresas comercializadoras, mayoristas, minoristas, supermercados, grandes almacenes, ventas de puerta a puerta y ventas por correo.

La definición puede ampliarse a fin de abarcar las industrias terciarias o de servicios. Bajo esta categoría pueden incluirse las siguientes: políticos, dependencias gubernamentales, transportes (ferrocarriles, buses, etc.), finanzas y banca (bancos, compañías de seguros, compañías de valores, compañías arrendadoras, etc.), industrias de comunicaciones e información (teléfonos y telégrafos, radio y televisión, agencias de anuncios, servicios de información, servicios de computadores, etc.), industrias de servicios públicos (gas, agua, alcantarillado, electricidad, etc.), industrias de salud y bienestar (hospitales, clínicas, mantenimiento, limpieza, peluquerías, etc.), servicios para la propiedad (reparación y mantenimiento de automóviles, vigilancia de locales privados e industriales, etc.), industrias de entretenimiento (hoteles, restaurantes, cines, canchas de golf, galerías de video, etc.). Y la lista podría prolongarse. Todas estas industrias tienen una cosa en común. Vender servicios "blandos" (aunque algunas también pueden vender géneros duros).

Las dependencias gubernamentales prestan servicio al público. Sería mejor que sus empleados no se llamaran funcionarios sino servidores públicos. Los organismos de defensa nacional y de policía también son industrias de servicios. En una entrevista periodística efectuada hace algún tiempo, la señora Haruko Reischauer, esposa de un ex embajador de los Estados Unidos, dijo: "Los japoneses no entienden el significado de la palabra *servi-*

cio. Creen que se trata de recibir alguna cosa gratis, o una adehala. La palabra literalmente significa servir a alguien, y entrar en la milicia también es servir''. Esto describe bien la naturaleza del servicio.

El CTC se aplica igualmente bien a todas las divisiones de mercadeo. Ya sea que uno venda géneros duros o blandos, no existe diferencia en el CTC que se aplique. En capítulos anteriores hemos hablado de los valores básicos del CTC compartidos por todo tipo de industrias manufactureras y por toda clase de trabajadores. Aquí simplemente estamos ampliando ese principio para abarcar el sector de servicios.

En general, las personas que se encuentran en el sector de servicios o en las divisiones de mercadeo y servicio a los clientes se inclinan a pensar que el control de calidad solo concierne a los fabricantes y a quienes trabajan en las divisiones de manufactura. Esto es un error. La persona que vende una mercancía o un servicio es responsable por su calidad. Uno puede comprar determinado producto a un subcontratista y venderlo a otra persona, pero cuando el distribuidor hace esto, asume la responsabilidad de garantizar la calidad de la mercancía o servicio que vende. En efecto, el distribuidor es el que debe atender seriamente al control de calidad. En términos prácticos, el distribuidor debe fijar normas de calidad bien claras para la mercancía que compra a los subcontratistas y estudiar las condiciones de calidad que prevalecen entre los subcontratistas potenciales antes de escoger los más convenientes. Una vez que los escoja, debe suministrarles la guía necesaria para estimular el control de calidad entre ellos y, si es necesario, ponerlos a prueba e inspeccionar su mercancía al recibirla. También es responsabilidad del distribuidor suministrar servicio posterior y piezas de repuesto.

La Sears Roebuck & Co., la conocida firma estadounidense de almacenes por departamentos, ha tenido especialistas en control de calidad desde los años 50. La firma especifica sus propias normas y mantiene un eficiente laboratorio de inspección de productos. Compra solo a subcontratistas que mantienen un buen control de calidad. Más del 90 por ciento de los artículos que vende llevan su propia marca Sears. Mantiene una existencia de unas 200 000 piezas de repuesto para poder prestar un buen servicio posterior.

Como se vio en el capítulo 4, durante más de veinte años el Japón ha venido promoviendo la garantía de calidad, haciendo hincapié en su aplicación en el momento de desarrollar un nuevo producto. Es evidente que la división de mercadeo desempeña un papel importante en la planeación de nuevos productos (punto de entrada), servicio previo, ventas y servicio posterior (punto de salida).

En el Japón, las compañías de éxito son las que han implantado un control total de calidad que asegura la participación de sus divisiones de mercadeo, sistemas de distribución y subcontratistas. Esta regla general se aplica a los fabricantes.

II. PROBLEMAS RELACIONADOS CON EL CTC EN MERCADEO (DISTRIBUCION Y SERVICIOS)

En el Japón, las industrias secundarias son altamente competitivas in-ternacionalmente debido a su alta calidad y productividad. Por el contrario, las industrias terciarias todavía sufren de baja productividad. Ambos hechos son bien conocidos. Al mismo tiempo, también experimentamos cierto con-flicto comercial porque las naciones occidentales se quejan de que el Japón importa muy poco del exterior. Una de las principales razones de este dese-quilibrio comercial es la falta de esfuerzo de las mismas naciones occidenta-les, pero su queja de que el sistema de distribución del Japón está cerrado para los extranjeros y es demasiado complejo, tiene que tomarse en serio. También es cierto que el sistema de distribución sigue la dirección dada por los grupos industriales (*keiretsu*) y muestra algunas características de una familia íntimamente unida. Todavía se ven algunos elementos feudales en el sistema japonés de distribución.

En esta sección examinaremos estas modalidades del comercio desde el punto de vista del control total de calidad.

1. Como se dijo antes, hay personas que tienen la idea equivocada de que solo los fabricantes o la división de manufactura de la empresa tienen la responsabilidad del CC. Un comprador-inspector de un gran almacén me dijo una vez: "Profesor, ojalá que ustedes pudieran educar mejor en cuanto a control de calidad a los fabricantes. Sin ello nosotros no podemos hacer bien nuestro trabajo". Pero esta persona olvidaba que también le correspondía practicar la auditoría de CC de los subcon-tratistas y de esa manera elegir a los que le convinieran; y, además, guiar a los subcontratistas para alcanzar las metas del CC. El olvidaba que para hacer un buen trabajo en ventas, primero tenía que educar a sus subcontratistas en cuanto a producir artículos de calidad para la satisfacción última del consumidor.

2. En mercadeo siempre hay personas que solo se preocupan por las utili-dades a corto plazo. Algunas de ellas son inteligentes pero miopes y se inclinan a seguir las tácticas de mercadeo a la antigua. Han olvidado el valor de ejecutar el CTC que les permitiría crecer en su negocio junto con sus empleados. También olvidan la virtud de compartir las utilida-des con los empleados y de preocuparse por el bienestar de ellos. En esta forma sacrifican la confianza y las utilidades a largo plazo.

3. Sus actividades de ventas no tienen en cuenta los intereses de los consu-midores ni se dirigen a obtener la confianza de estos.

4. Creen que la tarea de mercadeo no es otra cosa que vender los productos que han comprado o fabricado.

5. No sienten ninguna responsabilidad por la garantía de calidad.

6. No se sienten responsables por el desarrollo y planeación de nuevos productos.

7. No tienen conocimiento de los productos que manejan.

8. No educan en forma adecuada a su personal de ventas. Les falta educación, especialmente en CC.

9. En su proceso de control de las actividades de ventas confían únicamente en su propia experiencia, su sexto sentido y sus corazonadas. El control no está científicamente basado en hechos y cifras. En otras palabras, no se cierra el círculo de PHVA (planear, hacer, verificar, actuar). Lo que domina su pensamiento es el enfoque de viejo estilo según el cual los resultados monetarios lo justifican todo. No se presta atención al proceso llamado ventas, que requiere análisis y control. No hacen hincapié en el proceso y solo se ocupan de las apariencias y de los resultados; así pues, no pueden analizar y buscar adecuadamente los factores causales, especialmente los factores de las causas verdaderas. Pueden estar en capacidad de tomar medidas de emergencia, pero no medidas para evitar que los problemas se repitan. Por consiguiente, no habrá en la empresa acumulación de tecnología de mercadeo. Cuando las ventas bajan, hay que conceder descuentos, y cuando un competidor cotiza más bajo, la compañía no estudia los factores causales, a fin de poner en práctica medidas que impidan una repetición de lo sucedido. Recuérdese nuestro principio básico: "El trabajo tiene que relacionarse como una historia de CC".

10. Muy a menudo se suministran cifras falsas deliberadamente o se usan cifras que contienen errores involuntarios.

11. Con frecuencia, los datos no se estratifican o categorizan sino que se agrupan.

12. Se cometen además otros errores. El CC se deja a un grupo pequeño de personas; en lugar de ocuparnos del CC, dediquemos más tiempo a vender; yo estoy demasiado ocupado. ¿Cómo quieren que inicie el CC? Mi negocio es con personas, y el CC no se aplica a ellas; el CC me perjudica; si me ocupo en CC, voy a exponer todas las debilidades de mi empresa; no, gracias, si empiezo con esto del "control" voy a perder mucho dinero (opinión que revela ignorancia de lo que significa el "control" en CC); yo realmente no sé que significa ser uno bueno en su trabajo o entender la calidad en las personas (por ejemplo, ¿qué calidad se puede esperar en un buen vendedor?); etc.

III. EL MERCADEO Y EL DESARROLLO DE NUEVOS PRODUCTOS

La base del CC es *imponer en el mercado*, esto es, crear productos que los consumidores busquen. La división que tiene contacto más directo con los consumidores es la de mercadeo; es también la división mejor capacitada para descubrir las necesidades de ellos. Esta división debe percibir las tendencias y descubrir las necesidades de los consumidores, antes que lo haga la competencia. Debe traducir esas necesidades a nuevas ideas y luego participar activamente en la planeación y desarrollo de nuevos productos, para lo cual debe preparar un plan y expresarlo en el lenguaje del consumidor. He dicho anteriormente que la división de mercadeo es el punto de entrada del CC. En cierto modo todo comienza en esta división por razón de su íntimo contacto con los consumidores.

Hay muchas personas que opinan que la tarea de la división de mercadeo consiste en vender los nuevos productos fabricados por las divisiones de investigación, desarrollo y manufactura. Es cierto que las ideas y los planes para nuevos productos deben venir de todas las divisiones de la empresa, pero desde el punto de vista del CTC, a la división de mercadeo le corresponde el mayor peso, pues está en contacto constante con la clientela. No se quejen de que ''no se puede vender porque es un producto mediocre''. Lo que se debe hacer es participar en el desarrollo del nuevo producto. Después de que el artículo se ha manufacturado, ya es demasiado tarde para quejarse. Es preciso cambiar la actitud a este respecto.

En la definición del CTC, por consiguiente, ''el mercadeo debe ser parte integral del CTC''.

IV. ACTIVIDADES DE MERCADEO Y GARANTIA DE CALIDAD

La garantía de calidad implica adelantarse a los consumidores para determinar sus necesidades, desarrollar nuevos productos, hacer que los compren, prestar un servicio posterior eficaz, y lograr que usen los productos con plena satisfacción durante cinco o diez años después de la venta. En efecto, el papel del mercadeo en la garantía de calidad es muy significativo. Por esta razón yo digo: ''El mercadeo desempeña funciones importantes a la entrada y a la salida del control de calidad''.

En esta sección me ocuparé del papel del mercadeo en la garantía de calidad, dividiendo el tema en tres pasos: la garantía de calidad antes de la venta, durante la venta, y después de la venta. Enumero a continuación los puntos que hay que tener en cuenta en cada uno de estos pasos.

Garantía de calidad antes de la venta

1. La base del control de calidad es *imponer en el mercado*. La empresa tiene que producir algo que el consumidor necesite, y luego vendérselo. Vender mercancía es *sacar el producto*. La empresa siempre tiene que producir algo que se venda bien.

2. La división de mercadeo debe analizar las necesidades de los consumidores (tanto presentes como futuras) y trazar planes para nuevos productos. Debe formularse las siguientes preguntas: ¿Cuántas solicitudes

hay para el desarrollo de nuevos productos? ¿Cuánta información tiene la empresa respecto a la calidad en el mercado?

3. Formúlense ideas de nuevos productos y partícipese activamente en su planeación y desarrollo. Esto se relaciona con la tarea de efectuar análisis de calidad sobre los requisitos de los consumidores.

4. En el momento en que se planean nuevos productos, la división de mercadeo debe considerar su importancia relativa y su calidad. También debe tener en cuenta la necesidad de incorporar en ellos una calidad avanzada y características vendedoras.

5. Determinar si la planeación de productos es adecuada.

6. Hacer sugerencias para probar los nuevos productos y para investigación de productos e investigación conjunta.

7. ¿Se está aplicando el "servicio previo?" Servicio previo significa investigar el uso y los métodos de utilización de un producto, cooperar con el consumidor para elegir determinado producto, y participar en investigación conjunta (lo cual es especialmente importante en el caso de bienes de capital).

8. Es necesario colaborar en la preparación del catálogo, las instrucciones para el uso del producto, el manual de reparaciones, el manual de servicio, y otros documentos. Téngase en cuenta lo relativo a la garantía de seguridad y a los niveles de tal garantía que se deben ofrecer. También se debe prever aquí lo concerniente a responsabilidad legal por el producto.

9. Verifique que sean adecuadas las medidas en cuanto a prevención de responsabilidad legal por el producto.

10. Formúlese esta pregunta: ¿Tiene la empresa un plan de promoción de ventas a largo plazo?"

11. No hay que descuidar la educación de los vendedores, del personal de servicio y de los distribuidores, antes de la venta del nuevo producto.

12. ¿Ha visitado usted a las personas interesadas, en relación con el nuevo producto?

13. Al comprar artículos de una fuente externa, ¿puede usted obtener productos de calidad, sin inspección? ¿Interviene usted adecuadamente en el control de calidad del contratista? ¿Cómo se ha escogido ese fabricante? ¿Es bueno el sistema de garantía de calidad del fabricante? ¿Qué clase de garantía de calidad tiene usted sobre los dispositivos de producción del equipo original?

Garantía de calidad en el momento de la venta

1. La educación sobre CC y sobre el producto debe impartirse a todo el personal de ventas de la compañía y también a los que trabajan en su sistema de distribución.

2. Tenga en cuenta que el "servicio previo" se debe efectuar en forma adecuada. Averigüe qué necesita el cliente y recomiéndele un producto

que satisfaga sus necesidades. Esta recomendación se debe hacer desde el punto de vista del cliente. Usted es el profesional con respecto a ese producto; su conocimiento sobre el mismo es mayor que el del comprador. No permita que el aliciente de una ganancia rápida para su empresa le impida hacer la recomendación correcta.

3. Averigüe bien por qué el cliente desea ese producto y cómo lo va a usar. Recuerde que el cliente es rey, pero el rey puede ser ciego.

4. Examine el producto antes de venderlo y ofrezca una adecuada garantía de calidad. Trate de descubrir si el artículo ha sufrido algún deterioro. ¿Son satisfactorios el almacenaje y el control de inventarios?

5. En el momento de aceptación del artículo por parte del cliente, ¿cuál es el porcentaje de artículos defectuosos? Averigüe si se cometió alguno de los siguientes errores: despacho equivocado de productos, artículos mal dirigidos, un pedido que no se despachó.

6. Verifique si las prevenciones relativas al uso de determinado producto se han expresado con claridad. ¿Cuál es la duración del período de servicio después de la venta, o de la garantía?

7. ¿Se puede cumplir el plazo de entrega? ¿Hay posibilidad de que se agoten las existencias o de que haya demoras en el despacho, que puedan perjudicar al cliente? En todas las etapas de distribución, trate de alcanzar un 90 a 95 por ciento de cumplimiento en cuanto a entrega inmediata.

8. Pregúntese si se está atendiendo debidamente lo relacionado con empaque, transporte e instalación.

Garantía de calidad después de la venta

1. ¿Es adecuado el control del flujo inicial de este nuevo producto? ¿Qué retroinformación está recibiendo usted?

2. ¿Cuál es la mejor manera de determinar los períodos de garantía, de seguro y de servicio de reparación gratuito? No conviene que estos períodos resulten demasiado largos, pues se pueden generar inequidades para la clientela.

3. ¿Son adecuados los folletos y los manuales de servicios?

4. ¿Han efectuado sus empleados las visitas periódicas a los clientes y a los distribuidores, sin falta?

5. Asegúrese de que haya un correcto manejo en relación con lo siguiente: el sistema de servicio posterior, los puestos de servicio, las visitas a los usuarios, el personal de servicio (sus conocimientos técnicos, su número, su situación, etc.), las piezas de repuesto que deben suministrarse, las máquinas y las herramientas que se emplean en el servicio. ¿Está capacitado el sistema para prestar de inmediato los servicios que se requieran? Por ejemplo, es preciso vigilar cuidadosamente la proporción de solicitudes de servicio que se atienden en forma inmediata. Igualmente, cuando se solicitan piezas de recambio, ¿qué proporción hay entre el número de piezas disponibles de inmediato y el número

de piezas solicitadas? Y luego hay que plantear la cuestión de eficiencia en la entrega. ¿Es eficiente el sistema de servicio que la compañía está utilizando?

6. ¿Se realiza eficientemente la inspección periódica? Averigüe si la inspección es excesiva, lo cual ocasionaría gastos adicionales al cliente. (Por ejemplo, ¿es eficiente la inspección periódica de los vehículos?)

7. ¿Se está manejando bien la cuestión de responsabilidad legal por los productos? ¿Hay necesidad de recoger algunos productos?

8. ¿Está usted informado en cuanto al porcentaje de artículos no defectuosos y defectuosos que se devuelven? ¿Entiende usted bien la situación? ¿Ha analizado y examinado las razones?

9. Cuando los clientes se quejan, ¿pasa la información inmediatamente a la persona y a la división que debe recibirla? Estudie continuamente el grado de satisfacción de la clientela.

10. ¿Se ha esforzado usted sistemáticamente por sacar a la luz las quejas latentes que puedan tener los clientes? Una vez iniciado el CC, se manifestarán las quejas escondidas y el número de éstas aumentará notablemente.

11. Si su empresa utiliza la información así obtenida y desarrolla productos nuevos, su sistema de garantía de calidad mejorará todavía más. La división de mercadeo desempeña la función de proveedor. Por consiguiente, debe usted estudiar los diez principios de CC para compradores y proveedores, que se presentaron en el capítulo anterior. El siguiente diagrama de flujo (diagrama X-1) explica la organización de las actividades de garantía de calidad en la división de ventas de la Komatsu Manufacturing Company, la mayor fábrica japonesa de máquinas de construcción y motoniveladoras.

V. SELECCION Y FORMACION DE UN SISTEMA DE DISTRIBUCION

Para la división de mercadeo de una empresa fabril, la selección y formación de un sistema de distribución es aun más importante que la selección y formación de subcontratistas descrita en el capítulo 9. La empresa tiene que estudiar esta tarea desde el punto de vista de establecer su sistema de garantía de calidad. No hay una regla fija para este proceso, pues en la selección influyen la filosofía básica, la política, y los productos de la empresa. En todo caso, se debe establecer un plan a largo plazo y ocuparse de la selección, educación y formación del sistema de distribución. A continuación enumeramos las cuestiones por resolver:

1. ¿Es mejor tener muchas sucursales y oficinas de ventas, o es mejor formar una compañía distribuidora? ¿O es preferible valerse de compañías comerciales, agentes o mayoristas?

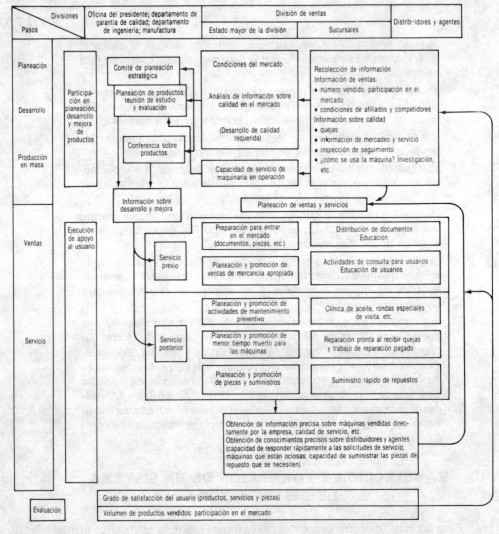

Organización de actividades de garantía de calidad, división de ventas
Komatsu Manufacturing

DIAGRAMA X-1

2. ¿Se quiere vender los artículos con la marca de su propia compañía,
o con el nombre de marca del fabricante del equipo original?

3. ¿Cómo determinar las responsabilidades de las sucursales, oficinas de
venta, mayoristas, y minoristas con respecto a ventas y garantía de
calidad? ¿Pueden éstos prestar el servicio posterior a la venta? ¿Pueden
aceptar artículos devueltos y atender a las reclamaciones? ¿Quién será
responsable por los actos de esas sucursales, etc.?

4. Verifique en seguida su sistema de control de inventarios. ¿Quién es responsable por el índice de materiales agotados y por el volumen de existencias?

5. Usted debe tomar la iniciativa para iniciar las actividades de círculos de CC en su sistema de distribución; debe fortalecerlos. Asimismo, quizás usted quiera introducir círculos conjuntos de CC entre su distribuidor y las demás divisiones.

VI. CONTROL DE CALIDAD EN LAS ACTIVIDADES DE MERCADEO

Los principios básicos del control de calidad en las actividades de mercadeo son muy sencillos: educar bien, aclarar los objetivos, y controlar el proceso. Las actividades de círculos de CC se pueden aprovechar en este campo.

Se dan a continuación algunos ejemplos de control en las operaciones de mercadeo, para fines de referencia. Sin embargo, en esta lista se han omitido los puntos relativos a garantía de calidad, que se dieron en la sección IV.

1. Educación y capacitación en CTC y su ejecución

2. Promoción de actividades de círculos de CC

3. Control del número de pedidos recibidos y del volumen de ventas (cantidad y sumas de dinero)

4. Control de cuentas por cobrar, prevención de deudas incobrables

5. Control de utilidades

6. Control de inventario: saber qué existencias mantienen los fabricantes, el sistema de distribución y los expendios minoristas (cantidades, surtidos, deterioro de calidad durante el almacenamiento, observación del método "primero en entrar primero en salir", productos agotados, productos o piezas defectuosas en existencia, rapidez del control de inventario, etc.)

7. Control de plazos de entrega (índice de entrega inmediata, índice de entrega por subcontratistas, etc.)

8. Porcentaje de horas que los empleados permanecen fuera de la oficina, proporción de visitas a los clientes, proporción de visitas planeadas, porcentaje de horas pasadas con los clientes, etc.

9. ¿Se emplea la táctica de forzar las ventas? (Lleve una tarjeta aparte para cada punto de venta al por menor)

10. Control de pérdidas de mercancías, incluyendo pérdidas por robo

11. Un sistema de control de cantidades que abarque toda la empresa (proyecciones de ventas y ventas realizadas, inventario en el proceso de fabricación, semifabricación y ensamble de materias primas, tiempo de fabricación y entrega, etc.)

VII. COMO INICIAR EL CTC EN DIVISIONES DE MERCADEO Y DISTRIBUIDORES

En muchas compañías se ha demostrado que el CC, el CTC y las actividades de los círculos de control de calidad han tenido una influencia muy grande sobre las divisiones de mercadeo y sobre los distribuidores; pero a pesar de ello, muchas de las personas que están en mercadeo y distribución consideran que el control de calidad no tiene nada que ver con ellas y abiertamente lo desprecian. En un clima de desconocimiento y resentimiento no se puede introducir el sistema, de modo que es preciso proceder con cautela.

En general, la manera más fácil de empezar en el terreno del mercadeo es introducir los círculos de CC y de allí pasar a CC o CTC. Para llevar esto a la práctica, yo recomiendo empezar solucionando problemas inmediatos que tenga la división, a fin de que los empleados experimenten por sí mismos el valor del control de calidad, y luego seguir paso a paso con los puntos que se enumeran más abajo. Durante este período se debe impulsar al mismo tiempo la educación sobre CTC entre la alta gerencia, la gerencia intermedia, el estado mayor, los vendedores y los dirigentes de los círculos de CC.

La lista puede ser interminable. Lo importante es empezar con problemas que sean de importancia inmediata para las personas a quienes se les pide que los resuelvan. Identifique algunos problemas cuyas soluciones hayan sido difíciles para todos. Haga que sus círculos de CC o las personas que están desempeñando las mismas funciones se reúnan para resolver esos problemas. Durante ese proceso se hará evidente que el control de calidad es realmente útil para el mercadeo y la distribución. En mercadeo, aunque la localización sea distinta, todas las oficinas de ventas se dedican esencialmente al mismo oficio. Cuando se resuelva un tema de CC, no se olvide de hacer conocer los resultados a los demás. Este es un proceso que a mí me gustaría llamar "difusión lateral" (aplicar las técnicas de casos bien resueltos a otras áreas.)

Los altos gerentes pueden iniciar un programa de CTC que tenga mucha claridad en sus metas. Permítase que este CTC desde arriba hacia abajo se una con las actividades de los círculos de CC caracterizadas por un enfoque desde abajo hacia arriba. Cuando los dos procesos se incorporen satisfactoriamente, la empresa tendrá un verdadero CTC con participación de todos.

La tarea de mejorar el mercadeo y la distribución no termina jamás. Creo que la siguiente lista lo atestigua.

Puntos de CC que hay que considerar en el mercadeo

1. Someter ideas de productos nuevos que satisfagan las necesidades de los consumidores. Asistir y cooperar en la planeación y el desarrollo

de nuevos productos. Las necesidades de los consumidores son variadas, polarizadas y altamente refinadas; por esto es necesario obtener información sobre el uso de dichos productos.

2. Analizar la manera como se reciben los pedidos y averiguar por qué sus competidores le ganan a veces.

3. ¿Cómo se están haciendo los planes de ventas? ¿Cómo se podría lograr mayor precisión en las proyecciones de ventas? Analizar las proyecciones en comparación con las ventas reales.

4. Controlar el volumen de ventas.

5. Control de utilidades y de gastos.

6. Practicar promoción de ventas y medir sus efectos.

7. Del análisis de la manera como se reciben los pedidos, pasar a la cuestión de cómo reunir información relativa a los pedidos recibidos. Ampliar esa información y comprender claramente qué calidad se necesita para satisfacer los requisitos técnicos.

8. Rebajar el número de cuentas por cobrar; efectuar cobranza de cuentas.

9. Aumentar la eficiencia del trabajo con base en estimaciones; aumentar la precisión de las estimaciones.

10. Control de mercancías devueltas.

11. Control de inventarios (productos y piezas), índice de entrega inmediata (proporción del inventario que cumple los requisitos exactos), velocidad de entrega por parte de los subcontratistas, porcentaje de artículos agotados, porcentaje de productos acabados en existencia, y porcentaje de bienes defectuosos.

12. Manera como se están manejando las quejas de los clientes.

13. Asuntos relativos al servicio posterior. Mejora en el índice de respuesta inmediata a las solicitudes de servicios, índice de entrega inmediata de piezas solicitadas, racionalización de folletos y otros manuales, mejora en tecnología de servicio, costo del ciclo de vida del producto.

14. Organización y utilización de una lista de clientes; racionalización de las visitas a la clientela, y mejora del número de visitas a cada cliente y del tiempo dedicado a cada uno.

15. Cuestiones relativas a la responsabilidad legal por el producto.

16. Organización del sistema de distribución.

17. Examen de la publicidad.

18. Precisión, rapidez, racionalización y automatización de las oficinas de ventas y del trabajo de oficina.

19. Análisis y control de todo lo anterior por estratificación.

CAPITULO **XI**

Auditoría de control
de calidad

---

*No solicite el premio Deming de aplicación solo por el premio mismo;
solicítelo con el fin de promover su CTC.*

No promueva un CC superficial o que solo pretende parecer bien en el papel.

La alta gerencia no siempre conoce el verdadero estado de su empresa.

*Cuando se rinda un informe sobre los hechos, la alta gerencia no debe,
enfadarse con los subalternos.*

I. ¿QUE ES LA AUDITORIA DE CONTROL DE CALIDAD?

Cuando se implanta el control de calidad, una de las tareas más importantes es vigilar la manera como se lleva a cabo, preguntándose: ¿se está conduciendo bien o no? ¿Dónde están sus debilidades?

La *auditoría de control de calidad* (que en adelante llamaremos auditoría de CC) sirve para hacer el seguimiento del proceso de control. Realiza el diagnóstico del caso y muestra cómo corregir las fallas que pueda tener. Algunas personas le dan a este procedimiento la denominación de *kansa*, término que suele usarse cuando se trata de una inspección practicada por las autoridades. A mí me recuerda el concepto filosófico de que el hombre es malo por naturaleza y, por eso, no me gusta ese término. Prefiero usar las palabras "diagnóstico" y "consejo" porque creo que todos debemos colaborar a fin de crear condiciones mejores para todos.

La auditoría (o diagnóstico) de calidad es parecida a la auditoría del proceso de control, pero no es lo mismo.

Revisar la calidad es estudiar la de un producto determinado tomando muestras de tiempo en tiempo ya sea dentro de la empresa misma o en el mercado. Se verifica la calidad del producto para ver si satisface las necesidades del consumidor. Sirve para corregir los defectos del artículo si los tiene y para aumentar su atractivo (características vendibles). En otras palabras, es una revisión que permite que gire el círculo de PHVA (planear, hacer, verificar, actuar) y no solamente mejorar la calidad de las máquinas.

En la auditoría de CC, por el contrario, revisamos cómo se ha emprendido el control, cómo le incorpora la fábrica calidad a determinado producto, el control de los subcontratistas, cómo se manejan las quejas de los clientes y cómo se pone en práctica la garantía de calidad en cada paso de la producción, empezando desde la etapa de desarrollo de un producto nuevo. En suma, es una revisión que determina si el sistema de control de calidad está funcionando bien y permite a la empresa tomar medidas preventivas para evitar que se vuelvan a cometer errores graves. Aplica el círculo de PHVA al proceso de control y viene a ser una auditoría de la calidad de la programación. Si es posible, la auditoría de CC y la de calidad deben realizarse simultáneamente.

La auditoría de calidad tiene algunas analogías con la inspección, mientras que la auditoría de CC se parece mucho al control de procesos. La primera por sí sola no puede asegurar a la larga la práctica de la garantía de calidad, mientras que la auditoría de CC guarda estrecha relación con el juicio que se forma sobre la calidad de los productos que han de fabricarse en el futuro. Una diferencia básica entre las dos auditorías es que la de CC se concentra en el examen del sistema mismo y la forma como está operando.

La tendencia más moderna en materia de auditoría de CC es hacer una revisión del control total de calidad estudiando todo el sistema de administración. Caen dentro de este concepto los criterios fijados para el premio Deming de aplicación y las revisiones efectuadas por el presidente de la compañía. El contenido de la revisión se está ampliando constantemente.

II. AUDITORIA DE CC POR PERSONAS DE FUERA

Hay cuatro categorías de auditoría de CC por personas de fuera. Estas son:

1. Auditoría de CC del proveedor por el comprador.
2. Auditoría de CC efectuada con propósitos de certificación.
3. Auditoría de CC para el premio Deming de aplicación y la Medalla Japonesa de Control de Calidad.
4. Auditoría de CC por un consultor.

De la lista anterior, el número 3 solo se encuentra en el Japón. Las demás categorías se practican también en Occidente.

Se da a continuación la lista de verificación para el premio Deming de aplicación. El premio se concede caso por caso, de manera que los detalles varían. Pero en términos generales la auditoría se hace guiándose por esta lista y sobre esta base se hacen recomendaciones eficaces.

Lista de verificación para el premio Deming de aplicación

Revisada en junio 17 de 1980

1. Políticas y objetivos
  (1) Políticas relativas a administración, calidad y control de calidad
  (2) Métodos de determinar políticas y objetivos
  (3) Corrección y constancia del contenido de los objetivos
  (4) Utilización de métodos estadísticos
  (5) Difusión y penetración de objetivos
  (6) Verificación de objetivos y su ejecución
  (7) Relaciones entre planes a largo y a corto plazo

2. *La organización y su operación*
   (1) División clara de responsabilidades
   (2) Delegación apropiada del poder
   (3) Cooperación entre las divisiones
   (4) Actividades de los comités
   (5) Utilización del estado mayor
   (6) Utilización de actividades de círculos de CC (pequeños grupos)
   (7) Auditoría de control de calidad

3. *Educación y su difusión*
   (1) Plan educativo y su realización práctica
   (2) Toma de conciencia sobre calidad y control, comprensión del CC
   (3) Educación sobre conceptos y métodos estadísticos, y grado de penetración
   (4) Capacidad de entender los efectos
   (5) Educación para subcontratistas y organizaciones de fuera
   (6) Actividades de círculos de CC (grupos pequeños)
   (7) Sistema de sugerencias

4. *Ensamble y difusión de información y su utilización*
   (1) Ensamble de información de fuera
   (2) Difusión de la información entre las divisiones
   (3) Rapidez de diseminación de la información (uso de computadores)
   (4) Análisis (estadístico) de la información y su utilización

5. *Análisis*
   (1) Selección de problemas y temas importantes
   (2) Conveniencia del método analítico
   (3) Utilización de métodos estadísticos
   (4) Vinculación con su propia técnica de ingeniería
   (5) Análisis de calidad, análisis de procesos
   (6) Utilización de los resultados de los análisis
   (7) Sugerencias positivas para mejoramiento

6. *Normalización*
   (1) Sistema de normas
   (2) Métodos para fijar, revisar y retirar normas
   (3) Realizaciones en la fijación, revisión y retiro de normas
   (4) Contenido de las normas
   (5) Utilización de métodos estadísticos
   (6) Acumulación de tecnología
   (7) Utilización de normas

7. *Control*
   (1) Sistemas de control para la calidad y áreas conexas, v.g. costo y cantidad
   (2) Puntos de control y renglones de control

(3) Utilización de métodos estadísticos como el cuadro de control, y aceptación general de los criterios estadísticos

(4) Contribución de las actividades de círculos de CC

(5) Estado actual de las actividades de control

(6) Estado actual del sistema de control

8. *Garantía de calidad*

(1) Procedimientos para el desarrollo de nuevos productos

(2) Desarrollo de la calidad (análisis de la función de calidad), confiabilidad y revisión de diseños

(3) Medidas de seguridad y de prevención de responsabilidad legal

(4) Control y mejoramiento del proceso

(5) Capacidad de los procesos

(6) Medición e inspección

(7) Control de instalaciones y equipos, subcontratistas, compras, servicios, etc.

(8) Sistema de garantía de calidad y su revisión

(9) Utilización de métodos estadísticos

(10) Evaluación y revisión de calidad

(11) Estado práctico de la garantía de calidad

9. *Efectos*

(1) Medición de los efectos

(2) Efectos visibles tales como calidad, condiciones de servicio, fechas de entrega, costo, utilidades, seguridad, ambiente, etc.

(3) Efectos invisibles

(4) Compatibilidad entre predicción de efectos y resultados reales

10. *Planes futuros*

(1) Comprensión de las condiciones actuales, y precisión

(2) Políticas adoptadas para remediar fallas

(3) Planes de promoción para el futuro

(4) Relaciones con los planes a largo plazo de la empresa

Auditoría de CC del proveedor por el comprador

Dentro de esta categoría están las auditorías hechas por fabricantes de artículos eléctricos y automóviles a sus subcontratistas, y por la Dirección de Defensa, la Nippon Telegraph and Telephone Public Corporation (NTT), y los Ferrocarriles Nacionales del Japón a sus proveedores.

Cuando se trata de los fabricantes de artículos eléctricos y automóviles, es raro que se presenten problemas, pues han tenido mucha experiencia con programas de CC y poseen los conocimientos necesarios para garantizar la calidad. Cuando los auditores acuden a estas firmas, su única tarea es escribir buenos informes y recomendaciones. Los subcontratistas revisados por ellos se benefician grandemente en sus esfuerzos por promover su propio control de calidad. En efecto, estas relaciones entre empresas son las que han permitido a los subcontratistas japoneses llegar a ser fabricantes confiables y especializados.

En cambio, la Dirección de Defensa y los Ferrocarriles Nacionales no son fabricantes ni tienen experiencia en control de calidad, por lo cual aquí sí se presentan problemas con frecuencia. Lo mismo ocurre en Occidente. La Secretaría de Defensa de los EE.UU. tiene un manual impresionante, *General Quality Control Requirements*, MIL.Q.9858A, pero su interventoría de control no funciona bien. A menudo su auditoría de CC se convierte en un papeleo ineficaz. La auditoría pregunta: "¿Existen especificaciones y normas que se deben seguir? ¿Se ajusta el informe a la fórmula establecida? ¿Son adecuados los datos que se presentan?" Estas preguntas piden respuestas *pro forma*. La revisión así efectuada acaba por juzgar únicamente los resultados, lo cual es una inspección y no una auditoría. Una auditoría de CC debe estudiar el proceso que ha llevado a determinado resultado, pero la auditoría *pro forma* pasa por alto ese proceso. El auditor puede tener toda una batería de fórmulas y listas de verificación, pero faltándole conocimientos basados en la experiencia, no puede funcionar bien.

La auditoría de CC llevada a cabo por el comprador puede ser una experiencia muy útil tanto para él como para el proveedor. Si la gerencia de este último se interesa solamente en pasar la prueba de la auditoría y deja que los funcionarios de las divisiones afectadas simplemente produzcan documento tras documento, solo creará problemas. Estas prácticas generan un control superficial o un control de calidad que apenas sirve para producir documentos. El problema no se limita al Japón sino que es mundial. En vez de una auditoría que es puro papeleo, ¿por qué no aprovechar la oportunidad para someter a toda la empresa a un minucioso escrutinio y promover el control total de calidad? Los beneficios serían mucho más grandes de lo que se cree.

Auditoría de CC efectuada con propósitos de certificación

En esta categoría caen la marca NIJ y la ASME relativa a la energía nuclear. Los funcionarios gubernamentales encargados de realizar interventorías de CC para otorgar certificados, no suelen tener experiencia en CC, por lo cual sus auditorías también vienen a ser enteramente *pro forma*. Hay que estar prevenidos contra esta tendencia.

El premio Deming de aplicación

Los premios Deming se pueden dividir en dos categorías: el premio Deming para individuos que han contribuido en el Japón al control de calidad y a los métodos estadísticos, y el premio de aplicación, que se otorga a las industrias. El premio de aplicación tiene categorías adicionales en las áreas siguientes: premio Deming de aplicación para la división, premio Deming de aplicación para la empresa pequeña, premio de control de calidad para fábricas, los cuales son otorgados por el Comité del Premio Deming.

Estos premios fueron creados en 1951 para conmemorar las contribuciones que hizo el Dr. W. E. Deming al control de calidad en el Japón. Se financiaron con los derechos de autor sobre la publicación de sus conferencias, que él había puesto a disposición de la UCIJ. En los treinta años transcurridos desde 1951 hasta 1980 se otorgaron 75 premios de aplicación (20 de ellos a empresas pequeñas). El comité también concedió dos premios de aplicación a divisiones y siete premios de control de calidad a fábricas.

Para aspirar al premio de aplicación, la gerencia de la empresa debe hacer una solicitud. En seguida, desde fines de julio hasta fines de septiembre, el Subcomité del Premio envía a un gran número de expertos en CC a visitar todas las plantas de la empresa, sus sucursales y su sede principal. Estos expertos, actuando como examinadores, revisan el estado actual del CTC en la empresa, concediendo especial atención al control estadístico, y otorgan calificaciones. Para ser merecedora de alguno de los premios, la empresa como un todo debe alcanzar 70 puntos o más; la alta gerencia debe lograr por lo menos 70 puntos, y ninguna de las unidades investigadas puede obtener menos de 50. Si es aprobada en estas pruebas, la empresa recibe una medalla con la efigie del Dr. Deming y una carta de encomio.

Este sistema no existe en los Estados Unidos ni en Europa. En un tiempo, la Sociedad Norteamericana para el Control de Calidad, pensó en establecer un sistema parecido y empezó a investigar las posibilidades, pero no resultó nada. Los gerentes occidentales no gustan de las auditorías de CC que no tengan relación directa con las utilidades, sobre todo si los premios no son más que una medalla y una hoja de papel.

En el Japón, los premios Deming se han venido otorgando durante más de treinta años y cada vez son más codiciados. ¿Por qué?

Tengo la costumbre de interrogar a los presidentes de las empresas que reciben un premio Deming. Uno de los comentarios más memorables fue el que me hizo un individuo que había sido presidente durante más de veinte años y tenía fama de ser toda una junta directiva por sí solo:

"He presidido esta empresa desde hace más de veinte años, pero jamás había tenido la experiencia que tuve al solicitar el premio Deming. Fue entonces cuando todos mis empleados entendieron lo que yo esperaba de ellos. Entendieron las metas que había fijado para la compañía. Se volvieron trabajadores industriosos, y todos ellos, actuando como un solo cuerpo, se esforzaron por alcanzar las mismas metas. ¡Cuánto me gusta el premio Deming!"

Como se crearon para conmemorar la contribución del Dr. W. E. Deming al control de calidad en el Japón, los premios no deben considerarse como simples premios. Yo les aconsejo a los representantes de las industrias:

No hagan la solicitud con el simple objeto de ganar un premio. La solicitud no es otra cosa que la manera de promover el control total de calidad y el control estadístico en su empresa. El presidente tiene que asumir el liderazgo y aceptar la prueba de una auditoría; sus directores, sus jefes de sección y de división, y todos los empleados, deben seguir su ejemplo. A través del procedimiento de solicitud se verificará un autorrejuvenecimiento de la gerencia". Solicitando el premio de aplicación Deming, la empresa alcanzará un verdadero control de calidad.

A las empresas que solicitan el premio, sea que lo alcancen o no, el comité les entrega una serie de comentarios y recomendaciones que contienen lo que el comité encontró deseable o indeseable en las operaciones, junto con sugerencias constructivas.

La Medalla Japonesa de Control de Calidad

El premio Deming de aplicación se entrega anualmente a una empresa que como un todo se haya desempeñado bien en cuanto a CC y control de calidad estadístico. No hay, pues, nada que le impida a la misma empresa volver a solicitarlo en otra ocasión. Sicológicamente la empresa quedaría muy mal si no fuera aprobada en su segunda solicitud. En efecto, ni una sola empresa ha tenido el valor de solicitar el premio por segunda vez. Puede ocurrir, sin embargo, que aunque una empresa haya recibido el premio una vez, cinco años después sus directores y gerentes intermedios ya hayan cambiado y que la dedicación de éstos al CC en toda la empresa no sea igualmente clara. Para atender a las necesidades de estas compañías se creó un premio superior al Deming. Esto se hizo en 1969 después de la Conferencia Internacional de Control de Calidad que se celebró en Tokio. Un sobrante de lo que produjo la conferencia se destinó a financiar una medalla japonesa de control de calidad auspiciada por la UCIJ. La selección de ganadores, sin embargo, la hace el comité del premio Deming. Solo pueden solicitar la medalla las empresas que hayan recibido el premio Deming cinco o más años atrás. Por lo demás, los criterios de selección son parecidos a los que rigen para el premio Deming, con la diferencia de que la calificación para ser aprobado tiene que ser 75 puntos en lugar de 70.

Auditoría de CC por un consultor

En este sistema, los consultores visitan a las empresas y fábricas, permanecen allí varios días y hacen recomendaciones y sugerencias. Este tipo de revisión se hace también en Europa y en los Estados Unidos.

En el Japón, puede hacerse periódicamente o bien como preliminar para recibir la revisión para el premio Deming, o como "cuidado posterior" después de ganar el premio.

III. AUDITORIA DESDE ADENTRO

Hay cuatro tipos de auditorías que se hacen internamente. Estas son:

1. Auditoría por el presidente
2. Auditoría por el jefe de la unidad (jefe de división, gerente de planta, gerente de sucursal, etc.)
3. Auditoría por el personal de CC
4. Auditoría mutua de CC

En el primer tipo de auditoría, el presidente de la empresa va en persona a la fábrica y a las diversas oficinas para hacer sus propias observaciones, y se guía por su criterio al examinar los resultados de las actividades de CC.

La revisión por el jefe de la unidad significa que ese jefe efectúa la revisión de CC en los lugares de trabajo que están bajo su propia jurisdicción.

En la auditoría hecha por personal de CC, un director de la empresa encargado de control de calidad actúa como dirigente de cuatro o cinco miembros del personal de CC, constituyendo así un grupo de revisión que visita todas las divisiones, fábricas y sucursales. Este método le da al personal de CC el sentido de responsabilidad administrativa y por lo tanto es muy deseable.

La revisión mutua funciona exactamente como lo indica el término. Distintas divisiones de la empresa intercambian sus grupos de revisión. Por ejemplo, el proceso de fabricación y el que le sigue pueden intercambiar miembros de su personal a fin de revisar respectivamente el desempeño de CC de cada proceso.

Como ejemplo representativo de las revisiones internas, describiré la que lleva a cabo el presidente de la empresa. Esto no se está haciendo ni en los EE.UU. ni en Europa. Los presidentes de compañía en el Japón asumen el liderazgo del CC y estudian el CTC, mientras que en los países occidentales no demuestran interés en ello.

Al llevar a cabo una auditoría de CC, el primer paso es determinar si se va a examinar la totalidad del esfuerzo de control o solamente algún aspecto limitado, de acuerdo con directrices que se impartan. En cualquiera de los dos casos, las divisiones que van a ser revisadas preparan y presentan "un informe exploratorio sobre la ejecución del control de calidad". El presidente, acompañado por varios miembros de su directiva, visita entonces las plantas, las oficinas y las diversas divisiones de la sede principal, y pide a cada una de las unidades que explique los puntos mencionados a continuación. La explicación debe ir acompañada de cifras. Terminada la explicación, debe haber un período de preguntas y respuestas.

La explicación debe incluir lo siguiente:

1. ¿Qué políticas y objetivos han guiado a la unidad al realizar su control de calidad?

2. ¿Qué resultados se han obtenido y mediante qué procedimientos? (El informe no debe contener únicamente resultados. La unidad debe mostrar el proceso mediante el cual los obtuvo. Debe relatar sus esfuerzos como historias de CC.)

3. ¿Qué clases de problemas existen todavía?

4. ¿Con qué políticas y objetivos piensa la unidad proseguir haciendo CC en el futuro?

5. ¿Qué sugerencias desea la unidad transmitir al presidente y al personal de la sede principal?

Lo mejor es que las preguntas y respuestas sobre los puntos anteriores se intercambien por la mañana cuando todos estén presentes. Luego, en la tarde, se efectúan sesiones consistentes en visitas a los lugares de trabajo tales como las divisiones de investigación y desarrollo, fabricación de prototipos, compras, manufactura, control de calidad, mercadeo y funciones de oficina. Estas sesiones deben incluir a todos los investigadores que participan en la auditoría de CC. Ellos estudiarán todas estas unidades, investigarán sus actividades de CC y participarán en sesiones separadas dedicadas a preguntas y respuestas.

La sesión final de la auditoría presidencial se dedica a comentarios y sugerencias. En una fecha posterior se puede enviar a la unidad interesada un informe de la auditoría presidencial. Recibidas las sugerencias y el informe del presidente, cada unidad debe indicar qué medidas se propone tomar para evitar la repetición de los errores. Cuando cada unidad haya presentado su plan, se le hace a éste un seguimiento periódico, y en la siguiente revisión presidencial se presenta con el plan un informe sobre quejas.

De la revisión presidencial pueden derivarse los siguientes resultados positivos:

1. Ante todo, esta revisión beneficia al presidente. De él depende la auditoría, por lo cual se ve obligado a estudiar el CC. Puede, asimismo, observar la verdadera operación de su fábrica y de otras unidades, con lo cual incrementa su conocimiento de la empresa. No basta conocer todo sobre el papel. El presidente quizás tenga una idea sobre cómo funciona determinada unidad y quizás pueda conceptualizar su posición en la empresa, pero nada remplaza al conocimiento directo adquirido por experiencia personal.

2. El presidente puede descubrir el verdadero estado de su empresa. Normalmente, no se le informa a él la verdad. Las noticias malas se suprimen y solo se le pasan las buenas. Como lo he dicho antes, si los subalternos escriben informes verídicos, es posible que se les riña; por esto les aconsejo a los presidentes que van a emprender una auditoría: "Nun-

ca se enfaden cuando se les informe de algo malo. Si se trata de algo que es real, no se incomoden; más bien, dejen que sus empleados les informen sobre lo que marcha mal; déjenles comunicar sinceramente lo que les preocupa. Discutan estos problemas con ellos y traten de hallar soluciones dentro de un espíritu de cooperación. Este es, en efecto, el verdadero propósito de la revisión hecha por el presidente".

3. Habrá una mejora en las relaciones humanas entre el presidente y sus subalternos. De ordinario, el presidente está siempre tan ocupado que no tiene la oportunidad de hablar con los jefes de sección, con los miembros del personal ni con los supervisores. La auditoría le permite conocer mejor a las personas, hablar y escuchar. Con ello se crean mejores sentimientos entre unos y otros, y las relaciones mejoran. Después de la revisión, ¿por qué no salir a comer juntos?

4. Para las personas cuyas actividades de CC se revisan, también es una ocasión importante. En las actividades humanas siempre hay altibajos, ocasiones en que una persona puede dedicar todas sus energías al trabajo, y otras en que apenas hace que trabaja. La auditoría presidencial es una ocasión para poner a prueba a los empleados y estimular actividades vigorosas de CC y CTC. También asegura la continuación de los círculos de CC.

Es importante recalcar que el presidente tiene que hacer la auditoría personalmente. Esto es especialmente importante en el Japón. Todos sabemos que el presidente es una persona muy ocupada, pero tiene que sacar tiempo para esta tarea. Si la realiza un presidente ejecutivo en su nombre, los resultados perderán la mitad de su eficacia.

Al principio quizás el presidente no sepa cómo llevar a cabo la auditoría. Para suplir su inexperiencia, puede hacerse acompañar de consultores y pedirles la ayuda necesaria. Debe ser franco y crear una atmósfera que permita el libre flujo de información y discusión.

Lo que antecede es apenas un esbozo. Mi consejo es que la empresa realice auditorías de CC internas y externas. Esto puede resultarle de inmensa ayuda.

CAPITULO **XII**

Utilización de métodos estadísticos

En todo trabajo hay dispersión.

Los datos sin dispersión son datos falsos.

Sin análisis estadístico (análisis de calidad y de proceso), no puede haber un control eficaz.

El CC empieza con un cuadro de control y termina con un cuadro de control.

Sin estratificación, no puede haber análisis ni control.

El 95 por ciento de los problemas de una empresa se pueden resolver con las siete herramientas del CC.

Los métodos estadísticos tienen que llegar a ser asunto de sentido común y de conocimiento general para todos los ingenieros y técnicos.

I. TRES CATEGORIAS POR ORDEN DE DIFICULTAD

Antes de la segunda guerra mundial y durante ella, los métodos estadísticos se empleaban esporádicamente en el Japón; apenas en 1949 se empezaron a utilizar plenamente. En ese año la UCIJ creó un grupo de investigación de CC y empezó a investigar la aplicación del control estadístico y de los métodos estadísticos en las industrias.

Yo divido los métodos estadísticos en las tres categorías siguientes de acuerdo con su nivel de dificultad.

1. Método estadístico elemental (las así llamadas siete herramientas)

1. Cuadro de Pareto: el principio de pocos vitales, muchos triviales
2. Diagrama de causa y efecto (esta no es precisamente una técnica estadística)
3. Estratificación
4. Hoja de verificación
5. Histograma
6. Diagrama de dispersión (análisis de correlación mediante la determinación de la mediana; en algunos casos, utilización de papel especial de probabilidad binomial)
7. Gráficas y cuadros de control (cuadros de control de Shewhart)

Estas son las siete herramientas llamadas indispensables para el control de calidad, usadas actualmente por presidentes de empresas, miembros de la junta, gerentes intermedios, supervisores y trabajadores de línea. Estas herramientas también se emplean en diversas divisiones, no solo en la de manufactura sino también en las de planeación, diseño, mercadeo, compras y tecnología. Según mi propia experiencia, hasta un 95 por ciento de los problemas de una empresa se pueden resolver con estas herramientas, que a veces se comparan con las siete herramientas de Benkei, el guerrero del siglo doce. Si una persona no se adiestra en el manejo de estas sencillas y elementales herramientas, no puede aspirar a un dominio de los métodos más difíciles.

En el caso del Japón es muy significativo el hecho de que desde los miembros de la alta gerencia hasta los trabajadores de línea están en capacidad de usar estas siete herramientas. En efecto, el índice de utilización es quizás el más alto del mundo. Más del 99.9 por ciento de los japoneses se gradúan de la escuela media y del 92 al 93 por ciento terminan la escuela secundaria. No les cuesta trabajo usar estas herramientas.

Junto con esas herramientas, los trabajadores deben adiestrarse en los siguientes puntos básicos:

1. El concepto de calidad — respeto por los consumidores, convencimiento de que el proceso siguiente es un cliente, y sentido de la garantía de calidad.
2. Principios y medios de ejecución relacionados con administración y mejoramiento — círculos de control, el círculo PHVA, y la historia de CC.
3. Un modo de pensar estadístico — los datos tienen su propia distribución y son dispersos. Sabiendo esto, uno debe estar en capacidad de utilizar los datos para hacer una estimación estadística y juzgar determinada acción que se va a llevar a cabo, o idear importantes pruebas estadísticas, etc.

2. Método estadístico intermedio

Este incluye lo siguiente:

1. Teoría del muestreo
2. Inspección estadística por muestreo
3. Diversos métodos de realizar estimaciones y pruebas estadísticas
4. Métodos de utilización de pruebas sensoriales
5. Métodos de diseñar experimentos

Este método se enseña a los ingenieros y a los miembros de la división de promoción de CC. Ha tenido mucho éxito en el Japón.

3. Método estadístico avanzado (con computadores)

Esto incluye lo siguiente:

1. Métodos avanzados de diseñar experimentos
2. Análisis de multivariables
3. Diversos métodos de investigación de operaciones

Solo muy pocos ingenieros y técnicos se adiestrarán en los métodos estadísticos avanzados, a fin de emplearse en análisis de procesos y de calidad muy complejos. Como se verá más adelante, este método avanzado ha venido a ser la base de una alta tecnología y también de la exportación de tecnología.

En el Japón, el empleo de los métodos estadísticos intermedio y avanzado ha llegado a un nivel muy alto. Esto también ha ayudado a levantar el nivel de la industria japonesa.

II. PROBLEMAS RELATIVOS A LA UTILIZACION DE METODOS ESTADISTICOS EN LAS INDUSTRIAS

Han pasado más de treinta años desde que empezamos a utilizar los métodos estadísticos en nuestras industrias, en 1949. Durante este período hemos encontrado cierto número de problemas. En la promoción del control de calidad estadístico hemos adoptado el lema: "Hablemos con datos" (utilicemos métodos estadísticos). Pero a pesar de nuestros esfuerzos, todavía quedan muchos problemas por resolver, como son:

1. Datos falsos y datos que no concuerdan con los hechos

Hay dos casos en que los datos y los hechos no concuerdan. Primero, cuando los datos se crean artificialmente o se adulteran. Segundo, cuando se producen datos erróneos, debido a ignorancia de los métodos estadísticos.

¿Por qué las personas deliberadamente producen datos falsos o adulterados? Esto ocurre con mayor frecuencia en las empresas altamente centralizadas y donde la alta gerencia está acostumbrada a dictar órdenes. Se producen datos falsos cuando las personas de la alta gerencia no tienen sentido de la dispersión en estadística.

2. Métodos deficientes de reunir datos

Cuando empecé a trabajar en CC descubrí que en las industrias química y metalúrgica la distorsión de datos era frecuente. Esto se debía a que los métodos existentes de muestreo, división, medición y análisis eran inadecuados. Escribí un libro sobre el muestreo correcto (*Sampling in Industries*, Tokio: Maruzen, 1952), y luego ayudé a la UCIJ a establecer el grupo de estudio de muestreo en la industria minera. Este grupo se dividió en subgrupos sobre mineral de hierro, metales no ferrosos, carbón, coke, mineral de azufre, sales industriales, e instrumentos de muestreo. Se investigaron a fondo teorías y experimentos de muestreo, así como la división y los métodos de división y análisis. Sobre esta base se fijaron varias normas japonesas (NIJ). En el caso del mineral de hierro, las normas japonesas fueron aceptadas por la Organización Internacional de Normas (ISO). Como el mineral de hierro se negocia internacionalmente, la fijación de normas en este campo ha contribuido a mejorar el funcionamiento del comercio internacional. En años más recientes, la ISO ha estudiado las normas japonesas relativas a mineral de manganeso y carbón, con miras a su posible aceptación.

Sin embargo, quedan todavía muchos problemas. Consideremos la cuestión de la protección ambiental. Cuando una persona pretende determinar proporciones pequeñísimas, de tantas partes por millón, si no tiene mucho cuidado nadie va a saber qué está haciendo, debido a los errores de muestreo o de medición y análisis.

Suponiendo que se dé el dato de 56.73 por ciento, no es posible interpretarlo correctamente si se desconoce el margen de error, que puede ser más o menos del 2%, 0.2% o 0.02%

Supongamos que existe una curiosa reglamentación según la cual no es necesario detectar el mercurio, pero que últimamente los instrumentos de medición se han refinado mucho y ya es posible obtener valores numéricos hasta el sexto o séptimo lugar decimal. Por ejemplo, puede encontrarse un valor de 0.0000005% para el mercurio. Suponiendo además que el gobierno exija detectarlo sobre esta base, el mercurio podrá ser detectado en todo el territorio japonés.

Si la precisión de esta muestra o del método de medir es más o menos del 0.0002%, y si el valor numérico se ha de redondear al cuarto lugar decimal, entonces el dato de 0.0000005% se convierte en 0.0000%. En ese caso, ¿quiere esto decir que no se puede detectar mercurio en ninguna parte del Japón?

De este modo, cuando existe un error en los datos, no se puede determinar si las metas de protección ambiental se están cumpliendo realmente o no. Desgraciadamente, los reglamentos expedidos por dependencias oficiales no suelen tener en cuenta los errores en los datos estadísticos.

3. Transcripción errada de los datos y cálculos equivocados

Los errores debidos a equivocaciones elementales son muy frecuentes. Por fortuna, los expertos en estadística pueden descubrirlos con facilidad.

4. Valores anormales

Los datos relativos a la sociedad en general y a la industria suelen ser impuros porque contienen valores anómalos. En muchos casos, esto se debe a las circunstancias antes anotadas bajo 1, 2 y 3. También hay casos en que los datos contienen valores anormales que realmente existen. Si se deben o no se deben utilizar tales datos o si se deben retener los valores anormales son cuestiones por determinar, teniendo en cuenta el propósito para el cual se van a utilizar tales datos y las medidas que se van a tomar basándose en ellos.

5. Fortaleza

A veces los datos reales no concuerdan con la distribución normal, además de que contienen valores anómalos. ¿Cómo afecta esto a los métodos estadísticos y a las conclusiones derivadas? En general, las herramientas avanzadas y los métodos estadísticos sofisticados carecen de fortaleza: son de aplicación limitada y pueden ser inapropiados para tales casos. En cambio, las siete herramientas básicas descritas anteriormente son fuertes y se pueden usar en cualquier situación.

6. Método de aplicación equivocado

Los inexpertos suelen cometer errores al utilizar métodos estadísticos o analíticos. Esto se debe a su falta de una clara comprensión de las teorías estadísticas y de los modelos estructurales. Mi consejo es que el trabajo de los principiantes sea vigilado por especialistas veteranos.

III. ANALISIS ESTADISTICOS

En las industrias se emplean principalmente métodos estadísticos para el análisis. En éste hay dos categorías importantes: el análisis de calidad y el de procesos.

El análisis de calidad es el que, con ayuda de datos y métodos estadísticos, determina la relación entre las características de calidad reales y las sustitutas. (Ver diagrama XII-1.)

El análisis de procesos es el que aclara la relación entre los factores causales y los efectos tales como calidad, costo, productividad, etc., cuando se está efectuando control de procesos. Este control busca descubrir las causas que impiden el funcionamiento suave del proceso manufacturero. En esta forma trata de encontrar una tecnología para el control preventivo. La calidad, el costo, y la productividad son efectos o resultados de este control de procesos. (Ver diagrama XII-2.)

Un 95 por ciento de los análisis de procesos se pueden realizar utilizando las siete herramientas. Empero, en procesos muy complicados, como por ejemplo los que se encuentran en las siderúrgicas, se necesitan técnicas avanzadas. En tales casos es indispensable emplear computadores.

Uno de los puntos fuertes de la industria japonesa ha sido su éxito en el control dinámico computarizado mediante el manejo eficaz del análisis de procesos. En efecto, hoy podemos jactarnos de que el índice de defectos

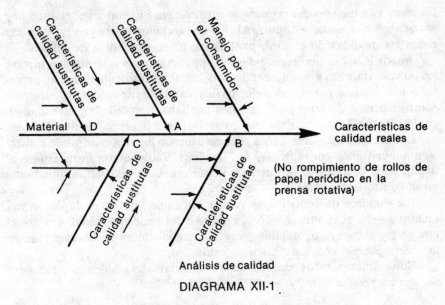

Análisis de calidad

DIAGRAMA XII-1

(proporción defectuosa) es menor de uno por millón en nuestro control de procesos. Mediante el análisis podemos estudiar la capacidad estadística de los procesos.

IV. CONTROL ESTADISTICO

En diversas medidas de control, tales como el círculo PHVA, un problema que siempre se presenta es cómo verificar los resultados. Normalmente, si

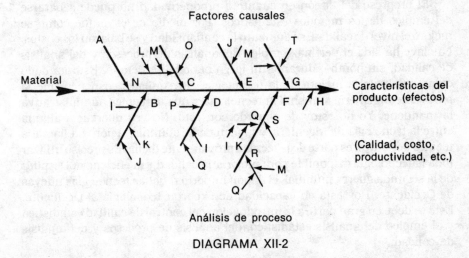

Análisis de proceso

DIAGRAMA XII-2

las cosas van bien no es necesaria la verificación. Sin embargo, cuando hay situaciones desusadas, se aplicará la ley de excepción y será preciso verificar todas las medidas de control, para poder tener elementos de juicio.

Ahora bien, es necesario recordar que las causas que pueden afectar los procesos fabriles y cualquier otro tipo de trabajo (que constituya un proceso) son ilimitadas; por esto, los efectos (los resultados de todo tipo de trabajo) serán dispersos. En otras palabras, siempre habrá una distribución estadística. Por tanto, al verificar debemos guiarnos por el concepto de distribución.

Las herramientas más útiles para este fin son los tres cuadros de control sigma inventados por el Dr. W. A. Shewhart. Estos fueron introducidos al Japón poco después de la guerra y desde entonces se usan ampliamente en el control estadístico.

Los cuadros de control que suelen utilizarse hoy en el Japón son el cuadro $\bar{x} - R$, el cuadro $\tilde{x} - R$, el cuadro x, el cuadro p, el cuadro pn, el cuadro c y el cuadro u. Muchos gerentes y trabajadores en diversas plantas los han aplicado con muy buenos resultados.

Naturalmente, estos cuadros de control todavía se pueden mejorar, pero su uso ha resultado muy benéfico para el Japón.

V. METODOS ESTADISTICOS Y PROGRESO TECNOLOGICO

El uso de métodos estadísticos, incluyendo los más refinados, ha echado raíces profundas en el Japón, mas no por ello debemos olvidar la utilidad de las siete herramientas sencillas; la persona que no las domine no puede aspirar a utilizar las más refinadas.

El progreso del Japón en cuanto a productividad no puede separarse del empleo de los métodos estadísticos. Por medio de estos fue como se mejoró el nivel de calidad, se aumentó la confiabilidad y se bajaron los costos. La clave ha sido el pertinaz empleo del análisis de procesos y del análisis de calidad, sin bombo, durante un largo período de tiempo. Esto ha dado como resultado la mejora de la tecnología. Hay quienes sostienen que la técnica de ingeniería aumenta la tecnología y que la técnica administrativa la mantiene. Yo no estoy de acuerdo con esto. No veo diferencia alguna entre la tecnología de ingeniería y la técnica de administración. La llamada técnica de control es parte de la técnica propiamente dicha. Es preciso utilizar toda la tecnología disponible para mejorar la calidad y la eficiencia. Después de la segunda guerra mundial, el Japón importó muchas tecnologías nuevas de Occidente. Hoy está en capacidad de exportar tecnología al Occidente. Esto se debe en gran parte a la introducción del control de calidad estadístico y al empleo del análisis estadístico, del análisis de procesos y del análisis de calidad.

Hace más de veinte años escribí: "Con nuestro movimiento de control de calidad perseguimos lo siguiente: esperamos producir artículos buenos y baratos en gran cantidad, para la exportación, y mediante esta realización consolidar las bases de la economía japonesa, establecer la tecnología industrial del Japón y crear oportunidades para exportar tecnología. Una vez que nuestra economía nacional descanse sobre una base sólida, podemos esperar que nuestras empresas privadas distribuyan su riqueza en tres partes: entre los consumidores, los trabajadores y los inversionistas. Para la nación como un todo, buscamos progreso continuo en nuestro nivel de vida". Poco a poco, estas metas se están realizando.

Naturalmente, quedan aún muchos problemas y siempre hay campo para mejorar, especialmente en lo relativo al empleo de métodos estadísticos.

Si dichos métodos pueden penetrar en áreas distintas de la industria, tal vez la nación como un todo será mejor.

Indice

OTRAS PUBLICACIONES DE EDITORIAL NORMA S.A.

División Libros de Interés General

- *El desafío japonés. Exito y fracaso de su desarrollo económico,* Herman Kahn y Thomas Pepper

- *El rendimiento sobre la inversión (ROI). Fundamentos, cálculo y principios básicos,* Allen Sweeny

- *El computador: aspectos básicos para ejecutivos,* Joseph M. Vles

- *La visión de Sony,* Nick Lyons

- *Teoría Z. Cómo pueden las empresas hacer frente al desafío japonés,* William Ouchi

- *Estrategias para el desarrollo de nuevos productos,* Frederick D. Buggie

- *Modelos financieros para la toma de decisiones. Principios y métodos.* Donald R. Moscato

- *La información. Recurso fundamental de la gerencia. Cómo buscarla, usarla y manejarla,* Morton F. Meltzer

- *IBM. Un coloso en transición,* Robert Sobel

- *Bases del éxito en la gerencia de empresas,* William R. Osgood

- *Investigación de mercados. Guía maestra para el profesional,* Jeffrey Pope

- *Auditoría y control del procesamiento de datos,* Richard W. Lott

- *¡Cállese y venda! Técnicas comprobadas para cerrar la venta,* Don Sheehan

- *Equipos gerenciales. El porqué de su éxito o fracaso,* R. Meredith Belbin

- *Círculos de calidad. Cómo hacer que funcionen,* Philip C. Thompson

- *Cómo comprender las finanzas de una compañía. Un enfoque gráfico,* W. R. Purcell, Jr.

- *ITT. La administración de la oportunidad,* Robert Sobel

- *La organización Honda. Sus hombres, su administración, su tecnología,* Tetsuo Sakiya

- *En busca de la excelencia. Experiencias de las empresas mejor gerenciadas de los Estados Unidos,* Thomas J. Peters y Robert H. Waterman, Jr.

- *Basic. Aplicaciones comerciales,* Douglas Hergert

- *Microcomputadores para contadores,* Theodore Needleman

- *SuperCalc. Aplicaciones comerciales,* Stanley R. Trost

- *CP/M,* Alan R. Miller

- *Planeación estratégica: Conceptos analíticos,* Charles W. Hofer/Dan Schendel

- *Sí . . . ¡de acuerdo!. Cómo negociar sin ceder,* Roger Fisher y William Ury

- *Decisiones financieras y costo del dinero en economías inflacionarias. Aplicación de las calculadoras financieras como herramienta de análisis,* Luis Fernando Gutiérrez Marulanda

- *La gerencia andrógina. Cómo combinar estilos gerenciales masculinos y femeninos en la organización moderna,* Alice G. Sargent

- *Planeación estratégica aplicada a los recursos humanos,* Guvenc G. Alpander

- *Análisis de costo beneficio para la toma de decisiones. El peligro del simple sentido común,* Alfred R. Oxenfeldt

- *Administración por resultados* (4ª edición), Dale D. McConkey

- *Una guía para la administración del tiempo,* Ross A. Webber

- *Comercio recíproco, trueque y compensaciones. Nuevas estrategias para el éxito en el comercio exterior,* Pompiliu Verzariu

- *El plan de mercadeo. Cómo prepararlo y ponerlo en marcha,* William M. Luther

- *Líderes. Las cuatro claves del liderazgo eficaz,* Warren Bennis y Burt Nanus

- *Intrapreneuring (El empresario dentro de la empresa),* Gifford Pinchot III

- *Desarrollo y ejecución de estrategias de mercadeo,* Raymond D. Hehman

- *Los 27 errores más comunes en publicidad,* Alec Benn

- *El superjefe. Cómo dirigir con éxito,* David Freemantle

- *Sociedad M. Mayor competitividad a través del trabajo en equipo entre gobierno y empresas privadas,* William Ouchi

- Una guía para la supervivencia del nuevo gerente de ventas, David A. Stumn

- *La gerencia de compras. Una guía para comprar con éxito,* William A. Messner